UN DUO VERS L'INCONNU

NOTRE GRANDE AVENTURE À VÉLO
DE LA FRANCE AU VIETNAM

THIBAULT CLEMENCEAU

ISBN: 9782957725540

Pour plus d'informations sur l'auteur et le projet *Non La* :

www.instagram.com/nonlaproject/

Je souhaiterais dédier ce livre à ma mère, mon père et mes quatre grands-parents.

AVANT-PROPOS

Ce livre est une histoire vraie et rapporte des faits authentiques. Certains noms ont pu être changés afin de respecter la vie privée de personnes rencontrées sur la route.

En raison de coûts d'impression et de contraintes de mise en page, la version imprimée de ce livre contient un nombre limité de photos en noir et blanc.

Nous vous recommandons donc vivement de consulter la page *Flickr* ci-dessous sur laquelle nous avons téléchargé les plus belles photos du voyage en couleur et en haute définition :

vu.fr/unduoverslinconnu

A mesure que vous avancez dans les chapitres de ce livre, nous vous conseillons d'ouvrir l'album correspondant afin d'avoir une expérience encore plus immersive de notre aventure !

Un duo vers l'inconnu, Géorgie

Tank, Thibault, Khanh Nguyen et Monster

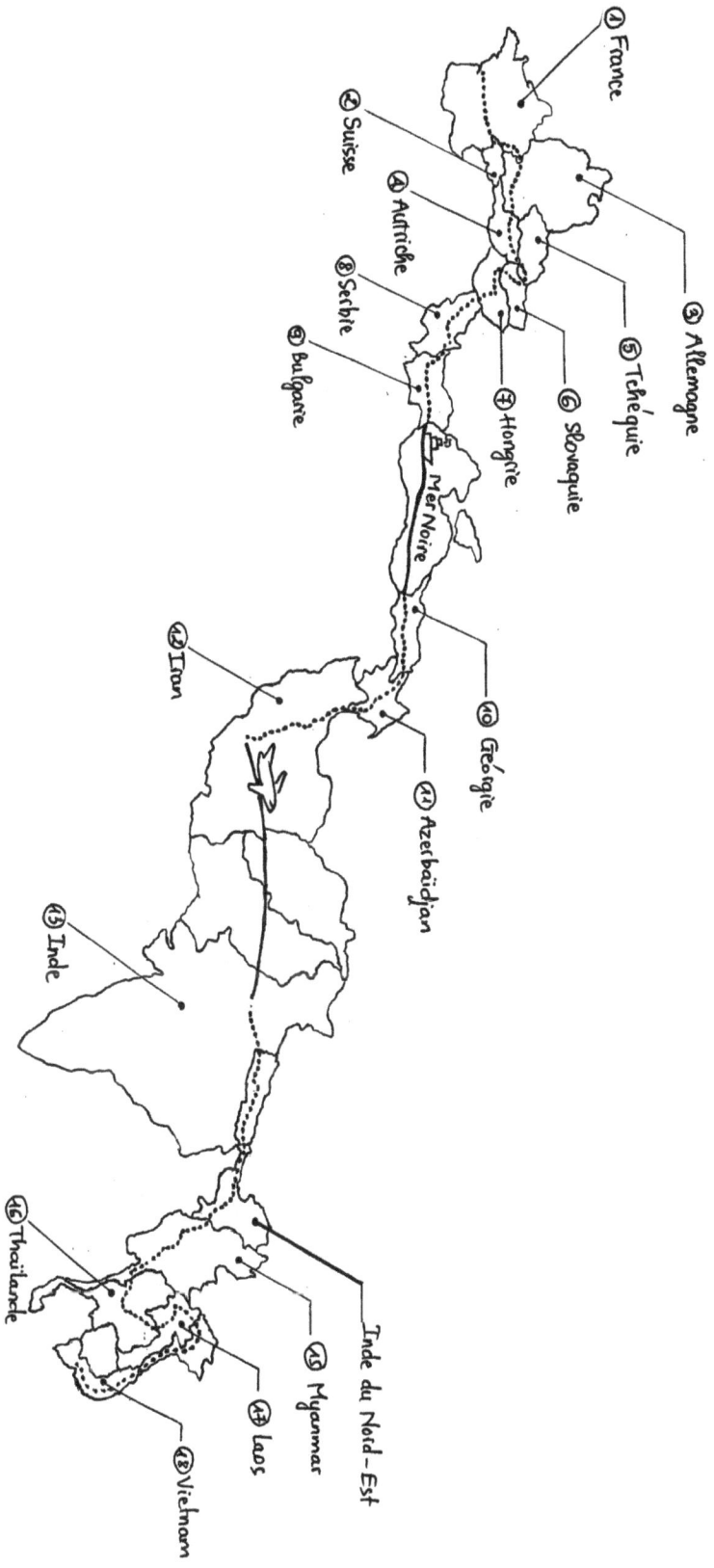

Notre route de la France au Vietnam

③ France
④ Suisse
④ Autriche
⑤ Tchéquie
③ Allemagne
⑥ Slovaquie
⑦ Hongrie
⑧ Serbie
⑨ Bulgarie
Mer Noire
⑩ Géorgie
⑪ Azerbaïdjan
⑫ Iran
⑬ Inde
⑭ Thaïlande
Inde du Nord-Est
⑮ Myanmar
⑰ Laos
⑱ Vietnam

SOMMAIRE

Préface

De *chez moi à chez toi à vélo* peut vouloir dire tellement de choses. Si toi et moi habitions dans le même village, cela pourrait prendre quelques minutes. Si nous habitions dans le même pays, cela prendrait quelques jours ou plusieurs semaines. Mais si moi, j'habitais en France et toi au Vietnam, serais-tu prête à me suivre ? Serais-tu vraiment prête à me suivre à travers l'Europe, le Caucase, le Moyen-Orient, l'Inde et l'Asie, durant un an et ses seize mille kilomètres ? À dormir sous la tente ? À te baigner dans les rivières, les fleuves et les lacs ? À affronter les montagnes, les déserts, le soleil qui transperce les vêtements même les plus épais, à lutter contre le froid et la neige ?

Ces questions, je les ai posées à Khanh Nguyen peu après lui avoir demandé sa main. Je voulais suivre mon rêve le plus haut, le plus grand avec celle qui devait être la femme de ma vie. C'était le moment ou jamais. Il fallait profiter de notre jeunesse, de notre élan vital avant qu'il ne soit pour toujours trop tard. Il y a de très bonnes raisons de ne pas partir, de rester confortablement chez soi, d'ajourner sa vie, de tout remettre encore et toujours à d'hypothétiques lendemains.

Khanh Nguyen en a eu beaucoup, des très bonnes raisons, de ne pas me suivre. Elle a vu le jour et a vécu toute sa vie au Vietnam. Sa famille est, si l'on peut dire, traditionnelle. Tout en-dehors du foyer familial consiste en un danger potentiel. « *Fais attention* » est peut-être l'injonction la plus répétée par jour par ses parents. Tout est source de danger, surtout les autres. Alors, parcourir de longues distances à vélo, même pour aller au marché local, n'y pensez même pas dans vos rêves les plus irrationnels ! Personne n'aurait misé un seul dong[1] sur ce petit être fragile et délicat quant à sa capacité à franchir ces si longs cols qui serpentent pour arriver au sommet de ces si hautes montagnes. Ma famille, au contraire, a toujours encouragé le garçon que je suis à explorer le monde et à considérer les dangers comme de fabuleuses opportunités de se transcender. Surtout, ne pas rester chez soi à tuer le temps qui vous ronge petit à petit, qui vous dilue pour vous ramener, bien malgré vous, dans le néant. Mon corps, lui, était prêt à toutes les folies : pas encore trente printemps, de multiples expériences sportives dont quatre mille kilomètres à vélo avec mon frère à travers l'Europe. Un monde abyssal et infini semblait se dresser entre Khanh Nguyen et moi.

Qu'est-ce qui pousse deux êtres que tant de choses séparent, en apparence, à pédaler ensemble vers l'inconnu ? Comment se préparer pour un tel voyage ? Faut-il être raisonnable ou un peu fou ? Traverser des pays, des civilisations, comme l'Iran ou l'Inde à vélo, c'est comment ? Avons-nous connu de grands dangers ? Comment évolue un jeune couple franco-viet-namien qui vient de se marier tout au long de l'aventure ? Est-il devenu plus fort ou ce voyage a-t-il révélé des fêlures jusqu'alors imperceptibles ? Mais surtout, qui avons-nous rencontré tout au long de cette aventure ? Des gens qui nous voulaient du mal ou du bien ; de la malveillance sournoise et trompeuse ou de cette grande générosité qui vous ouvre en très grand ses énormes bras ?

Cette lune de miel un peu spéciale ne peut véritablement prendre tout son sens que si elle a une visée solidaire et humanitaire. J'ai la chance de pouvoir suivre mon rêve le plus grand : il faut donc que d'autres puissent aussi poursuivre le leur. Quatre années magnifiques dans la bouillonnante Saïgon m'ont fait connaître une association et ses enfants des rues : *Poussières de Vie*. Cette association scolarise gratuitement des enfants qui autrement ne pourraient pas aller à l'école. Plus qu'une éducation de qualité, elle tente de leur dessiner un avenir et de leur ouvrir en grand leur champ des possibles. Avec Khanh Nguyen, notre implication s'est renforcée au cours des années

1 Monnaie nationale du Vietnam

avec *Poussières de Vie* jusqu'à parrainer trois sœurs : Diem, Duyen et Trang qui bénéficiaient du soutien de l'association. Durant nos nombreuses visites dans leur modeste maison, je leur répétais : « Si vous êtes sérieuses à l'école, vous pourrez choisir un travail qui vous plait vraiment et éventuellement suivre votre rêve. » Organiser une collecte de dons à travers notre aventure pour *Poussières de Vie* est donc rapidement devenu une évidence. L'objectif pour nous est clair : un dollar US par kilomètre : 16 000 $ pour 16 000 kilomètres afin de les aider au lancement de leur nouvelle école à Saigon. Après un an sur les routes du monde, aurons-nous relevé cet autre défi ? Aurons-nous su convaincre assez de donateurs tout au long du voyage ?

Il me semble enfin important de communiquer dans quelles conditions j'écris ce livre. Selon le philosophe Nietzsche, nous sommes tributaires des conditions dans lesquelles nous écrivons. Un livre, quand bien même il se veut objectif, n'est que la confession de son auteur, d'un corps avec ses joies et ses turpitudes. Écrire un livre au grand air ou entre quatre murs, en étant malade ou en grande santé ne produira pas les mêmes résultats.

À l'heure où j'écris ce livre, je suis au grand air. Le ciel est d'un bleu net et vif. Pas un bruit aux alentours si ce n'est celui du vent, d'un coq ou d'une vieille moto qui pétarade bien trop loin. Je suis bien, à l'ombre d'une de ses maisons vietnamiennes de la région de Ba Ria dans le Sud du Vietnam. Il est deux heures de l'après-midi. Il fait chaud, mais le vent, vif et qui s'engouffre comme pour vous enlacer vient balayer vos vieilles certitudes et la moiteur ambiante. Le poivre qui se balance sur ces tours de briques orangées si caractéristiques de la région, tente comme il peut de s'accrocher. Durant tout ce long voyage, j'ai choisi de ne pas prendre de notes dans un chétif carnet. Seulement mes photos et mes souvenirs. Déjà que les photos figent, cristallisent les instants vécus, je ne voulais pas tout figer encore plus fort avec un journal de bord. Je voulais faire ce long travail, cette longue et éprouvante nage de remonter à contre-courant afin de retrouver une à une ces îles qui existent toujours. Je voulais les laisser vivre par eux-mêmes ces souvenirs, les laisser vagabonder comme nous l'avons fait pendant un an avec Khanh Nguyen. J'ai hâte de les retrouver et de vous les faire partager.

Je vous propose donc, chers lecteurs, d'entamer ce long voyage des mots, des joies, des petits bonheurs, des peines et des douleurs, avec moi. Je vous propose de flâner à travers les campagnes françaises, de nous frayer un chemin à travers les montagnes suisses, de nous cacher dans les bois bulgares, d'aller à la rencontre des Géorgiens et des Azéris, d'affronter le soleil et le désert iraniens, de survivre parmi les foules indiennes, de dormir bien cachés dans les pagodes birmanes, thaïlandaises et laotiennes et d'enfin retrouver le Vietnam, le si beau Vietnam.

Chapitre 1

Histoire de filiation et de passion

S ur mon passeport avec toutes ses pages et ses beaux tampons rouges, verts et violets, il est écrit : « *Thibault Georges Guy Clemenceau, né le 1er Novembre 1989 à Levallois-Perret en France* ». Il ne faut pas chercher bien loin pour trouver comment a pu se développer en moi l'instinct, la fibre de l'aventure : de celle où l'on part sans se retourner, sans s'empêtrer dans les détails pratiques et en mettant de côté ses peurs, même les plus primaires. On est avant tout le produit de sa filiation.

Cette fibre de l'aventure, on la retrouve déjà chez mes deux grands-pères : Pouffy et Bon Papa dans deux styles bien différents, bien à eux. Ils ont tous les deux quitté ce monde : Pouffy il y a trois ans et Bon Papa le lendemain de notre arrivée à Ba Ria au Vietnam.

Pouffy : c'est l'artiste, le créateur : c'est Dionysos. Descendant du *Tigre*, Georges Clemenceau, il a parcouru le monde avec son appareil photo. Il a laissé les cultures japonaise, grecque et amérindienne s'imprégner peu à peu en lui comme on laisse infuser un délicieux thé Sencha[1]. Il en est ressorti des clichés et des œuvres singulières, mais aussi beaucoup d'histoires qu'il a partagées avec le petit moi dans sa toute petite bicoque vendéenne, sa maison d'artiste. Il me parlait de Paros, du bleu de sa mer et de son ciel, du Machu Picchu et de ses couchers de soleil, des Japonais, de leurs codes et de Kyoto. On écoutait des morceaux de Louis Armstrong ou de la musique

---

1 Thé japonais

andine bien assis tous les deux dans son canapé dans lequel nous nous enfoncions à n'en plus finir. Il est mort sur un banc blanc de Sainte-Hermine en Vendée en lisant *les Essais* de Montaigne que je lui avais offerts pour son anniversaire, un an auparavant.

Bon Papa : c'est l'ingénieur, le vulcanologue, celui qui établit le sens et la vérité : c'est Apollon. Il a parcouru les montagnes et les volcans avec ses appareils de mesure en Amérique du Sud et en Chine. Il aimait prendre des photos qu'il classifiait dans de lourds albums tous étiquetés de leur année de création et qu'il rangeait dans un ordre croissant au Montelladonne en Creuse. Le petit Thibault en prenait un au hasard et découvrait la muraille de Chine et tous ces Chinois aux expressions et allures si différentes des siennes. *Bon Papa* nous racontait ses belles histoires, assis avec nous sur un drôle de banc vert sous un grand tilleul. On était souvent interrompus par un petit cousin gambadeur ou le grand appel du dîner. *Bon Papa* est mort hier, après de trop longues années de lutte contre la maladie. Dans ses derniers et rares moments d'éveil, il demandait à mes tantes ou mes cousines à son chevet des nouvelles de mon voyage et quand nous allions enfin rentrer.

Dionysos et Apollon : deux dieux de matière bien charnelle qui ont donné forme aux rêves et aux aspirations du petit Thibault à travers leurs voyages et leur sens du récit, de la transmission des images. Dionysos et Apollon ont eu des enfants. Deux d'entre eux sont devenus Papa et Maman.

Papa : c'est Hermès, le dieu du commerce et des voyages ; le plus humain des dieux. Il a toujours voulu éveiller les sens de ses enfants aux choses nouvelles, aux arts, mais aussi au sport. C'est lui qui m'a mis très vite sur un vélo, qui m'a donné le goût de l'effort et du surpassement de son petit soi. Durant de longues années, nous avions notre sortie hebdomadaire du dimanche matin à vélo. Puis un jour, je suis parti tout seul comme un grand faire un petit tour. Et depuis, personne n'a pu m'arrêter de continuer à pédaler toujours plus loin.

Maman : c'est Artémis, déesse notamment de la nature sauvage, protectrice des chemins et des ports, des jeunes enfants et des animaux. Artémis appartient au monde sauvage et est constamment entourée d'animaux. Maman était toujours entourée de chiens, de chats et de chevaux. Elle m'a donné le goût de la nature, de se perdre dans d'interminables randonnées à cheval parmi les arbres et les ruisseaux. Elle détestait le vélo, mais n'a jamais cherché à m'en détourner ou à modeler mes goûts. Avec Maman, c'était la liberté d'aller et de venir. Durant ces longues vacances d'été en Creuse, elle me laissait explorer les bois avec mes autres cousins sans se soucier de l'heure de mon retour. Elle m'a aussi enseigné le respect des autres, en particulier des personnes les plus modestes : « Thibault, dans un village, si tu passes devant chez quelqu'un, tu dis toujours bonjour. » Et puis un jour Maman est partie, trop tôt, trop vite. Après une difficile dépression, elle a fermé ses si beaux yeux un froid matin de 2008, en laissant ses cinq enfants bien seuls. Ce voyage lui est en très grande partie dédié. J'ai essayé de me montrer à la hauteur des rêves et des ambitions qu'elle avait pour l'aîné de ses enfants.

Dionysos, Apollon, Hermès et Artémis ont donc été mes quatre dieux, mes quatre points cardinaux qui m'ont donné les clés et les armes pour devenir ce que je suis. Je ne vais pas revenir inutilement sur une biographie chronologique et fastidieuse de ma petite personne, mais simplement énumérer ce qui pourrait constituer des faits marquants qui font qu'un jour l'on devienne par hasard ou par nécessité ce que l'on est.

Alors que j'ai dix ans, mon Oncle Roger, ancien militaire aux multiples gallons, me propose d'aller chercher le pain quotidien à vélo à Champagnat en Creuse. Champagnat, c'est à trois kilomètres-et-demi de Montelladonne. Pour le petit Thibault, cela si semble loin. Nous partons aux aurores. Dans les côtes à forts pourcentages, Oncle Roger me fait découvrir qu'on peut serpenter de droite à gauche avec son vélo : « C'est plus long mais plus facile que d'aller tout droit ».

À quatorze ans, nous passons un été en Creuse avec Marco, un de mes meilleurs amis. Nous nous ennuyons ferme. Alors pour passer le temps, entre deux étapes du *Tour de France* sur France 2 avec Jean-René Godard, nous enfourchons nos vélos et nous découvrons la belle campagne creusoise. Nous vagabondons de plus en plus loin chaque jour. Nous aimons, nous adorons ça. Nous faisons des courses dans les côtes, nous nous chronométrons. L'effort agit comme une puissante drogue à laquelle nous avons envie de goûter quotidiennement.

À vingt-quatre ans, je veux partir loin et pour longtemps : partir plein est pour la Slovénie depuis notre village en Vendée. Je veux d'abord partir seul, mais Papa, Hermès, nous convinc moi et mon jeune frère, Amaury et ses dix-huit printemps, de partir tous les deux. Nous partons la fleur au fusil avec du matériel de base, des vélos pour ménagère qui va faire ses courses à la supérette du coin, et peu ou pas de budget. Nous traversons sur plus de quatre mille kilomètres et durant quarante jours toute la France puis l'Allemagne, la Suisse, l'Autriche, la Slovénie et enfin l'Italie durant. Le sentiment de liberté totale sur les routes est si fort, la découverte des grands espaces si immersif et le contact avec la nature si simple, si *naturel*, que je sais déjà que je ferai quelque chose de plus grand un jour ; que je n'aurai pas d'autres choix que de le faire.

Et puis à vingt-six ans, j'ai rencontré Khanh Nguyen à Saigon, au Vietnam : la femme de ma vie.

Chapitre 2

Une vie Saigonnaise

Khanh Nguyen, c'est une si belle fille toute timide que je rencontre dans un café de Saigon : le café Trâm du quartier de Phu Nhuan. Elle a de très longs cheveux et parle sur un ton si réservé, comme si elle ne voulait surtout pas déranger. Un ami en commun, nous sachant tous les deux bien célibataires, nous a fait rentrer en contact quelques semaines plus tôt. Nous communiquons par messages. Le temps de réponse n'est jamais long. C'est bon signe. Nous nous découvrons, nous nous jaugeons en cette belle journée au café Trâm. Nous nous regardons déjà comme nous nous regardons aujourd'hui.

Khanh Nguyen est dans sa dernière année d'études. Elle est la petite dernière d'une famille assez traditionnelle qui comporte quatre filles. Ses trois grandes sœurs sont déjà mariées. En cette première journée de délicieuses découvertes au café Trâm, jamais il ne me traverse l'esprit une seule microseconde que nous pourrions un jour traverser le monde à vélo tous les deux. Khanh Nguyen a l'air de tout sauf d'une grande sportive, d'une aventurière.

Pour ses parents, Khiem et Thu Ba, tout en-dehors de la maison est un risque potentiel : « Attention aux motos quand tu sors ! Marche bien sur le trottoir. Le soleil tape si fort aujourd'hui : couvre bien toute ta peau. Ne fais confiance à personne. Fais attention à ton sac. Fais attention. » La belle Khanh Nguyen a donc la vision d'un monde tissé de dangers et de personnes à qui on ne peut vraiment pas faire confiance. Mais en ce jour de rencontre au café Trâm, elle a franchi le seuil de sa maison pour rencontrer un étranger avec sa barbe naissante et ses drôles de cheveux. C'est peut-être le signe qu'elle aspire déjà à se détacher de ses vieilles croyances et peurs, à se diriger vers un inconnu ailleurs.

J'essaye de montrer peu à peu Khanh Nguyen qu'un autre monde existe en-dehors du cocon familial et de l'interminable dédale des rues de Saigon. Je lui parle de mes voyages, de la France. Nous découvrons d'abord le centre du Vietnam tous les deux à moto. Puis, par un trop chaud matin d'avril nous nous envolons pour Angkor Wat au Royaume du Cambodge. La veille du départ, je suis allé acheter une bague : une bague de fiançailles. J'ai mis un peu de temps à la choisir. La vendeuse a commencé à s'impatienter en tapotant de ses petits doigts sur la vitre si bien nettoyée. Puis, j'ai finalement fait mon choix. J'ai dissimulé la belle bague jusqu'à ce matin où nous prenons le tuk-tuk pour le temple de Bang Mealea. Il est situé à quarante kilomètres d'Angkor Wat : c'est un immense tas de ruines qui se sont accumulées on ne sait pas trop comment. La nature a repris le pouvoir ici. Les arbres trônent sur les vieilles pierres qui de temps en temps laissent apparaître un Bouddha. Nous sommes seuls parmi le minéral et le végétal. Ne manque plus que le bel Orphée, ce dieu de la mythologie grecque qui faisait chanter les pierres.

Nous repartons du temple de Bang Meala nos deux petits corps soudés l'un à l'autre. Elle a dit oui ! Khanh Nguyen a dit oui ! Elle ne s'y attendait pas. À ma demande ses larmes ont coulé, lourdes et abondantes. Puis tout s'est enchaîné plus ou moins rapidement comme dans un conte pour enfants. Un mariage est célébré en Ao Dai dans une élégante pagode à Saigon, puis au fief familial des Clemenceau en Vendée.

Ma mémoire me joue des tours, mais je me rappelle que peu après notre mariage au Vietnam, je demande à Khanh Nguyen, comme cela et sans préparer le terrain : « Tu ne voudrais pas aller de chez moi à chez toi à vélo ? Tu ne voudrais pas faire France-Vietnam avec moi ? » Sans réfléchir, elle répond immédiatement un si beau « Oui » . Je m'attendais à des réserves de sa part, une batterie de questions... mais non, rien. Simplement « oui ». Un « oui » clair et limpide, baigné de confiance dans la vie et sûrement un peu en moi.

À partir de ce si beau et clair « oui » vient le temps moins agréable des doutes et des interrogations : Quand partir ? Comment ? Comment convaincre sa famille ? Khanh Nguyen, qui n'a jamais pédalé plus que quelques kilomètres, peut-elle vraiment le faire ?

Nous décidons d'y aller par étapes pour ne brusquer personne. Je vis au Vietnam depuis quatre ans déjà pour le compte d'une grande entreprise française du CAC 40. Je suis en charge de son développement commercial dans la région. Je contacte d'abord les Ressources Humaines de mon entreprise qui souhaitent que je rentre à la Défense et son béton à Paris après ces quatre belles années vietnamiennes. Depuis quelques semaines, ils ont commencé à organiser des rendez-vous en vue d'un éventuel retour à Paris pour moi. Je me rappelle si bien de cette soirée chez moi lorsque je me regarde droit dans la glace et que je me dis : « Thibault, qu'est-ce que tu veux ? Qu'est-ce que tu veux vraiment mon gars ? Prends ta décision et vite. Après, tu vas t'engager trop loin et comme tu as tellement de mal à dire non, tu vas le regretter. » Le lendemain, en début d'après-midi, j'écris un mail lourd de sens aux Ressources Humaines indiquant ma décision de quitter l'entreprise pour suivre mon rêve. Elles comprennent ma décision, me laissent partir tout en me précisant bien que la porte restera ouverte pour moi. Je me sens délesté d'un énorme poids, beaucoup plus lourd que tout ce que je pouvais bien m'imaginer. Mon cœur est allé vers le rêve, plus que vers la carrière ; vers l'aventure et le dénuement plus que la sécurité et le confort. Il palpite fort mon cœur mais je sens qu'il propulse un sang fier et vif.

Il reste à convaincre nos familles respectives : la mienne et celle de Khanh Nguyen. Pour la mienne, c'est une simple formalité. Mon père, ce cher Hermès, me connaît trop bien et m'a toujours soutenu dans mes choix. Il m'assaille de questions pratiques plus que d'avertissements et de mises en garde. Pour celle de Khanh Nguyen, le col s'annonce légèrement plus coton à gravir.

Pour les parents de Khanh Nguyem, Khiem et Thu Ba, parcourir ne serait-ce que cinquante kilomètres à vélo n'appartient même pas au champ des possibles et encore moins concernant l'une de leurs filles. Encore une fois, pour eux, tout en-dehors du foyer familial est un danger, un risque. Alors comment faire passer la gélule, la pilule rouge ? Nous y allons à pas de félin. Il s'agit d'être le plus diplomates possible. Nous leur annonçons tout d'abord une longue année sabbatique pour découvrir le monde. Quelques semaines plus tard, nous précisons que nous songeons à traverser l'Europe à vélo pour ensuite, peut-être, continuer par un autre moyen de transport. Et enfin nous faisons décoller le dernier étage de la fusée : nous annonçons que nous allons tenter de tout faire à vélo... de la France au Vietnam ! Légère secousse sismique ; indice relativement important sur l'échelle de Richter. De façon assez surprenante, la culture vietnamienne va nous sauver la mise.

Au Vietnam, pour beaucoup de familles, marier sa fille, c'est un peu la perdre, lui dire un *au revoir* étouffé et contenu. Une fois la bague au doigt, elle appartient en quelque sorte à la famille du mari qui aura pouvoir de décision sur elle et sa vie. Le Vietnam, aujourd'hui, évolue et ce principe est de moins en moins appliqué de façon stricte au sein de la cellule familiale. Mais, il demeure que la famille de la mariée ne peut s'opposer de façon frontale aux décisions de vie du mari. Bien entendu, nous n'avons pas abusé de ce principe, mais il nous a permis de temporiser et de prendre le temps d'expliquer tous les tenants et aboutissants d'un tel voyage à la famille de Khanh Nguyen sans provoquer une levée de boucliers puis une fin de non-recevoir. Je souhaiterais à travers ces lignes témoigner mon profond respect à la famille de Khanh Nguyen pour nous avoir laissé partir sur ces routes sans fin. Ils ont fait preuve d'une très grande ouverture d'esprit et de confiance à notre égard. Ils ont su contenir et maîtriser leurs peurs pour éviter de trop nous les transmettre. Elles sont si contagieuses.

La vie est porteuse de sens, en particulier lorsqu'elle a pour but d'élever ou d'aider les autres. Suivre ses rêves est une chose. Mais j'ai toujours considéré que si j'avais la chance de le faire, je me devais de faire mon maximum pour aider d'autres personnes à pouvoir accéder aux leurs, ou du moins à améliorer leurs conditions de vie. Dès mon arrivée dans la bourdonnante Saigon en 2015, j'ai eu la chance de rencontrer Estelle.

Estelle, c'est une Française avec des cheveux tout frisés et qui sont rameutés en un prodigieux chignon qui trône sur le haut de sa tête. Chaleur ambiante oblige. Estelle est professeure bénévole pour une école située dans le quartier de Tan Binh à Saigon. Cette école dépend de l'association *Poussières de Vie* qui accueille gratuitement des enfants des rues qui n'ont autrement pas d'autres opportunités d'aller à l'école. Il se retrouvent bien souvent dans la rue pour vendre aux multiples passants des tickets de loterie à dix mille dongs[1]. « Ce n'est pas un avenir » comme on dit.

Estelle leur enseigne l'anglais, mais essaye aussi de leur ouvrir de nouveaux horizons et cela passe par la mise en place d'une pièce de théâtre à la fin de l'année : le Petit Prince de Saint-Exupéry. « Thibault, toi qui aimes prendre des photos, tu n'aimerais pas venir prendre des photos des élèves durant les répétitions ? » Le rendez-vous est pris. Le jour J, j'enfourche ma moto pour me rendre à la petite école. Je découvre au premier étage des élèves en uniforme bleu et blanc. Certains ont des larges sourires et lancent des « *hello* », d'autres ont l'air plus soucieux et réservés. Après les premières minutes d'excitation face au nouveau venu, la tension redescend afin de continuer l'apprentissage du Petit Prince. Comme à mon habitude, j'essaye comme un caméléon de me fondre dans le décor avec mon appareil photo et mes objectifs. C'est Pouffy, Dionysos, qui me l'a appris. Il en ressort d'assez beaux clichés d'élèves : certains passionnés par les explications d'Estelle, d'autres avachis et baillant aux corneilles : des élèves comme les autres finalement.

Je parle de ma belle journée à Khanh Nguyen et nous nous disons que nous devons faire quelque chose en plus. Quelques semaines plus tard, nous contactons la responsable de l'école, Madame Chan, pour la rencontrer et voir ce que nous pourrions faire. Nous rencontrons Madame Chan et son fort accent vietnamien du nord dans un petit café situé le long d'un grand boulevard qui longe l'aéroport Tan Son Nhat. Chan nous parle d'une famille de cinq enfants dont trois sœurs vont à l'école de *Poussières de Vie* dans le district de Tan Binh. Elle nous propose de les parrainer. Leurs

---

1 Environ quarante centimes d'euro

parents sont convaincus que leurs filles doivent aller à l'école et qu'elles se doivent d'être sérieuses. Ils sont en revanche dans une situation précaire et ont du mal à couvrir toutes les dépenses du foyer.

S'en suit des visites régulières durant plus d'un an où nous tissons de belles relations tous ensemble. La famille nous reçoit dans sa très modeste maison, mais tous ses membres nous impressionnent par leur grande dignité. Diem, la plus âgée, est timide mais sérieuse et d'une grande douceur avec ses deux sœurs. Duyen a du mal à se concentrer et à retenir les choses, mais elle s'accroche. Trang, la plus jeune, est de loin la plus espiègle et la plus rapide d'esprit. Elle passe son temps à essayer de tous nous faire rire. Et elle réussit bien. Durant tous ces moments ensemble, Khanh Nguyen et moi insistons sur l'importance de leurs études : « Si vous êtes sérieuses à l'école, alors vous aurez plus de choix pour faire ce qui vous plaît et peut-être même un jour de pouvoir suivre vos rêves. » Elles hochent toutes les trois leur tête. Nous espérons tous les deux que ce n'est juste pas par politesse et qu'elles s'approprient véritablement notre message, même de façon incomplète.

Le jour où nous avons pris la décision de faire ce voyage de seize mille kilomètres, ce fut une évidence pour nous de le faire aussi pour *Poussières de Vie,* pour elles. L'occasion était trop belle avec la construction d'une nouvelle école dans le 12e arrondissement de Saigon. Notre proposition : collecter un dollar USD par kilomètre parcouru soit un objectif 16 000 dollars ! Je ne sais pas vraiment si c'est un objectif trop modeste ou trop ambitieux.

L'argent collecté servira à financer la nouvelle école et son bon fonctionnement durant l'année de son lancement. L'idée est de créer une cagnotte en ligne où les généreux donateurs pourront notamment laisser un message. Nous souhaitons mettre en place une cagnotte dynamique qui évoluera en parallèle du nombre de kilomètres parcourus. Les personnes qui suivent et qui croient en notre aventure pourront donc voir si nous sommes dans les temps en termes de kilomètres et de dons. Par exemple, si nous en sommes à 6 000 kilomètres et que la cagnotte en est à 7 200 $ tout va bien. Si nous en sommes à 10 000 kilomètres et que la cagnotte est à 1 000 $: ça ne va pas du tout, mais alors pas du tout ! Aux 16 000 kilomètres se superposent donc les 16 000 dollars que nous devons réunir. Il nous faut désormais trouver un nom pour notre aventure et savoir comment se frayer un chemin vers l'inconnu, par où passer, pour aller de « chez moi à chez toi ».

Quel nom donner à notre aventure ? Très vite, notre choix se porte sur *Non La Project* : le projet *Non La*. *Non La* en vietnamien désigne ces chapeaux coniques qui sont présents absolument partout au Vietnam, en particulier dans les campagnes. Ils symbolisent la culture vietnamienne, mais aussi toutes les valeurs des paysans vietnamiens, laboureurs de la terre et planteurs de graines de café : l'ardeur au travail, l'endurance, l'entraide et surtout la bonne humeur ! L'idée et le symbole font sens. Et puis l'occasion est trop belle d'emporter avec nous chacun un chapeau *Non La* durant tout le voyage. Ils attiseront à coup sûr la curiosité de ces milliers de personnes que nous croiserons et seront un parfait prétexte pour susciter les plus belles rencontres. Enfin, la forme conique des chapeaux *Non La* symbolise aussi la forme d'une montagne et donc de toutes les chaînes de montagnes que nous aurons à franchir pendant un an de l'Europe à l'Asie.

Peut-on vraiment se préparer pour un voyage de 16 000 kilomètres à travers les montagnes, les plaines, la neige et le désert ? La réponse n'est « pas vraiment » mais on peut faire de son mieux pour limiter la casse. Depuis notre décision ferme de partir, commence alors une longue préparation : réunir le matériel nécessaire pour un an au moins et préparer nos petits corps fragiles. Il nous reste environ six mois à passer à Saigon avant de prendre l'avion pour la France. Un court moment, nous nous sommes demandés si nous allions faire Vietnam-France ou France-Vietnam : « de chez toi à chez moi ou de chez moi à chez toi ? » La décision se fait rapidement. Ce sera dans le sens France-Vietnam : « de chez moi à chez toi ».

Pourquoi commencer l'aventure de France et non du Vietnam ? Les réponses sont multiples. Logistique d'abord : il est difficile et souvent cher de trouver des vélos et du matériel de qualité au Vietnam. La plupart des marques pour le voyage longue distance sont européennes ou américaines. Il sera plus facile d'acheter et de réunir tout le matériel en France. Nous prévoyons aussi de débuter le voyage en avril. Ce sera le printemps en Europe et le retour des douces températures. Au Vietnam, c'est sûrement l'un des pires moments pour partir : il fait chaud et humide. L'Europe avec ses Véloroutes, ses routes bien asphaltées et son niveau de développement représente aussi un terrain de jeu idéal pour commencer l'aventure. Rappelons que Khanh Nguyen n'a aucune expérience solide sur un vélo. L'idée est donc de commencer en douceur afin de ne pas la traumatiser d'entrée de jeu... Elle pourra ainsi s'aguerrir et accumuler l'expérience nécessaire avant de traverser des pays plus rudes comme la Géorgie ou l'Iran.

Enfin, il y a une raison que l'on peut qualifier de médiatique : dans le but de récolter des dons pour *Poussières de Vie*, nous avons pour objectif d'obtenir des interviews dans les médias (papier, sites internet et à la télévision). Nous pensons que tous ces médias, en particulier vietnamiens, auront un intérêt plus appuyé pour notre aventure si nous avons comme destination finale le Vietnam : ils pourront voir notre progression semaine après semaine pour finalement attendre notre arrivée au pays. Il sera plus aisé ensuite de faire des interviews et des plateaux télé une fois au Vietnam.

France-Vietnam donc ! Nous avons le début et la fin du film. Mais par quels pays passer ? Comment se frayer un chemin de l'Europe vers l'Asie ? La réponse va se faire en fonction des visas et des saisons. Avec mon passeport français, les possibilités sont presque illimitées. Mais avec son passeport vietnamien, c'est plus compliqué pour Khanh Nguyen. Beaucoup de pays lui demandent de faire un visa en ambassade voire une lettre d'invitation pour pouvoir rentrer sur leur territoire. La Russie en est un exemple : il est beaucoup trop cher (plus de 1 000 euros) et compliqué d'obtenir un visa de plus d'un mois avec son passeport. Nous abandonnons bien vite l'idée de traverser le vieil empire des Tsars.

Le visa Schengen longue durée de Khanh Nguyen nous permet cependant de traverser toute l'Europe, mais aussi de pouvoir rentrer dans des pays comme la Serbie ou la Géorgie sans avoir à payer de frais de visa. Nous décidons de traverser l'Europe d'ouest en est vers la Bulgarie. De la Bulgarie, nous prendrons le bateau pour la Géorgie et l'Azerbaïdjan. Viendra ensuite le gros morceau : l'Iran. Notre idée initiale est ensuite de remonter le long de la mer Caspienne pour traverser les pays en « stan » (Turkménistan, Ouzbékistan, Kyrgyzstan) et de traverser la Chine pour arriver au Nord du Vietnam. Vaste plan qui nous donne rapidement le tournis tellement il est ambitieux et semble hors d'atteinte !

Il y a toujours une sorte d'euphorie pour le voyageur qui trace à la main le parcours de ses rêves. Une réalité presque tangible se substitue à l'illusion et l'image représentées par la carte. On est encore un spectateur, mais on sait que l'on va bientôt devenir acteur, que l'on va faire partie intégrante de la carte. Avec Khanh Nguyen, nous savons que notre tracé sera forcément amené à évoluer, que notre route ne sera pas une belle ligne droite, mais un long chemin tortueux et accidenté. C'est ce qui fait toute la saveur et les épices de ce genre de voyage. Si tout se passe comme prévu, alors pourquoi partir ? Nous prévoyons un an de voyage et d'aventures : traverser l'Europe durant le printemps puis le Caucase durant l'été, arriver en Iran puis traverser l'Asie centrale avant l'hiver ; passer l'hiver et le les premiers mois de l'année en Chine pour enfin arriver au Nord du Vietnam en mars. Cela nous semble parfait ! Nous sommes loin de nous imaginer à quel point notre parcours final sera différent de nos lignes tracées au crayon sur la vieille carte d'un atlas scolaire.

Chapitre 3

« Nous étions faits comme des rats »

Il nous reste six mois à passer à Saigon. Saigon avec ses dix millions d'habitants, ses huit millions de motos et son béton n'offre presque pas d'espaces verts. Il est très difficile de s'entraîner dans ces conditions. Nous décidons de déménager nos affaires pour le septième arrondissement de Saigon : situé au Sud de la ville, il offre la possibilité de s'échapper vers les arroyos et les cocotiers, loin du trafic, de la pollution et du bruit omniprésents. Il nous reste à trouver deux vélos qui feront l'affaire le temps que nos muscles se forment et s'aguerrissent. Le propriétaire de notre appartement en possède un qui tient encore la route et qu'il n'utilise jamais : « Utilise-le autant que tu veux » me lance-t-il. Concernant Khanh Nguyen, sa sœur - Khoi Nguyen - possède un vieux VTT qui rouille au fond de la cave. Khanh Nguyen l'essaye : il grince et couine un peu, mais il roule à peu près le bougre. Ce sera la monture de Khanh Nguyen le temps de notre entrainement saïgonnais !

L'entraînement commence. Deux à trois fois par semaine, le réveil se fait avant cinq heures du matin, le temps de se préparer et de partir avant le lever du jour. Nous essayons de profiter des températures fraîches et d'une ville qui somnole encore un peu pour profiter un minimum de conditions favorables. Les premiers jours, nous parcourons de courtes distances : quinze kilomètres puis vingt, puis vingt-cinq. Khanh Nguyen s'en sort bien. Nous pédalons quelques heures avant que le soleil ne tape trop fort ou que le trafic ne soit trop dense. Notre rituel après chaque entraînement : s'arrêter au petit restaurant du coin pour savourer un bon bol de Pho[1], des Banh Cuon[2] ou un Banh Mi.[3] Le tout est toujours accompagné d'une noix de coco ou d'un jus !

Le seul problème de Saigon et de ses environs : c'est plat, parfaitement plat. Impossible de s'entraîner à grimper des reliefs : nous attendrons la France pour le faire. Les entraînements néanmoins s'enchainent et la date du départ approche. Nous avons toujours si peu de certitudes : simplement qu'il faudra bien un jour commencer et se jeter dans le grand bain, dans l'inconnu. Nos corps sont encore jeunes et pleins de vigueur : ils s'adapteront.

Lorsque nous ne sommes pas sur notre vélo ou au travail, nous passons notre temps à collecter des informations sur le matériel à acquérir ou les pays que nous allons traverser. Le ventilateur balaie nos cheveux de droite à gauche puis de gauche à droite. Il y a tellement d'informations à aller chercher sur les blogs, les forums de discussion. Nous nous faisons une idée plus précise et affûtée de pays que nous connaissions si mal ou dont nous avions des informations uniquement par le biais de médias traditionnels ou grand public. L'Iran, à travers tous les blogs de voyageurs que nous parcourons, semble un pays fabuleux à traverser avec une population si accueillante et cultivée. On est loin des images qui tournent de temps en temps en boucle sur les chaînes d'information en continu : des gens agressifs, assoiffés de vengeance, toujours prêts à partir en guerre et à capturer de vilains étrangers. Nous voulons voir par nous-mêmes : lutter contre tous nos préjugés, nos peurs souvent infondées qui travaillent au plus profond de nous-mêmes. À travers mes précédents voyages, je sais qu'il y a souvent une distance si grande entre nos gouvernements et les hommes qu'ils sont censés représenter. C'est l'une des choses que je souhaite vraiment faire découvrir à Khanh Nguyen.

Les entraînements s'enchaînent et se font de plus en plus loin de la maison. Nous commençons même de temps en temps après vingt-et-une

---

1 Soupe de nouilles vietnamienne avec du bœuf
2 Galettes de riz vietnamienne
3 Sandwich local vietnamien

heures histoire de profiter des rues désertes et de températures clémentes. Nous nous faufilons dans les allées désertes, traversons ces beaux halos de lumières éphémèrement formés de la combinaison de la lune et du branchage d'un arbre. Nous aimons rouler tous les deux, explorer de nouveaux lieux que nous ne soupçonnions même pas d'exister. C'est bon signe.

Après quelques semaines, il est déjà venu le temps des adieux. Certains commencent à réaliser que l'on va partir et pour longtemps. Je vois un peu d'inquiétude et d'incompréhension sur les visages de la famille de Khanh Nguyen. La tâche doit leur sembler tellement grande, tellement du domaine de l'impossible qu'ils ne savent pas par quel bout rationaliser la chose. Ils doivent préférer ne pas trop y penser. On nous dit de faire attention, de faire très attention, de ne prendre aucun risque. Nous hochons tous les deux la tête. Cela ne coûte rien si ça peut les rassurer un peu. D'ailleurs, on ne parle pas vraiment du voyage qui nous attend lors de ces multiples derniers repas tous ensemble : on parle de la petite actualité des uns et des autres, des enfants d'une cousine, de ce que l'un a mangé hier et de ce que l'autre pense cuisiner demain.

Un matin, nous passons voir une dernière fois les enfants de *Poussières de Vie* du quartier de Tan Binh pour leur présenter ce que nous allons entreprendre. Je vois tous ces petits regards qui essayent de comprendre ce que nous voulons faire : « Mais c'est vraiment possible à vélo ? » demande une élève. « Comment faites-vous pour passer les frontières ? Vous n'avez pas peur de dormir sous la tente ? Et les animaux sauvages ? Et pour vous laver ? » Nous répondons patiemment aux questions les unes après les autres. Pour certains, je vois que la machine à rêves commence à s'enclencher. J'espère pouvoir leur raconter plein de belles histoires dans un peu plus d'un an.

Je fais aussi mes adieux au bureau de mon entreprise auprès de tous mes collègues vietnamiens et français. Nous avons passé quatre très belles années tous ensemble dans une ambiance familiale et avec beaucoup de belles réussites. Emmanuel, mon ami et *manager,* y est pour beaucoup. Nous le retrouverons plus tard au cours de notre aventure en Suisse. Ce travail m'a aussi permis de mettre assez de côté pour ce voyage et nous autorise à voir large. Nous n'aurons pas besoin de décompter chaque jour scrupuleusement les dépenses et de respecter un budget trop strict. C'est un vrai luxe comparé au voyage de quatre mille kilomètres en Europe il y a cinq ans avec mon frère Amaury où chaque centime avait son importance. Nous n'avions la plupart du temps pas d'autre choix que de faire du camping sauvage et de cuisiner les aliments les moins chers que nous pouvions trouver.

Le temps des vrais adieux arrive. D'abord les grands-parents de Khanh Nguyen qui habitent à Ba Ria (à soixante-quinze kilomètres au Sud de Saigon). Sa grand-mère pleure ; Khanh Nguyen aussi. Sa petite grand-mère me fait promettre de la protéger de toutes mes forces. Je comprends bien que je n'ai pas le droit de me louper. Puis, nous prenons le chemin de l'aéroport avec les parents de Khanh Nguyen. Mon frère Amaury, alors en échange universitaire au Cambodge, nous rejoint pour les adieux. Il me dit qu'il aimerait beaucoup nous accompagner pour quelques semaines durant notre voyage. L'Iran semble une bonne option pour nous retrouver sur l'interminable parcours.

Les adieux aux portes du hall des départs de Ton Son Nhat[1] sont contenus et retenus. On s'enlace, on se promet des choses. On dit à l'autre qu'il est beau ou qu'elle est belle. Avec Khanh Nguyen, nous passons le premier portique de sécurité. Nous leur faisons à tous les trois au revoir de la main. Nous ne les lâchons pas des yeux jusqu'au dernier moment. Et puis, c'est soudainement fini.

Le départ de l'avion se fait le matin depuis le Vietnam. Nous volerons donc tout le voyage de jour, remontant à contre-courant de la folle course

1 Aéroport International de Saigon

du soleil. Le ciel est dégagé et nous avons donc une vue imprenable sur la variété des paysages. À partir du Moyen-Orient, notre avion prend à peu de choses près le même trajet que nous allons faire à vélo. Nous sommes en train de faire en avion en douze heures ce qui va nous prendre douze mois à la force de nos mollets. Après de longues heures de vols, nous survolons Oman, Dubaï puis l'Iran toujours avec une visibilité impeccable. Vu du ciel, ces territoires nous semblent si hostiles, désertiques et montagneux. Je me demande comment nous allons faire pour survivre ici-bas. Pour la première fois depuis des mois, je suis pris d'une petite peur : une brèche s'est créée dans l'épais mur de mon assurance. Je sers un peu plus fort la main de Khanh Nguyen. Puis la mer Noire arrive et enfin l'Europe, ses interminables champs et ses gigantesques forêts toutes vertes qui rassurent et apaisent le voyageur.

Le gros Airbus se pose mollement à Charles de Gaulle. Nous sommes début mars et les températures sont si froides comparées à celles de notre doux Vietnam. Nous prenons notre second vol pour Nantes où nous attend Papa, Hermès, le dieu du commerce et des voyages. Cela fait tellement de bien de retrouver Papa, toute la famille et Didi ! Didi, c'est notre Jack Russel et le membre fondamental de la famille. À chaque fois que je reviens, même après de longs mois, elle me fait toujours la plus grande des fêtes.

Notre famille vit à l'Aubraie dans le petit village de Féole en Vendée: c'est le fief des Clemenceau. Georges Clemenceau, *le Tigre*, *le Père la Victoire*, y a vécu une grande partie de sa jeunesse. Emprunter les mêmes escaliers, les mêmes chemins que lui comporte donc une saveur toute particulière. Sa vie force l'admiration et à ma petite échelle, je tente de capter les rayons, la chaleur qu'il continue d'émettre comme ces lointaines étoiles qui n'existent plus, mais dont la lumière nous parvient encore. En particulier, il nous faudra un peu de son courage, de sa force de caractère et de son étonnante curiosité sur de si nombreux sujets et cultures. Dans le cadre de notre aventure, il devra y avoir du Clemenceau, du *Tigre* : une ligne directrice, des décisions, mais surtout du courage, beaucoup de courage.

« Il faut d'abord savoir ce que l'on veut, il faut ensuite avoir le courage de le dire, il faut ensuite l'énergie de le faire. » Georges Clemenceau

Nous avons encore six semaines avant le grand départ. C'est peu compte-tenu de tout ce qu'il nous faut préparer. Nous n'avons toujours pas trouvé les vélos qui nous conviennent et il manque une grande partie de notre matériel. Il nous faut aussi passer du temps sur notre site internet et commencer à communiquer sur les réseaux sociaux concernant notre aventure. Sans un site internet qui tient la route et une communication efficace, il nous sera difficile de récolter beaucoup de dons.

Malgré les températures toujours fraîches (en dessous de dix degrés Celsius), nous devons commencer l'entrainement. Les deux vélos que nous avions utilisés avec mon frère, Amaury, il y a cinq ans pour notre voyage en Europe roupillent toujours sous un drap poussiéreux au fond de la vieille grange : « Fini la retraite anticipé les gars ! On retourne au boulot. » Je suis excité de faire découvrir à Khanh Nguyen ma belle campagne vendéenne tissée de bosquets et de petits chemins. Les premiers entraînements se passent bien : une vingtaine de kilomètres puis rapidement une quarantaine tous les deux ou trois jours.

Entre deux entraînements, nous passons du temps si précieux avec les nôtres. Il nous est cependant toujours impossible de trouver nos montures pour traverser l'Eurasie... Ce que nous trouvons est soit trop cher, soit pas adapté... Jusqu'à ce que je tombe sur une petite annonce sur Internet qui propose un vélo pour le long cours à la taille de Khanh Nguyen. L'annonce est très détaillée, le vélo bien équipé. Celui qui a écrit l'annonce, Manu, semble vraiment être un passionné, un mordu du voyage longue distance. Je lui passe un appel : nous échangeons longuement sur les caractéristiques du vélo : c'est un cadre en acier Giant de 1997 sur lequel il a travaillé d'interminables heures pour y ajouter tous les éléments nécessaires à un grand voyage. Chaque élément du vélo doit être robuste et pensé pour résister sur des milliers de kilomètres. Trouver des pièces de réparation rapidement en Europe pourquoi pas ? Mais quand on est au beau milieu du désert iranien ou des steppes kazakhes comment faire ? Manu m'inspire la confiance. Il travaille dans un magasin situé à Brantôme, soit deux-cents kilomètres de chez nous. C'est loin mais vu son expérience et les prix qu'il propose, cela vaut la peine de faire l'aller-retour dans la journée en voiture.

Quelques jours avant d'enfin pouvoir rencontrer Manu et le futur vélo de Khanh Nguyen : coup de chance ! Un client vient de déposer au magasin de Manu un vélo de voyage qu'il souhaite revendre et qui est à ma taille. Ses problèmes récurrents aux genoux l'empêchent de profiter de ce vélo. Le beau destrier est quasiment neuf (à peine un peu plus de mille kilomètres) et équipé pour le long cours (cassette, transmission, pédales, porte-bagages en acier). Il y a quelques éléments à ajuster ou changer, mais rien de bien méchant. C'est un vélo de la marque allemande Patria : parfait pour le long cours et à un prix plus que correct. Il devrait faire l'affaire.

Alors, quand on prend la voiture en ce matin de mars pour aller les découvrir, nous sommes dans un état pas possible avec Khanh Nguyen. Un peu comme avant le premier jour de classe de neige ou un rendez-vous amoureux. Nous allons bientôt rencontrer ceux qui vont partager notre vie tous les jours pendant un an, qui vont nous porter sur leurs épaules, qui vont subir le froid, la pluie, la neige et le vent pour et avec nous ! Nous arrivons après quelques heures dans la bien calme Brantôme. Le fameux Manu nous attend avec sa longue barbe et son grand bonnet. Les vélos sont là. Ils sont magnifiques ! Ils dégagent une réelle impression de force, de robustesse. C'est un coup de foudre, un vrai de vrai !

Khanh Nguyen surnommera le sien *Monster* (« Le Monstre ») : avec ses multiples prolongateurs sur le guidon, il a une vraie tête de monstre, de raie manta, qui ne fait finalement pas si peur quand on lui fait face. Le mien, je l'appellerai *Tank* : avec ses porte-bagages en acier et sa structure, il ressemble à une véritable arme de siège : un bolide indestructible fait d'acier et de câbles. Bienvenue dans la famille Tank et Monster ! Nous vous traiterons avec les plus grands des égards, c'est promis. Sans vous, nous n'arriverons jamais au Vietnam.

Rencontre entre Khanh Nguyen et Monster, Vendée, France

Les derniers jours avant le départ s'enchaînent rapidement, trop rapidement. Nous avons pu acheter et rassembler la quasi-totalité de notre matériel pour un an : les bagages, la tente deux places, les sacs de couchage, le réchaud, le matériel de réparation & de premier secours... - Chers lecteurs, j'en profite pour vous indiquer que vous trouverez à la fin de ce livre la liste complète de notre matériel - Toujours la même logique : il nous faut trouver le compromis parfait, le barycentre idéal, pour chaque élément entre robustesse, poids et prix. J'aime particulièrement cet exercice d'aller vers ce qui est vraiment nécessaire, de se délester de toutes ces choses inutiles et qui nous encombrent dans cette vie qu'on appelle quotidienne. Ce voyage, c'est aussi le prétexte parfait pour revenir à l'essentiel : posséder peu, voir, rencontrer et s'entraider beaucoup.

Nos entraînements se font désormais avec Monster et Tank. Nous partons toute la journée à la recherche de reliefs et d'endroits pour camper au beau milieu de la forêt. Nous manquons encore d'automatismes et le temps d'installation de notre campement éphémère se révèle encore trop long. Nos nuits sont loin d'être paisibles : chaque animal qui passe un peu trop près nous fait ouvrir l'œil. Parfois, c'est une biche ou un chevreuil, parfois un hérisson ou un énorme scarabée. Il nous faut souvent du temps avant de pouvoir véritablement profiter d'un peu de sommeil.

Notre site Internet, lui, est prêt et *Poussières de Vie*, l'association que nous soutenons, vient de lancer en ligne la plateforme de dons. Dès les premiers jours, nous recevons plus de trois mille dollars US de dons ce qui décuple notre motivation et enhardit nos petits cœurs prêts à l'aventure.

Et puis un jour, sans s'en rendre compte, c'est la veille du départ. Tout s'est déroulé si vite : littéralement la tête dans le guidon. Sommes-nous prêts ? Pas vraiment, mais côté vélo et matériel nous avons tout ce qu'il faut : le corps s'adaptera. « L'intendance suivra » comme disait le Général de Gaulle !

En cette veille de départ, la charpente de Notre-Dame de Paris brûle et sans répit. Les chaînes d'information en continu relaient en boucles les terribles images. Serait-ce un mauvais présage ? Je délaisse la télé pour rejoindre Khanh Nguyen. Dans le salon, nous préparons nos bagages comme de sérieux petits écoliers avant leur rentrée. Nous pesons les vélos et le matériel aussi : trente-six kilos pour elle, quarante-deux kilos pour moi. C'est sans compter la nourriture et l'eau qu'il nous faudra transporter chaque jour. Nous nous endormons pour la dernière fois « chez nous », sous un toit.

Le lendemain, tout s'enchaîne. Il faut préparer les vélos puis se rendre en vitesse à la mairie de la Réorthe pour le départ officiel. La télé locale nous attend ainsi que l'association des cyclistes du coin. Monsieur le Maire souhaite également faire un petit discours. Notre ami, le grand Amaury, est là. Témoin à notre mariage, il est venu spécialement de Nantes ce matin pour nous souhaiter les meilleurs des vents. Mes frères et sœurs, Linda - ma belle-mère-, Mami - la seconde femme de mon grand-père, Dionysos-, et nos chers voisins sont bien là. J'oubliais : Didi, notre Jack Russel, aussi ! Papa, Hermès, manque au tableau : obligation professionnelle oblige. Nous nous sommes dit des adieux contenus mais sincères et forts quelques jours auparavant.

On s'embrasse, on se sert bien fort dans les bras. Nous réalisons que ce n'est plus une blague : nous y sommes. Nous ne pouvons plus faire marche arrière. Un groupe d'une vingtaine de cyclistes ainsi que Tara -la plus petite de mes deux sœurs - et Enguerrand - un de mes frères - se joignent à nous pour former un joyeux peloton sur quinze kilomètres. Nos vélos paraissent si lourds comparés aux leurs : ils volent ; nous nous traînons avec difficulté sur l'asphalte vendéen.

Notre petite troupe nous dit au revoir au détour d'un village. Avec Khanh Nguyen, nous enlaçons aussi fort que nous le pouvons Enguerrand et Tara. Avant de définitivement nous quitter, Tara me lance un « Si tu meurs, Thibault, je te tue. » C'est Papa, Hermès, qui nous le dit souvent avant un long voyage. Mais dans ce contexte et dit par ma petite sœur, cette injonction à une résonnance toute particulière. Nous nous devons de rentrer en vie avec Khanh Nguyen. C'est un devoir moral envers ma petite sœur et la grand-mère de Khanh Nguyen. Puis, nos amis cyclistes et les

Jour de départ, La Réorthe, France

casques d'Enguerrand et de Tara se perdent au loin. Nous ne sommes plus que tous les deux, bien seuls, face à nos seize mille kilomètres à parcourir.

J'ai l'impression d'être dans le début du *Voyage au bout de la Nuit* de Céline. Bardamu, le narrateur du Voyage, s'engage sur un coup de tête avec un de ses compères dans l'armée française durant la Première Guerre mondiale. Leur troupe nouvellement formée quitte la ville dont les clameurs venues des fenêtres et des ruelles exaltent et portent les soldats. Et puis, ils sortent de la ville, et puis plus rien, plus d'encouragements aucun. Bardamu en partance pour le front se dit alors au plus profond de lui-même :

« Nous étions faits comme des rats »

Chapitre 4

France & Suisse : Premiers amours

Compteur Kilométrique : 0km à 1 242km

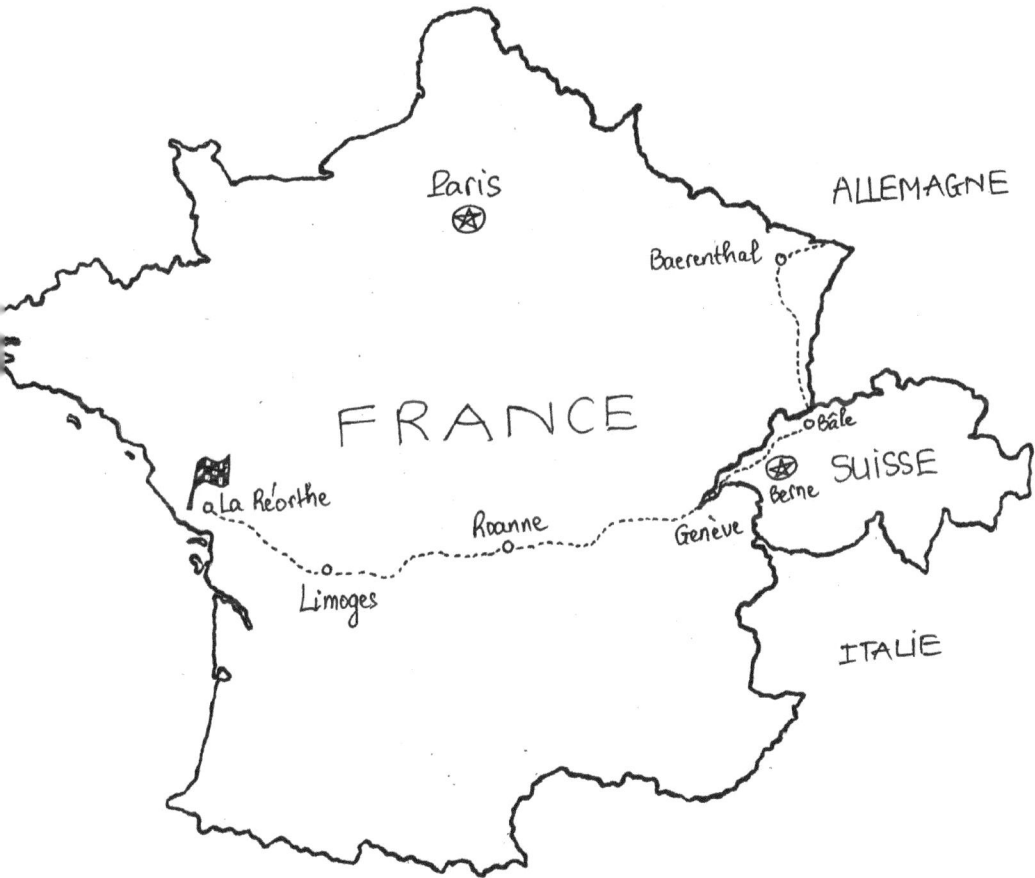

Le temps du voyageur longue distance est un temps courbe. Tel un trop long boa, il fait des nœuds, s'enlace sur lui-même si bien qu'on ne sache plus très bien où se trouve sa tête et où se trouve sa queue. Le mouvement répétitif et circulaire de nos pédales, l'intensité des jours et de nos rencontres sapent peu à peu nos fragiles représentations de l'espace et du temps. Il en reste alors des moments qui peuvent être longs dans le temps rectiligne, chronologique, mais insignifiants et donc très courts, minuscules, dans un temps courbe. On peut faire cette expérience le temps d'une rencontre amoureuse : l'intensité de la découverte et les premiers émois dilatent nos sphères et nos intensités de représentations, en sur-dimensionnent certaines et en détruisent d'autres. Ne comptent que la personne aimée et le temps passé auprès d'elle. Le reste perd toute sa signification et son importance. Après un an sur les routes du monde, j'ai souvent l'impression d'être parti dix ans au moins voire toute une vie.

Notre première épreuve : traverser la belle France en son centre pour rejoindre la Suisse et Genève. C'est le temps des découvertes. Le corps doit s'adapter et nous devons trouver notre rythme. Cette France d'avril est magnifique à traverser : les températures plus clémentes laissent entrevoir une faune et une flore qui reprennent peu à peu leur pleine intensité de vie. La France manque de nombreuses Véloroutes comparé à l'Allemagne ou les Pays-Bas, mais son réseau secondaire est exceptionnel. Ses petites routes sont généralement en superbe état et certains jours nous ne croisons presque personne. Les occasions de s'arrêter près d'un lac ou d'une rivière ne manquent pas.

Nous enchaînons des journées à plus de soixante-dix kilomètres à travers le centre de la France : la Creuse, le Puy-de-Dôme, la Loire, le Rhône, l'Ain et le Jura. Nos selles en cuir commencent à nous piquer sérieusement

La campagne française et ses vaches laitières, France

l'arrière-train. De la marque Britannique *Brooks*, il faut environ mille kilomètres afin de pouvoir enfin les former à son postérieur. Les fins de journées sont donc souvent douloureuses et accompagnées de courbatures. Khanh Nguyen souffre particulièrement, notamment dès que des difficultés se présentent : côtes, chemins caillouteux, pistes boueuses... Mais elle s'accroche. Je fais tout ce que je peux pour la soutenir, l'encourager, la pousser à continuer à travers un savant dosage d'encouragements et de silences. Il faut qu'elle garde sa motivation intacte et le plus longtemps possible si nous voulons aller loin.

Où passons-nous nos premières nuits ? A part une fois sous la tente en Creuse, nous sommes hébergés toutes les nuits. Nos trois premières nuits se passent chez trois hôtes différents. Ils appartiennent tous à la communauté *Warmshower*. Il faut que je vous explique ce qu'est *Warmshower* car c'est assez fabuleux : c'est un site internet sur lequel les cyclistes du monde entier accueillent d'autres cyclistes gratuitement. Il y a des milliers de membres présents sur tout le globe. Il suffit de leur envoyer un message pour se présenter et indiquer ses dates possibles d'arrivée. Les réponses sont généralement rapides et assez souvent positives. Nos hôtes *Warmshower* nous accueillent la plupart du temps comme des amis de longue date ou des membres de leur famille alors qu'ils ne nous connaissaient pas quelques instants auparavant.

Nos premiers hôtes s'appellent Etienne, Binh Duc et Stephen. Ils nous offrent le dîner tout en laissant à notre disposition une chambre rien que pour nous. Et puis il y a la douche, toujours chaude ! Cette communauté ne s'appelle pas *Warmshower* pour rien ! Binh Duc par exemple est d'origine vietnamienne - ça ne s'invente pas - mais ne parle pas vietnamien. Il nous accueille près de Niort avec sa famille qui prépare pour nous un superbe dîner. Pour Khanh Nguyen c'est une véritable petite révolution. Les Vietnamiens se méfient généralement des autres et il leur est souvent impensable d'inviter quelqu'un qu'ils ne connaissent pas chez eux sauf s'il a été préalablement introduit par quelqu'un de la famille ou un ami. Ce voyage lui fait déjà entrevoir de nouvelles façons de se comporter et remodèle ses représentations.

Binh Duc aime faire de longues randonnées vélo en solitaire à travers le monde. Il a plein d'histoires à nous raconter et veut entendre les nôtres. Ces moments sont si précieux et permettent de se régénérer après une longue journée sur le vélo. Mais attention de ne pas multiplier dans un laps de temps trop court les nuits chez les hôtes *Warmshower*. Il peut s'installer rapidement une fatigue que je qualifierais de « relationnelle ». Rencontrer de nouvelles personnes tous les jours peut demander beaucoup d'énergie. Il faut savoir doser les moments de rencontres et les moments à soi sous la tente ou dans une auberge de jeunesse.

Et puis il y a ce week-end de Pâques chez ma famille du côté maternel en Creuse. C'est le royaume d'Apollon, mon grand-père maternel : Guy Aubert ou *Bon Papa* comme tous ses petits-enfants l'appellent. Ma grand-mère, *Maman Zouzou*, y est aussi ainsi que beaucoup de mes cousins et petits-cousins. Apollon et sa femme ne sont pas en grande forme : la maladie et la vieillesse les affaiblissent de jour en jour. Il devient difficile de communiquer vraiment avec eux, mais être à leur côté me fait du bien et ravive en moi mes plus beaux souvenirs d'enfance. J'ai peur aussi : peur d'être à des milliers de kilomètres en plein milieu de ce voyage et de ne pas pouvoir rentrer si *Bon Papa* ou *Maman Zouzou* s'apprêtent à quitter ce monde. Ce sont les douleurs parfois inévitables de ces longs voyages loin de ses terres et de sa famille. Les cousins, eux, sont impressionnés par Khanh Nguyen. D'avoir déjà fait Vendée-Creuse est un exploit, alors que dire de la suite qui nous attend... Après deux courtes nuits, il est déjà temps de repartir. Tank et Monster sont aussi prêts. Nous embrassons bien fort tous les cousins et passons de précieuses dernières minutes avec Apollon et *Maman Zouzou*.

Les kilomètres s'enchaînent à travers la campagne pour arriver à Roanne dans le département de la Loire. Nos hôtes pour ces quelques jours sont particuliers : Sylvie et sa famille font partie d'une association, le *Sourire Levant*, qui accueille bénévolement de jeunes vietnamiens en France pour les former à des métiers. Cette année, ce sont quatre filles : Ly Ba, Tru, Jamy et Duom qui sont aussi passées par *Poussières de Vie*, l'association que nous soutenons à travers notre aventure. Elles sont hébergées par différentes familles. Ly Ba par exemple s'exerce à la coiffure et se propose de nous coiffer gratuitement moi et Khanh Nguyen. Ça ne se refuse pas ! Une véritable énergie et un esprit familial se dégagent entre toutes ces familles : les filles vietnamiennes créent une véritable dynamique avec tous ces Roannais. Les uns débarquent chez les autres, on s'invite à dîner, à prendre l'apéro ou à faire une balade. Sylvie nous organise aussi une interview à la radio puis dans la presse. Après deux jours, nous repartons tout plein d'une énergie nouvelle. Voyager à vélo nous permet d'avoir accès à des gens formidables : dans le partage et le don de soi ; loin des petits calculs et de l'ego.

Les premières vraies difficultés arrivent avec le Jura et les montagnes suisses. Les pourcentages deviennent rudes et tout le poids des vélos se fait vraiment ressentir. Khanh Nguyen a peu d'expérience en montagne et cela se voit rapidement. Un jour sur les pentes du Jura, elle est à la peine et avance difficilement. Je suis un peu plus loin devant elle dans la montée et puis tout à coup, je l'entends exploser en larmes : de ces larmes qui viennent depuis le plus profond du corps. Je m'empresse de revenir vers elle et l'enlace de toutes mes forces, sa belle petite tête contre mon torse. Elle pleure à chaudes larmes contre mon T-shirt qui absorbe comme une trop grosse éponge ses peines. Son souffle se ralentit peu à peu. Elle s'arrête de pleurer. Elle m'explique que c'est physique, que ce sont des larmes de fatigue. Son mental veut atteindre le haut de la côte, mais son corps crie « Stop ! » . Nous nous asseyons cinq minutes sur un banc en bois bordé de mousse, buvons un peu d'eau, avalons deux ou trois gâteaux. Et puis Khanh Nguyen est prête à repartir : une vraie guerrière.

Après deux semaines, nous nous approchons enfin de notre première frontière : la frontière Suisse ! La veille du passage de frontière, nous passons la nuit chez Régine et Michel. Ce sont deux retraités, aussi membres du réseau *Warmshower*. Dans leur chalet perché dans les montagnes et parmi les vaches, ils nous racontent leurs voyages passés et ceux à venir. A plus de soixante-cinq ans, ils nous impressionnent d'avoir traversé à deux les Andes[1] à vélo. Nous nous disons que nous avons encore de beaux jours devant nous sur une bicyclette !

Le lendemain, c'est le jour des premières fois : la première fois que nous traversons une frontière ! Nous traversons la petite rivière puis le poste -frontière abandonné depuis longtemps. Le drapeau suisse flotte dans l'air frais et nous sommes si fiers de prendre notre photo à son pied. La Suisse, c'est comme un tableau. J'aime à l'appeler le « Japon européen » : tout est maîtrisé au millimètre. Le paysage est peint comme on peint un tableau de maître. Chaque brin d'herbe est soigneusement taillé au niveau des autres. Rien ne bouge. Il est facile de se déplacer en Suisse avec toutes ses véloroutes et nous arrivons rapidement à Genève où nous attendent Emmanuel et sa famille. Emmanuel était aussi témoin à notre mariage : c'est notre ami et mon ancien *manage*r au Vietnam. Nous sommes si heureux de tous nous retrouver au cours de notre long voyage vers le Vietnam. Ses parents nous gâtent comme si nous étions leurs petits-enfants.

Nous profitons de nos quelques jours à Genève pour faire inspecter Monster, le vélo de Khanh Nguyen. Son dérailleur a un souci mécanique et nous n'arrivons pas à le régler. Le problème de la Suisse et de Genève en particulier : ses prix ! Tout y est horriblement cher. Un chocolat chaud peut coûter huit euros... Alors quand nous arrivons au magasin de vélo, nous avons déjà peur de la facture salée qui nous attend. Nous rentrons dans le magasin et y rencontrons Fred. Fred, il a un vrai corps de cycliste et un franc sourire. Nous lui expliquons notre problème et aussi notre aventure. Nous lui laissons une carte de visite avec notre site internet. Avant de partir du magasin, je demande à Fred :

— Et au niveau du prix, tu penses que cela va nous coûter combien ?

— Oh pour une inspection standard, je dirais environ cent-cinquante euros par vélo....

Par politesse et timidité, je n'ose pas trop réagir et dire non. Nous

---

1 Chaîne de montagnes en Amérique du Sud

rentrons chez les parents d'Emmanuel et je me dis que dès le début du voyage ces trois cents euros pour deux vélos vont faire très mal. Je suis embêté d'avoir accepté ce prix, de ne pas avoir négocié.

Dans l'après-midi, je reçois un appel : c'est Fred ! « Allô Thibault ? Alors c'est bon, on a pu réparer le problème du Giant. On est passé faire un tour sur votre site internet et on a décidé de vous faire l'entretien et le nettoyage de vos vélos gratuitement pour vous soutenir vous et votre asso. » Je ne vous raconte pas la dose d'adrénaline et de joie que ce genre de moment peut procurer ! Nous filons ensuite au magasin pour récupérer Tank et Monster. Fred est là : nous le remercions chaleureusement pour son geste. Nous profitons de sa pause pour discuter plus amplement avec lui : c'est un ancien coureur professionnel qui a remporté des courses et qui a participé au Tour de France ! Il a pris sa retraite assez tôt pour passer plus de temps auprès de sa famille. Incroyable : Tank et Monster ont été remis à neuf par un ancien coureur du Tour de France....

Nous repartons sur les belles routes suisses le long du lac Léman pour ensuite grimper vers Lausanne où nous attendent un cousin, Stanislas ainsi que sa femme, Sophie, et leurs deux enfants. Il fait froid en ce début de mois de mai. Tellement froid que je regarde les prévisions météo pour demain: ils annoncent de la neige dans la nuit. De la neige en mai ! On s'installe autour d'une belle fondue pour le dîner lorsque Khanh Nguyen lance un « Thibault, regarde ! Regarde ! De la neige ! » C'est la première fois de sa vie que Khanh Nguyen voit tomber de la neige et le spectacle est magnifique. Une épaisse couverture blanche se pose en douceur sur le sol gelé. La réaction de Khanh Nguyen me rappelle à quel point c'est beau la neige, même quand on la voit tomber pour la millième fois. La candeur de Khanh Nguyen est si communicative qu'elle redonne de l'éclat et de la superbe à la capacité d'émerveillement qu'il me reste. Bien lovés tous les deux sous une épaisse couette, nous nous réveillons dans un endroit tout blanc duquel il va bien falloir repartir. Stanislas nous somme de rester, mais nous décidons quand même d'y aller. Nos vélos glissent et fusent sur l'asphalte qui trace sa route à travers le blanc décor. Nous profitons même d'un terrain de golf immaculé de neige pour prendre des photos, seuls perdus au beau milieu d'un océan de blanc. Nous sommes équipés pour des températures assez faibles, mais pas vraiment pour des températures hivernales. Nos manteaux nous protègent mal de l'humidité et mes gants ne me protègent pas du tout du froid. À tel point que je suis obligé de recouvrir chacune de mes mains avec l'une de mes chaussettes ! Le style attendra. Nous croisons une vache et son veau, des chevaux, eux aussi prisonniers de la neige.

Peu à peu, les températures remontent. Nous prenons une longue descente qui nous fait perdre en altitude. Le froid redevient supportable. Nous arrivons fatigués et tremblotants dans le seul café ouvert ce dimanche. Le chocolat chaud à huit euros est vraiment le bienvenu, cette fois !

Après la ville de Bâle, nous faisons un petit crochet par l'Est de la France. Nous remontons le canal du Rhône au Rhin pour arriver à Strasbourg puis à Baerenthal. À Baerenthal, des hôtes particuliers nous attendent de pied ferme : Laure & Fabien Mengus. Ils sont tous les deux propriétaires de l'Arnsbourg : un restaurant étoilé et un hôtel cinq étoiles. Laure & Fabien accueillent trois jeunes vietnamiennes de la région de Kontum au centre du Vietnam et qui, comme nos amies Roannaises, sont passées par *Poussières de Vie*. Elles effectuent une formation de leur choix (hôtellerie, en service ou en cuisine) de plusieurs mois dans ce cadre prestigieux. En ce matin de mai, nous devons arriver pour onze heures.

Une équipe de la télé locale nous attend ainsi que toute l'équipe l'Arnsbourg. Nous remontons le long du canal quand j'entends le cri de Khanh Nguyen qui m'appelle au secours. Elle vient de se faire piquer au-dessus du sourcil par une abeille qui s'est coincée dans ses lunettes de soleil ! Ça la démange, ça la pique. Nous roulons aussi vite que nous pouvons vers la pharmacie la plus proche pour investir dans un Aspivenin. Il faut éviter que sa piqûre enfle trop, surtout pour la télévision !

À peine sorti de la pharmacie, je positionne l'Aspivenin sur la piqûre

Journée sous la neige, Lausanne, Suisse

de Khanh Nguyen. Mais j'ai placé l'embout en plastique du mauvais sens... ce qui redouble sa douleur ! L'imbécile... Je me confonds en excuses et cette fois aspire de la bonne manière et du bon sens le venin. Khanh Nguyen ne fait heureusement pas d'allergie et nous pouvons arriver tant bien que mal à l'Arnsbourg.

Nous y sommes superbement accueillis par Thuy, Hao et Nung ainsi que toute l'équipe de l'Arnsbourg. Laure, la maîtresse des lieux, nous offre même le privilège de rester dans une chambre de l'hôtel pour deux nuits et de pouvoir profiter du dîner de ce soir dans leur restaurant étoilé... Fabien étant le chef étoilé de ce restaurant. Nous avons l'impression de ne pas mériter tous ces égards et cette attention. Nous n'en sommes qu'au début du voyage et n'avons encore rien prouvé...

Des trois Vietnamiennes en apprentissage, Hao se détache par son sourire et son aura. Elle se comporte comme une réelle professionnelle et semble si à l'aise à déambuler dans l'hôtel. Thuy, au service et Nung en cuisine du restaurant étoilé apportent aussi une réelle dynamique à toute l'équipe. Par leurs sourires et leurs attitudes, on peut percevoir que toute l'équipe du restaurant travaille de concert et dans une réelle bonne humeur.

Nous passons deux journées mémorables dans ce cadre si spécial à échanger avec tout le monde et à observer nos trois petites vietnamiennes. De retour au Vietnam, elles auront la plus magnifique des lignes sur leur CV pour trouver un travail à leur hauteur. Le dîner préparé par Fabien Mengus, Nung et toute l'équipe est une super expérience culinaire ! Nous sommes si chanceux...

Vient le moment de repartir vers l'Allemagne qui n'est qu'à quelques kilomètres. Le matin, Laure nous a encore préparé une surprise : un énorme chèque tant par la taille que le montant pour notre collecte de dons pour *Poussières de Vie* ainsi que des pains et viennoiseries généreusement offertes par l'artisan du coin. Nous repartons chargés de souvenirs et de saveurs vers la frontière avec l'Allemagne, notre troisième pays !

Chapitre 5

Allemagne & Autriche:
De la monotonie

Compteur Kilométrique : 1 242km à 2 178km

Peu de souvenirs marquants me travaillent en Allemagne et en Autriche. Malgré bien presque trois semaines passées dans ces pays, il est difficile pour moi de faire ressurgir beaucoup de belles et grandes choses. C'est la monotonie qui prime et il nous arrive peu de péripéties.

L'Allemagne de l'Ouest, de la frontière française à Munich, a peu à offrir au grand voyageur. Des routes souvent toutes droites à travers les champs de patates. Des gens peu avenants qui saluent très rarement et qui répondent à peine quand vous leur dites bonjour. Il fait froid et humide. Notre moral n'est pas au plus haut. Je me rends compte que l'attitude des gens que nous croisons est déterminante dans le déroulement de notre journée. Nous agissons finalement comme des miroirs, réfléchissons les ondes qu'ils nous envoient.

Et puis, avant de passer en Bavière, nous rencontrons Roman. C'est un grand gaillard tchèque de plus de soixante ans qui est venu s'installer en Allemagne pour y fonder une famille. Il appartient à la communauté *Warmshowers* et nous accueille pour une nuit chez lui avec ses bras grands ouverts. Son anglais est balbutiant, mais il nous fait beaucoup rire tous les deux. Il vit avec sa femme, ses deux fils et sa fille. Ses deux fils, tous les deux majeurs, tirent la tronche et nous saluent à peine. Roman essaye de créer du liant :

— Michel, salue Thibault et Khanh Nguyen. Il est français et elle vietnamienne !

— Halo Michel. Comment ça va ? Nous voyageons de la France au Vietnam durant un an et pour seize-mille kilomètres, dis-je.

— Ha... coupe court Michel avec l'indifférence la plus totale.

Je ne force pas plus. Nous n'intéressons vraiment pas Michel. Nous passons donc la soirée avec Roman qui fait tout par lui-même : il brasse sa propre bière, élève ses propres canards et lapins. Le dîner qu'il nous mijote est copieux. Il tient au corps et je sens qu'il est parfait pour ces interminables hivers des plaines allemandes. Roman nous raconte ses histoires. Il est aussi cycliste et a fait de beaux voyages en République Tchèque et en Allemagne. C'est un original qui aime le contact humain. Devant sa maison, il a installé un drôle de mannequin fait de bric et de broc et son vélo au pied duquel se trouve un panneau sur lequel il est écrit en anglais « *Eau gratuite pour les cyclistes* ». Le lendemain, après une nuit paisible et réparatrice, nous posons devant tous les trois pour la photo des adieux.

La route vers Munich se fait sans encombre et avec un crochet par la ville de Kissing. Je l'ai repérée il y a quelques jours sur la carte et je propose à Khanh Nguyen de rajouter quarante kilomètres à notre journée histoire de poser pour un baiser devant le panneau de la ville. Nous y arrivons rapidement : la ville de Kissing n'a absolument rien à proposer à part une petite église jonchée sur une ridicule colline. Alors, nous installons Tank et Monster devant le panneau : Kissing écrit en lettres noires sur un panneau tout jaune. Je place ma caméra et son trépied sur la rambarde de sécurité : enclenche le retardateur et m'élance vers Khanh Nguyen pour un grand baiser fougueux. Et voilà le résultat : un baiser à Kissing. Pas mal pour les souvenirs.

À proximité de Munich, nous sommes hébergés par Albert et Sylvia. Il est psychologue ; elle est professeur d'art. Ce sont les parents d'un de mes amis : Chris que j'ai rencontré durant un échange universitaire à Taiwan. Durant ces cinq jours passés ensemble, par nos récits, notre énergie et les pays qui nous attendent, nous leur redonnons le désir du voyage, des découvertes. Nous en profitons aussi pour faire les touristes à Munich durant ce beau mois de mai. Le centre-ville, construit durant la période nazie, fait un peu froid dans le dos avec ses grandes artères et ses bâtiments dans le style de Nuremberg. Mais la vie semble désormais douce dans ces grands parcs où l'on vient s'étendre sur l'herbe, surfer dans un canal à fort courant ou prendre une énorme chope de bière au Beergarden. C'est aussi le temps des mutuelles découvertes : celle de la bière blanche, des saucisses et des Bretzel au petit-déjeuner pour Khanh Nguyen et moi. Nous

Baiser à Kissing, Allemagne

aimons l'originalité de l'expérience, mais ne souhaitons pas sa répétition! Khanh Nguyen profite ensuite de l'arrivée de mon ami Chris, et de sa petite amie, Franzie, pour cuisiner pour toute la famille des Nems et des bols de Bun Bo Huê [1]. Nous avions repéré un restaurant asiatique tenu par des Vietnamiens et qui propose tout ce dont Khanh Nguyen a besoin pour cuisiner. Le patron nous a même fait 10 % de réduction : solidarité entre compatriotes oblige ! C'est un joli succès cette parenthèse vietnamienne et ce dernier dîner tous ensemble. Après cinq jours déjà, il est temps de reprendre la route pour l'Autriche. C'est le lot des voyageurs au long cours : lorsque nous commençons à nous attacher aux gens rencontrés, c'est hélas souvent l'heure de devoir repartir. Il faut bien que nous arrivions un jour au Vietnam...

Traverser la Bavière devient tout de suite plus agréable : les lacs, les forêts s'enchaînent. Les températures sont idéales pour pédaler. Nous nous arrêtons où bon nous semble parmi les champs en fleurs. Nous jetons de temps en temps un œil sur la plate-forme des dons pour *Poussières de Vie*. Nous sommes dans les temps : 1 700 kilomètres de parcourus et plus de 4 500 dollars de récoltés. Tout va bien.

L'Autriche, notre quatrième pays, se dévoile enfin devant nos yeux. Nous sentons que nos petites jambes s'aguerrissent. Nous décidons donc d'aller explorer les reliefs du Sud du pays en passant par Gmunden, Ybbsitz pour enfin rejoindre le Danube avant Vienne. Certaines côtes sont rudes avec des pentes à plus de 20 %. Un seul tour de pédale prend des plombes, mais nous nous accrochons. Nous suons à grosses gouttes et l'arrivée tout en haut est toujours source d'une grande satisfaction : la descente se fait apprécier d'autant plus. La nature est belle dans cette partie de l'Autriche. Il est facile pour nous de camper au milieu des biches, des cerfs et des chevreuils. Voyager à vélo permet de se mouvoir de manière presque silencieuse. Nos

---

1 Soupe de vermicelle avec du bœuf, des légumes et de la citronnelle

amis des forêts ne nous repèrent généralement qu'au dernier moment et déguerpissent du plus vite qu'ils peuvent quand ils nous aperçoivent. Nous voyons alors leurs petits derrières de poils blancs rebondir au loin. Cela fait beaucoup rire Khanh Nguyen !

Nos hôtes de la communauté *Warmshowers* se succèdent ici et là. Nous sommes toujours étonnés par leur incroyable sens de l'hospitalité. Parmi eux, Herbert et Hertha nous laissent un souvenir particulièrement marquant. Tous les deux retraités, ils habitent à Gmunden au bord du joli lac de Traunsee. Ils nous accueillent pour une nuit dans leur belle maison. Herbert impressionne par sa force physique malgré ses soixante-dix ans passés. C'est un épicurien qui savoure ses balades en montagne, joue de la guitare et cuisine pour son bon plaisir. Herbert et Hertha ne sont pas du tout des cyclistes, mais, à travers la communauté *Warmshowers*, ils souhaitent accueillir le monde chez eux et voyager à travers les récits de leurs hôtes. Herbert et Herta nous jouent le grand jeu : un dîner digne d'un grand restaurant. Entrée, plat, fromages et desserts concoctés avec des produits locaux. Le vin aussi, de la région du Donau accompagne parfaitement tous nos plats. Nous gambadons d'un sujet à l'autre. Quel bonheur de pouvoir se lier d'amitié avec deux personnes que nous ne connaissions pas du tout quelques heures auparavant. Pour clôturer la soirée, Herbert attrape sa guitare sèche et se lance dans un morceau des Beatles : *When I'm 64*. Le rythme est entraînant, nous nous mettons à chanter avec lui. Les regards d'Herbert et d'Hertha pétillent, les nôtres aussi comme par résonance. Nous allons nous coucher avec ces notes de musiques et ces sourires dont l'écho nous accompagnera toute la nuit. Le lendemain matin, encore une fois, nous devons dire au revoir. Quelques jours plus tard, nous consultons la page des dons pour *Poussières de Vie*. Parmi les dons récents, un se détache en particulier : celui de cent dollars de la part... d'Hertha et d'Herbert

Viens Vienne où nous nous reposons pour quelques jours chez une amie de la famille de Khanh Nguyen : Chi Anh Ngoc. Elle est venue s'installer ici il y a plus de vingt ans. Anh Ngoc habite dans un petit appartement du complexe Karl-Marx Hof avec une de ses locataires, aussi vietnamienne,

Nuit sous la tente, Autriche

qui étudie la médecine. C'est un ensemble de logements sociaux bâti dans les années trente et qui fait plus d'un kilomètre de long. Il en impose par sa taille et sa symétrie. Anh Ngoc à travers sa cuisine et ses attitudes nous rappelle au bon Vietnam qui nous paraît si loin, comme un lointain rêve qu'on ne peut toucher. Elle projette aussi sur nous ses peurs et nous met en garde comme une bonne mère de famille vietnamienne : « Faites attention quand vous campez, c'est si dangereux ! Attention Khanh Nguyen à ta peau. Attention au soleil aussi ! » Il faut dire qu'Anh Ngoc est allergique à beaucoup de choses et en particulier au pollen et au contact des végétaux. Rien que de s'asseoir dans l'herbe lui est tout à fait insupportable. Elle se représente donc notre voyage comme un monde de dangers imminents et multiples. Profiter de cette capsule de temps vietnamienne avec Anh Ngoc, c'est aussi l'occasion pour Khanh Nguyen de porter l'*Ao Dai* - l'habit traditionnel vietnamien. Khanh Nguyen a fait le choix de transporter dans ses bagages un magnifique *Ao Dai* de couleur jaune et aux motifs fleuris. Avant de repartir pour la République Tchèque et comme pour célébrer le temps passé ensemble, Anh Ngoc, sa locataire et Khanh Nguyen décident toutes les trois d'enfiler le leur. C'est un beau moment pour elles, si loin de leur terre natale, que nous immortalisons avec mon appareil photo.

Le duo Allemagne-Autriche nous a donc avant tout offert quelques belles rencontres, mais nous n'avons pas vraiment eu ce sentiment d'aventure et d'exaltation que nous recherchions tant. La météo a certainement joué son mauvais rôle : souvent de la pluie, du froid et du vent. Mais les villes et les paysages traversés, les personnes qui y vivent sont à peu près restés indifférents à nous comme nous sommes restés indifférents à eux. Je sais que ces sentiments font partie du voyage au long cours, mais ils sont, heureusement, bien souvent le terreau fertile d'émotion et d'exaltations futures et insoupçonnées.

Au plus profond de moi, j'espère que la République Tchèque, la Slovaquie et la Hongrie nous procureront ce que l'on appelle des *aventures*. Alors que je pédale nos derniers kilomètres autrichiens, je me retourne et accroche le regard de Khanh Nguyen. Je lui souris, elle me sourit en retour.

Chapitre 6

L'Europe de l'Est : ses vestiges du Rideau de fer et la divine Maria

Compteur Kilométrique : 2 178km à 3 584km

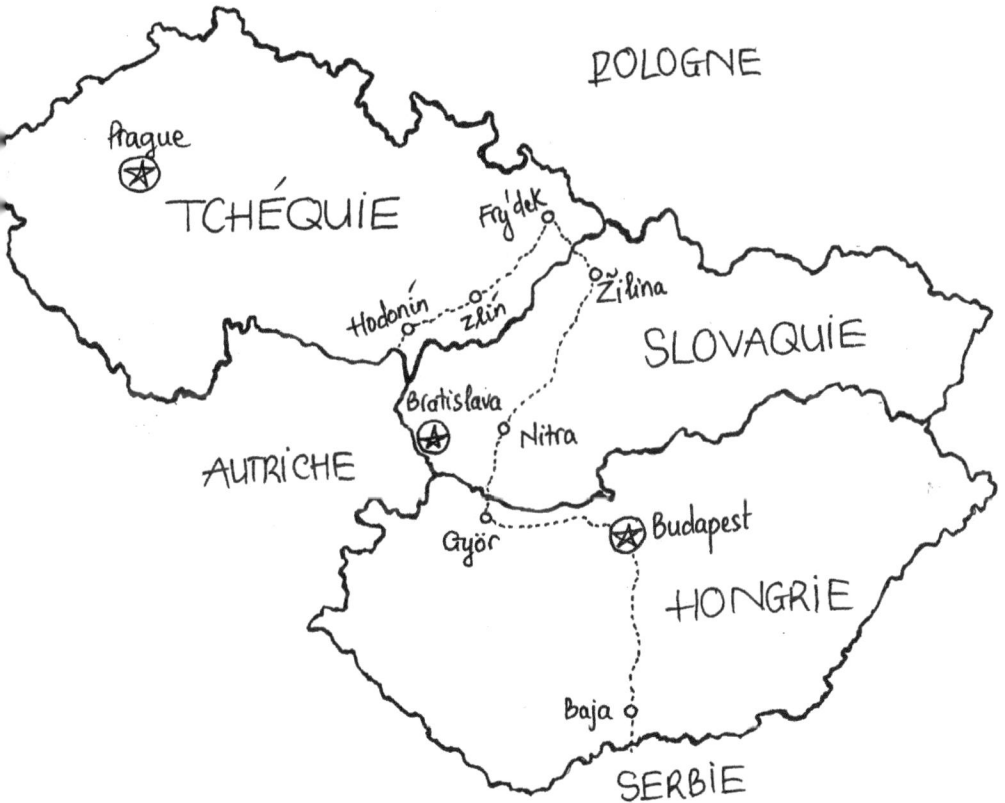

Vienne et ses violons s'éloignent. Nous longeons l'ancien rideau de fer qui séparait le monde communiste du monde capitaliste. Ce rideau de fer n'existe plus, mais il délimite toujours bien deux Europe. La zone du rideau de fer que nous traversons est infectée de moustiques. Elle serpente entre l'Autriche, la République Tchèque et la Slovaquie. Nous devons nous résigner à ne pas nous arrêter : un arrêt est synonyme de dizaines de piqûres de la part de nos voraces amis.

Une fois entrés en République Tchèque, la différence avec l'Autriche est nette. Les infrastructures sont moins entretenues, de vieilles maisons ou usines rouillent à l'air libre. Nous croisons pour la première fois des carrioles tirées par des ânes ou des chevaux. Nous sentons que la République Tchèque continue à se remettre du traumatisme communiste, notamment du coup de Prague en 1968. Cette impression va se confirmer avec ce qui reste l'un de nos plus beaux moments de ce voyage.

Nous contactons Michal, toujours via le site internet *Warmshowers*, afin de passer une nuit chez lui dans la petite ville de Moravská Nová Ves dans la région de la Moravie au sud du pays. Michal n'est pas là, mais ses parents, Maria et Vojtech, se proposent généreusement de nous recevoir. Un petit message nous attend sur leur porte alors que nous arrivons devant chez eux : « Thibault et Khanh Nguyen : bienvenue ! Passez par la porte du jardin. » Nous poussons le portail et lançons un joyeux *Dobry' Den*[1]. Nous faisons d'abord la rencontre de Vojtech, le père de Michal. C'est un homme tout fin et tout en long avec une grosse touffe de cheveux. Il ne parle pas un mot d'anglais mais son sourire est sûrement le plus beau des accueils. Maria, sa femme, passe le pas de la porte qui mène de la cuisine à son jardin. Elle parle un anglais impeccable. Elle nous explique qu'elle est professeure d'anglais à la retraite, mais qu'elle continue de donner des cours

1 Bonjour en tchèque

à des enfants du village.

Rentrer dans la maison de Maria et Vojtech, c'est comme faire un long saut dans le temps. C'est une vieille maison d'avant la chute du communisme avec une âme, une vraie. De par son papier peint, ses meubles, l'accumulation de ses objets, elle veut nous raconter une histoire, son histoire. Nous dormirons dans le salon : Maria déplie avec nous le vieux canapé-lit. J'en profite pour jeter un œil aux tableaux et images tout autour : le Christ, le Pape Jean-Paul II et le Pape François y ont bonne place. Il y aussi des portraits de Michal mais aussi de Maria et de Vojtech, en noir et blanc. Ils sont tous les deux magnifiques, nos hôtes d'un soir. Maria nous en dit alors un peu plus sur ses petits élèves : « Ils sont vietnamiens ! Leurs familles se sont installées à Moravská Nová Ves et tiennent deux supérettes qui approvisionnent tout le quartier. »

Avec Khanh Nguyen, nous sautons tout de suite sur l'occasion pour proposer d'aller à leur rencontre. Maria, pour son âge, est en pleine forme. Elle sort sur son vieux vélo rouge et nous nous mettons à la suivre avec Tank et Monster. Trois cents mètres plus loin, nous nous arrêtons à la première supérette tenue par l'une des deux familles. Le fils tient la caisse. La mère, Vân, déambule dans ses rayons tout plein de toutes les choses dont on a besoin dans une vie. Nous nous présentons, je place quelques mots de vietnamien. Vân n'y revient pas. « De la France au Vietnam ? Mais pendant combien de temps ? Mais c'est formidable ! Et tu parles vietnamien ? Mais vous êtes formidables ! Vous voulez quoi ? Prenez ce que vous voulez dans le magasin ! »

Avec Khanh Nguyen, nous déclinons un à un les articles que Vân nous tend : du chocolat, des biscuits, des chips, de la glace à la vanille et même... du parfum ! Devant notre résistance, Vân s'empresse de tout mettre dans un grand sac et de le donner à Maria. Nous rions tous de cette situation absurde !

« Allons-voir la seconde famille maintenant ! » enchaîne Maria. La dynamique Vân nous raccompagne devant son magasin. Nous prenons une photo tous ensemble puis Vân tient absolument à nous donner de l'argent : des couronnes tchèques ! Nous refusons, elle insiste. Nous refusons encore, elle insiste de plus belle : pas le choix. Nous acceptons, mais à une condition: l'argent qu'elle nous donne sera directement reversé pour la cagnotte en faveur de *Poussières de Vie*. Le compromis semble lui convenir ! Nous nous quittons alors, encore pleins de cette énergie entière, joyeuse et si communicative.

L'autre supérette tenue par une famille vietnamienne se trouve à une minute à vélo. L'accueil qui nous est fait est le même et les propositions aussi ! Cette fois, c'est Ngoan, une mère de famille du Nord du Vietnam et la patronne, qui est à la baguette. L'extase est si grande pour ces Vietnamiens partis si loin de chez eux de rencontrer Khanh Nguyen et dans ce contexte. Nous sentons néanmoins une gêne d'une famille concernant l'autre ; d'une supérette pour l'autre. Étant les deux supérettes du coin, elles sont de facto condamnées à être rivales. C'est si dommage... les deux familles sont si formidables et accueillantes. Elles semblent royalement s'ignorer voire se mépriser l'une et l'autre. J'en conclus après d'autres expériences de ce genre que l'on n'est pas souvent à la hauteur de la rencontre et de l'entente avec ses propres voisins. On compense alors bien souvent avec un remarquable sens de l'accueil de l'étranger.

Il est temps de rentrer pour le dîner. Les deux familles vietnamiennes nous ont invités à dîner chez elles, et bien sûr à de multiples reprises. Vân harcèle même Maria au téléphone pour nous avoir chez elle ce soir. Maria lui répond : « Ce soir, ils dînent chez moi. » Fin de la discussion !

De retour chez Maria et Vojtech, nous nous reposons tous les deux dans le petit salon. Les deux *vieux* mariés laissent les deux *jeunes* mariés durant une heure le temps d'aller à la messe. Nous en profitons, moi pour trier les photos du jour, Khanh Nguyen pour écrire son journal de bord. Nous avons deux approches différentes. Khanh Nguyen préfère noter tous les détails dans son petit cahier : les villes, le nombre de kilomètres, le nom des personnes rencontrées... Moi, je me concentre sur mes photos. Le reste, je laisse ma mémoire s'en charger. Elle ne s'en sort pas si mal, ma mémoire !

Notre heure rien que tous les deux, en compagnie du Pape accroché au mur et des autres cardinaux passe vite. Vojtech et Maria sont de retour ! Vojtech est là, toujours si souriant. Nous sommes tellement heureux de le retrouver. Maria nous somme de nous installer autour de la table dans la cuisine. Tout en préparant le dîner, elle s'assure de faire l'interprète entre son grand mari et nous. Les discussions au départ d'ordre général, s'enchaînent les unes après les autres. Puis, elles deviennent de plus en plus personnelles, la confiance s'installant entre nous quatre. Maria et Vojtech ont été diplômés juste avant que les Russes débarquent avec leurs chars. Elle, en tant que professeur d'anglais ; lui en tant qu'ingénieur. Ils ont eu la vie difficile, car fils et fille de propriétaires terriens qui refusaient de se soumettre à la collectivisation, mais aussi en tant que fervents catholiques. Vojtech nous raconte les moments difficiles et ces quelques instants de courte joie ici et là. Et puis arriva l'effondrement de l'URSS en 1991 : la fin d'une longue peine qui s'était trop étirée et d'une résistance contre l'occupant qui avait enfin payé. Le cadran de l'horloge indique déjà vingt-deux heures. Il est temps d'aller se coucher. Nous nous endormons l'un contre l'autre avec Khanh Nguyen avec cette sensation si particulière d'avoir vécu une journée unique.

Le lendemain matin, Maria est là, fidèle au poste et toujours avec son grand sourire. Vojtech est déjà parti de la maison. Nous avalons quelques tartines et un bol de lait. Nous avons tout sauf envie de quitter ces deux êtres si particuliers, mais il faut bien continuer, toujours avancer. Alors Maria nous embrasse tous les deux, nous bénit et nous confie deux petites médailles où se trouve gravée la Vierge Marie. Je serre la vierge très fort entre mes doigts, enfourche Tank et pousse sur mes pédales. Nous nous éloignons peu à peu avec Khanh Nguyen tout en faisant des signes de la main. Maria s'éloigne de plus en plus à mesure que nous pédalons vers l'horizon. Nous l'apercevons encore un peu nous faire des signes de main et puis plus rien. Merci chère Maria, merci cher Vojtech, d'être divinement apparus sur notre route.

La République Tchèque, au départ vallonnée, nous réserve une chaîne de montagnes, le massif des Beskides, avant de rejoindre la Slovaquie, sa sœur. Les petits cols se suivent et la fatigue s'accumule, surtout chez

Vân, son mari et la divine Maria

Maria & Vojtech le jour de leur mariage

Dîner tous les quatre

Khanh Nguyen. Une journée en particulier, Khanh Nguyen nous fait une fringale. Elle n'a plus de glucose, plus d'énergie dans le sang et ses jambes ne répondent plus. Les derniers dix kilomètres de notre longue journée se terminent dans la douleur, à tel point que nous décidons de prendre un jour de repos le lendemain. Khanh Nguyen souffre, mais elle s'accroche. Je donne toute l'énergie que j'ai pour lui remonter le moral et pour la soutenir dans ces moments difficiles.

Le passage de frontière avec la Slovaquie, notre sixième pays, se fait en haut d'une longue côte où souffle le vent qui balaie les fleurs des champs. La Slovaquie est un pays magnifique avec ses paysages, ses forêts et ses montagnes. Plusieurs fois, nous nous baignons dans ses rivières d'eau cristalline. Camper y est également facile tant la densité de population est faible à certains endroits. Le plaisir et la satisfaction d'être parmi la nature sont inégalables : se baigner dans les cours d'eau, cuisiner au coucher du soleil et puis s'endormir tous les deux sous la tente aux sons nocturnes des denses forêts. Nous trouvons souvent de belles pistes qui passent par d'imposantes forêts et des prés où vivent paisiblement d'innombrables chevaux. Nous regrettons de ne passer que quelques jours en Slovaquie avant de traverser la frontière hongroise.

Le dernier jour, avant de passer la frontière hongroise, nous avons affaire à notre première rencontre avec la police. Nous venons à peine de commencer notre journée sur nos vélos, les cheveux au vent et sans nos casques. Nous avons dit au revoir à Igor et sa famille, nos hôtes d'un soir dans la petite ville de Lipové, il y a tout juste trois minutes, lorsqu'une voiture de police, en face de nous s'arrête. Les deux policiers viennent d'interpeller deux petits vieux sur leurs vélos, eux aussi sans casque. Un des deux policiers, avec une coupe à la Travolta, nous demande de patienter et d'attendre sagement notre tour. J'appelle immédiatement Igor pour qu'il vole à notre secours. Je vois les deux petits vieux s'énerver contre les policiers. L'un jette un « Rusky[1] » au policier. Je l'interprète comme une volonté du petit vieux de bien indiquer au policier que c'est un corrompu qui cherche à se faire de l'argent sur le dos du petit peuple slovaque. Je vois les deux petits vieux finalement laisser filer chacun un billet de dix euros et repartir en rouspétant. . À notre tour ! . À quelle sauce allons-nous être mangés ? Je donne nos passeports à Travolta qui tique sur le passeport vietnamien de Khanh Nguyen. C'est assurément le premier qu'il voit ! Igor arrive entre temps et tente de désamorcer la situation. Il leur explique, avec les formes qu'il faut, notre voyage. Travolta a du mal à croire que nous allons pédaler jusqu'au Vietnam. Puis il demande des détails sur notre route, c'est bon signe. Nous expliquons notre itinéraire, il se détend de plus en plus pour finalement nous laisser partir et terminer par un « Mettez vos casques ! Et puis comprenez bien que nous devions vous arrêter... sinon les deux petits vieux n'auraient jamais payé l'amende. Ils n'auraient jamais accepté qu'on vous laisse partir alors que vous rouliez sans casque ! »

La route est ennuyeusement plate vers la Hongrie. Nous traversons le long pont qui traverse le Danube. Je n'ai pas du tout envie de m'étendre sur la Hongrie. Peut-être pédalons-nous en Hongrie au mauvais moment, à la mauvaise saison ? J'ai du mal à créer du liant avec les gens que nous croisons, de trop nombreux détritus pourrissent le long des routes, des carcasses d'animaux aussi, surtout des chiens. Alors sous le soleil de midi qui fait comme exploser le béton par ces fortes chaleurs, les odeurs sont souvent insupportables.

Nous sommes au beau milieu de la canicule en Europe et les conditions à proximité du Danube favorisent la prolifération de millions de moustiques. Lorsque nous suivons le cours du Danube vers Budapest, impossible de nous arrêter plus de dix secondes sans que des nuées de moustiques ne viennent nous assaillir. Ils piquent même à travers les vêtements ces coquins ! Nous suivons une semi-véloroute qui n'est pas

1 "Russe" en slovaque

vraiment finie... Je sens que les budgets de l'Union européenne y sont passés et que beaucoup d'argent s'est perdu dans la corruption... Le chemin disparaît bien vite pour ne laisser place qu'à des hautes herbes. Nous décidons de continuer quand même, le GPS nous indiquant que la route principale n'est plus très loin. Nous débouchons alors rapidement sur une usine désaffectée qui fait froid dans le dos, puis sur un mur et des barbelés. Impossible de passer. Les moustiques commencent à se ruer sur nous. Ils ont faim et leur multitude semble décupler leur excitation. Les piqûres s'enchaînent par dizaines et nous commençons tous les deux à devenir un peu fous. Ils nous piquent absolument partout : aux jambes, sur le dos, au visage même... Nous nous aspergeons de tout l'anti-moustique dont nous disposons sans grand effet... Il faut nous sortir de cet enfer ! Nous rebroussons chemin pour sortir de l'usine désaffectée et prenons un sentier qui est censé nous ramener sur la grande route. Les moustiques continuent à nous pourchasser malgré notre vitesse. Le sentier passe à travers une sorte de décharge à ciel ouvert où rodent des types louches à la recherche d'on-ne-sait-pas-trop-quoi. L'instinct de survie s'enclenche et nous pédalons de toutes nos forces. Nous entrevoyons enfin la route... Sauvés. Le soleil va bientôt se coucher. Nous arrivons sans force à un camping municipal, payons pour la nuit et cherchons un bon emplacement. Les moustiques continuent à pulluler. J'installe aussi vite que je peux notre tente. Nous nous y engouffrons avec Khanh Nguyen sans oser ressortir : une piqûre en plus nous est tout à fait insupportable tellement nous en sommes déjà criblés ! Nous enlevons nos vêtements et commençons à inspecter nos blessures de guerre : soixante-seize piqûres pour moi et cent-vingt pour Khanh Nguyen. Nous passons une nuit absolument affreuse à nous retourner dans tous les sens et à nous gratter sur tout le corps.

Dix jours passent rythmés par nos repas, la pluie et toujours les moustiques. L'activité principale de la journée consiste à pédaler en essayant de faire cent kilomètres en moyenne par jour afin de ne pas trop s'éterniser dans ce pays.

Notre dernier jour en Hongrie nous réserve une dernière surprise.

Sommets à conquérir, République Tchèque

Passage de la frontière slovaque

Pause près d'une rivière, Slovaquie

Les bords du Danube et leurs milliers de moustiques, Hongrie

Sur la carte, je repère un poste-frontière qui permet d'éviter la route principale pour arriver en Serbie. Cela semble être une bonne idée. Nous circulons sur une route toute tranquille avant d'arriver au poste-frontière. Le policier inspecte nos passeports et nous les rend immédiatement : « Ce poste-frontière ne peut prendre en charge que les passeports européens. Pour vous, Madame, avec votre passeport vietnamien, vous ne pouvez passer qu'au poste-frontière principal. »

Ma bonne idée ne l'était donc pas ! Désormais, nous devons alors soit faire demi-tour et trente kilomètres en plus sur la route ou longer la frontière sur un chemin en terre de cinq kilomètres pour arriver au poste-frontière principal. Le choix est vite fait. Nous suivons ce chemin de terre qui longe une impressionnante barrière faite de métal de barbelés. Des policiers lourdement équipés patrouillent avec leurs molosses. Nous voyons par nos propres yeux tous les efforts mis en œuvre par la Hongrie de Viktor Orban pour mettre fin à l'immigration illégale.

Nous arrivons enfin au poste-frontière. Tout se passe bien et nous pouvons enfin pédaler vers Serbie. C'est bien la première fois du voyage que nous sommes soulagés de quitter un pays. Une chose est sûre : nous ne remettrons pas les pieds ou nos roues en Hongrie !

Chapitre 7

Serbie : rencontre avec les fabuleux Ruthènes

Compteur Kilométrique : 3 584 à 4 074km

C'est fou ce qu'un passage de frontière peut tout changer ! Dès les premiers coups de pédales en Serbie, nous nous sentons tout de suite plus à l'aise. La Serbie n'appartient pas à l'Union européenne: nous venons donc de quitter l'espace Schengen. Nous avons enfin notre premier tampon sur nos passeports !

Certains passants nous saluent, les villages sont entretenus, le gazon coupé, les fleurs poussent dans les jardins. Nous fendons rapidement l'épaisse carapace protectrice que nous avions constituée en Hongrie. Nous traversons rapidement la ville de Sombor avec ses agréables rues piétonnes. Plutôt que de suivre tout le long la route numéro 12 pour Novi Sad, nous décidons de prendre un sentier qui passe à travers les champs. Je lance à Khanh Nguyen depuis mon vélo :

— Et si pour ce soir on frappait à la porte de chez quelqu'un ? On verra bien ce que ça donne !

— Ok, mais c'est toi qui frappes et qui demandes !

— Bien sûr ! Je te montre comment faire et la prochaine fois, ce sera toi qui le feras.

Lors de l'une de nos nombreuses pauses, je prépare donc un petit texte que je traduis en serbe grâce à *Google Translate* :

« Bonjour, nous sommes Thibault et Khan Nguyen. Nous sommes mari et femme. Nous faisons actuellement France-Vietnam à vélo durant un an et sur 16 000 km. Serait-il possible d'installer notre tente dans votre jardin ? Nous repartirons tôt demain matin. Merci beaucoup ! »

Nous continuons à rouler sous le soleil durant une bonne heure jusqu'à ce que nous apercevions une magnifique petite église blanche et bordée en son bas par un liserai bleu. Elle est entourée d'une grande pelouse verte. Cela nous semble être un endroit parfait pour camper ce soir. Je laisse Khanh Nguyen, Monster et Tank à l'extérieur et viens frapper à la porte en bois d'une maison sur deux étages qui jouxte l'église. Aucune réponse. Je frappe encore. J'entends du bruit : on approche ! La porte s'entrouvre et alors apparaît une femme assez corpulente, les cheveux courts et teints. Elle est habillée tout de noir et porte un long T-shirt avec des papillons blancs en tant que motif. Elle n'a pas l'air évidente au premier abord. Je lui fais mon plus beau sourire et m'empresse de lui montrer mon message d'introduction sur mon téléphone. Elle le lit, semble comprendre puis me dit d'attendre. « Pourvu qu'elle dise oui... » Une minute plus tard, elle est de retour et avec un sourire bienveillant : c'est bon ! Elle nous fait signe d'entrer à l'intérieur et nous conduit à la cuisine où nous attend une autre femme. Elle a la même corpulence que celle en noir, une coupe de cheveux similaire, mais cette fois, poivre et sel. Elle porte un jean et un top vert pomme qui laisse libres ses deux bras entiers. Nous leur demandons comment elles s'appellent. La femme en noire s'appelle Efemija ; celle en vert pomme Melanjia. Nous comprendrons plus tard leur fonction précise ici.

Efemija et Melanjia nous font asseoir dans la cuisine. Elles se mettent toutes les deux aux fourneaux, font réchauffer les restes du midi pour nous et nous proposent de l'alcool de poire local. Quel accueil ! Nous tentons tant bien que mal de communiquer via mon téléphone. Nous comprenons qu'elles n'habitent pas ici, mais qu'elles s'occupent de la maison d'un monsieur qui est peut-être prêtre : il s'appelle Janko et est en charge du sanctuaire. Nous nous trouvons en fait sur un lieu où serait apparue la Vierge Marie. En ce jour saint, il est apparu deux cyclistes ! Le courant passe bien avec nos deux amies. Janko, en balade dans le village a été prévenu au téléphone par Efemija. Il revient sur son vélo avec de la glace à la fraise pour nous ! Quelques minutes plus tard, nous apprenons qu'il a crevé en route sur son vieux vélo. Je m'empresse alors d'accourir vers lui sur le chemin caillouteux pour lui porter assistance. Il manque un bras à Janko qui pousse difficilement son vélo tout en retenant le pot de glace de tomber par terre. Je le salue chaleureusement et m'empresse de pousser son vélo. Nous revenons tous les deux au sanctuaire et profitons tous les cinq de cette si bonne glace à la fraise ! Janko n'est en fait pas prêtre ici, mais un laïc qui garde les lieux. Il nous accueille généreusement à dormir chez lui ce soir.

Nos chapeaux vietnamiens intriguent nos trois hôtes du jour. Khanh Nguyen s'empresse de leur faire essayer et le résultat nous fait bien rire ! Ils nous font ensuite visiter la petite chapelle si agréablement décorée et construite. Une bonne heure plus tard, une voiture débarque. Il en sort une sœur qui parle... français ! Elle s'appelle Martine-Agnès, mais tout le monde dans le village l'appelle « Sestra Martina » : sœur Martina. Elle habite ici depuis plus de trente ans. Sœur Martina me dit alors :

— C'est votre jour de chance ! Ce soir, c'est le festival annuel de la communauté Ruthène !

— Qui sont les Ruthènes ? lui réponds-je.

— Une communauté qui a sa propre langue et ses propres traditions. Ils sont disséminés un peu partout en Serbie, en Slovaquie et aussi en Ukraine. Ce soir, c'est leur grand festival avec leurs chants et leurs danses. Vous voulez y faire un tour avec moi ?

Nous nous empressons de lui répondre un grand « Oui ! » Nous voyageons à vélo pour ce genre de moments : accéder à des gens et à des instants que nous ne pouvions même pas nous imaginer. Nous laissons Janko, Efemija et Melanjia et sautons dans la voiture de Sœur Martina. Avant de nous conduire au festival, elle tient à nous faire voir sa maison et sa petite chapelle. Nous faisons la rencontre de sœur Christina, la supérieure de sœur Martina, et découvrons un splendide lieu de culte confidentiel. Sous la dictature de Tito de 1953 à 1983, certains chrétiens étaient marginalisés, surtout les Catholiques qui voulaient rester dépendants de Rome, ce que refusait Tito qui souhaitait une église catholique de Yougoslavie. Alors, il fallait bien se cacher, faire les choses de manière confidentielle. Les sœurs Christina et Martina ont participé à la résistance au régime en place. Leur chapelle est d'autant plus belle et sacrée qu'elle est confidentielle.

Nous remontons dans la voiture de sœur Martina pour nous rendre au festival. Les chants et les danses ont déjà commencé. Le public, nombreux, tape dans ses mains et chante en chœur. De magnifiques costumes tradition-nels s'exposent sur scène les uns après les autres. Un groupe d'hommes se forme sur la gauche de la scène tandis qu'un groupe de femmes chante sur la droite. Puis, les deux groupes fusionnent et chacun trouve son éphémère partenaire. Je passe plutôt incognito dans la foule parmi tous ces visages, mais Khanh Nguyen ne passe vraiment pas inaperçue avec ses traits si différents ! Les locaux nous saluent chaleureusement, nous proposent de boire une bière.

Puis, vient le tour d'une jeune troupe venue tout droit d'Ukraine ! Une vingtaine d'enfants ruthènes, tous plus blonds les uns que les autres, enchaînent des danses dans leurs beaux costumes blancs, verts et oranges. Nous avons même l'opportunité de prendre une photo avec toute la troupe après leur superbe représentation ! Martina nous fait signe qu'il est heure d'y aller. Nous saluons et disons au revoir à nos joyeux hôtes d'un soir. De retour au sanctuaire, nos deux amies, Efemija et Melanjia, sont déjà rentrées chez elles. Il reste Janko qui nous attend sagement dehors. Hors de question de nous laisser dormir dehors sous notre tente : nous dormirons ce soir dans le salon de sa maison ! Nous repartirons tôt le lendemain matin et devons déjà dire adieu à sœur Martina. Nous nous endormons au sanctuaire les yeux baignés d'étoiles, de danses et de couleurs.

Tôt le lendemain matin, Janko nous bénit d'un signe de croix sur notre front et nous souhaite tout le meilleur pour la suite du voyage. Nous venons de vivre un moment rare avec la communauté ruthène, une épiphanie que l'on ne peut pas trouver mais qui vous trouve.

Nous sommes toujours au cœur de la canicule en Europe. Le soleil de midi tape si fort. Nous faisons des pauses régulières pour nous hydrater et profiter de l'ombre, quand il y en a. Jour après jour, nous nous rapprochons des fameuses Portes de Fer.

Peu après avoir quitté la capitale du pays, Belgrade, nous connaissons notre vrai premier pépin mécanique : le câble de mon dérailleur arrière cède. J'ai fait l'erreur de ne pas le changer les câbles de Tank lorsque je l'ai acheté

Vladimir le réparateur, Pancevo, Serbie

d'occasion à Brantôme. Nous sommes dans le petit village de Pancevo et je repère un réparateur de vélo sur *Google Maps*. Je lance à Khanh Nguyen : « On y va ! » . En deux minutes nous y sommes. C'est un tout petit magasin avec quelques vélos qui traînent. Sur la devanture vert délavé il est écrit : « Pedala ». Un homme, grand de taille et tout maigre fume une cigarette à l'ombre : « *Hello guys ! I am Vladimir. Sorry my English not very good.* [1]» Vladimir a cet œil mi-pétillant mi-ironique. Nos chapeaux *Non La* l'amusent, il veut absolument poser avec. Tandis qu'il s'affaire pour changer le câble de Tank, j'en profite pour discuter avec lui. C'est morose et depuis longtemps à Pancevo. Avant la guerre du Kosovo, Vladimir vivait bien. Il vendait des vélos presque tous les jours : ça *roulait* pour lui. Et puis est arrivée la guerre, une sale guerre. Les États-Unis et l'OTAN sont intervenus, Milosevic a capitulé. Et depuis, tout s'est comme figé, le temps, les bâtiments, les gens. Et les gens figés, ça n'achète plus de vélo.

Après quelques minutes, Vladimir a déjà changé le câble de Tank. Je m'avance vers lui et m'apprête à le payer. Il insiste pour nous offrir la réparation. Malgré plusieurs allers-retours entre lui et moi où j'insiste pour lui donner un billet, impossible de le faire céder. Alors, avec Khanh Nguyen, nous décidons de filer à la supérette du coin pour acheter des bouteilles de bière. Nous revenons bien chargés vers l'atelier de Vladimir. Nous sirotons chacun notre bière, tous les trois, à l'ombre. Nous continuons d'échanger sur le voyage, sur le Vietnam. Nous nous sentons vraiment bien aux côtés de Vladimir et de son humour. Nos bières terminées, nous repartons. Je remercie encore Vladimir. Les Portes de Fer nous attendent !

Nous continuons à suivre le Danube qui devient de plus en plus étroit. La route devient vraiment superbe. Nous sommes désormais encerclés par les montagnes dans cette gorge. De l'autre côté du Danube c'est la Roumanie. Il nous faut trouver un endroit où bivouaquer ce soir, mais les montagnes montent si raide qu'il n'y a pas vraiment d'endroit plat où installer notre tente. Ce n'est qu'un peu avant le coucher du soleil que

1 "Bonjour les amis, je suis Vladimir. Mon anglais n'est pas très bon, pardon."

nous trouvons une sorte de terrain vague où des camions viennent durant la journée collecter du sable ou des pierres. Nous pouvons nous cacher de la route principale derrière une dune de sable. Ce n'est pas l'endroit rêvé, mais il fera l'affaire pour ce soir

J'installe la tente ; Khanh Nguyen prépare le dîner pour ce soir. Au menu : pâtes et légumes frais, pain et omelette. Le ventre plein, la nuit tombe et nous nous endormons bien vite. Tard dans la nuit, nous sommes réveillés en sursaut par des bruits de pierres :

— Qu'est-ce que c'est ? me chuchote Khanh Nguyen.

— Tu penses que c'est quelqu'un qui arrive ?

J'ouvre tout doucement le zip de notre tente et jette un œil dehors. Rien ne bouge. Et puis j'entends encore une fois des pierres rouler. J'aperçois alors des cabris, tout là-haut, qui se déplacent comme des acrobates, des funambules, parmi les roches. Certains de leurs faux-pas déclenchent la chute d'une pierre ou deux. C'est un moment magnifique à voir et à vivre : leur pelage blanc rentre en résonance avec la pleine lune. Leur déplacement nocturne est si poétique et doux. Je rassure Khanh Nguyen. Nous nous rendormons malgré les bruits de pierres qui continuent durant une grande partie de notre nuit au pied des Portes de Fer.

Le lendemain, de bon matin, nous attaquons les pentes des Portes de Fer. Les tunnels se succèdent et sont de plus en plus longs. Ce n'est jamais un moment agréable de traverser un tunnel : il fait noir, c'est oppressant et nous avons toujours l'impression que les véhicules ne nous voient jamais malgré nos lumières et nos gilets jaunes réfléchissants. Le pire, c'est quand un poids lourd arrive derrière nous. On se croirait dans *Germinal* de Zola ! Toutes les parois du tunnel tremblent, les feux-avant surpuissants du monstre vous irradient de lumière. Je deviens alors un bien éphémère croyant et prie pour ne pas nous retrouver tous les deux écrasés façon purée maison. Le retour à l'air libre est toujours un grand soulagement. Nous arrivons après pas mal d'efforts et de sueur au point culminant des Portes de Fer. La vue sur les gorges est imprenable. Nous avons l'impression d'être les rois du monde : le Prince et la Princesse des Portes de Fer... à défaut du Trône !

Les Portes de Fer, Serbie

Après de nombreuses journées à faire copain-copain avec le Danube, nous nous résignons à le quitter pour nous rapprocher de la Bulgarie et de la région de Vidin. Le matin, avant de passer la frontière, nous roulons tranquillement : moi devant et Khanh Nguyen qui suit ma roue juste derrière. Un chien errant débarque de nulle part et nous aboie dessus de toutes ses forces. Je presse un peu trop rapidement mes freins et Khanh Nguyen me percute immédiatement par l'arrière. Elle chute et mes sacoches-arrière tombent au sol. D'autres chiens arrivent et se mettent tous à nous aboyer dessus. Ils sont agressifs mais peureux et n'osent donc pas s'approcher trop près. Heureusement, Khanh Nguyen n'a rien. Quant à mes sacoches, un bout en plastique est cassé, mais c'est facilement réparable. Nous nous remettons en selle. Le groupe de chiens continue d'aboyer au loin, tout content d'avoir du divertissement aujourd'hui et d'avoir réussi à faire tomber ces drôles de voyageurs.

La frontière arrive ! Nous obtenons notre tampon de sortie et nous approchons du poste-frontière bulgare. Un homme en uniforme avec une tête si slave nous demande nos passeports par la fenêtre du petit endroit où il est assis. Mon passeport obtient son tampon sans problème, mais je vois tout de suite qu'il a du mal avec le passeport vietnamien de Khanh Nguyen. Il inspecte méticuleusement chaque page, revient sur l'une puis sur l'autre. « Avez-vous des réservations d'hôtel ? Avez-vous les ressources suffisantes pour voyager en Bulgarie ? Combien de temps allez-vous rester en Bulgarie ? Où allez-vous après ? »

Nous n'avons ni réservations d'hôtels, ni relevés de compte. Alors je joue d'autres cartes que j'ai dans mon jeu : notre certificat de mariage ainsi que nos assurances qui nous couvrent en Bulgarie. Il ne faut surtout pas s'énerver ou le presser, simplement montrer que nous sommes de bonne volonté et que nous respectons sa fonction. Il passe des coups de fil. Cela devient long, plus de trente minutes se passent. Il nous fait finalement signe de son index de revenir vers lui. « Bon, normalement, je ne peux pas vous laisser entrer. Mais aujourd'hui je suis de bonne humeur alors ça ira pour cette fois. La prochaine fois, vous devez prendre avec vous tous les justificatifs nécessaires. » Il tamponne alors le passeport de Khanh Nguyen.

C'est bon ! Nous arrivons en terre bulgare soulagés d'avoir pu finalement passer. Nous retenons aussi la leçon pour la prochaine fois : avoir plus de justificatifs (réservation d'hôtel, relevé de compte, billet de bus pour sortir du territoire, etc.).

La Serbie a été une vraie bonne surprise pour nous. Elle fait partie de ces pays dont on parle si peu, mais qui ont tant à offrir. Nous avons particulièrement apprécié les Serbes, leur générosité et leur sens de l'humour. Les Portes de Fer ont aussi été une belle découverte avec leurs grandioses perspectives sur le Danube. Nous reviendrons un jour en Serbie, c'est sûr, rendre visite à tous nos amis.

Chapitre 8

Bulgarie : derniers coups de pédale européens

Compteur Kilométrique : 4 074 à 5 020km

Le fait d'avoir décidé d'aller de chez moi à chez Khanh Nguyen à vélo, de la France au Vietnam, nous fait passer par des endroits, des lieux, où nous ne serions jamais allés autrement. Ils se trouvent sur notre route et nous devons les traverser pour passer à la suite. Cette contrainte géographique nous réserve la plupart du temps de bonnes surprises, mais, de temps en temps, les mauvaises existent aussi.

La région de Vidin fait partie des très mauvaises surprises. C'est une région très pauvre voire abandonnée. Dès les premiers kilomètres, nous ressentons une ambiance lourde, pesante. Les villages délabrés s'enchaînent, les chiens errants et agressifs aussi. Certains locaux nous regardent du coin de l'œil, sans bienveillance. Il y a beaucoup de gitans, qui errent le long des routes, leurs enfants fermant la marche. Nous pédalons avec une sorte de boule au ventre. Sofia, la capitale, est à deux cents kilomètres. Il nous faudra deux ou trois jours pour la rejoindre. Nous nous promettons de ne pas camper dans la nature : c'est trop dangereux. Des hommes, certains assez louches, rodent dans les champs et les forêts.

Et puis nous sommes témoins d'une certaine animosité des « locaux » envers la communauté gitane. Des Bulgares qui se disent de « souche » chassent, parfois violemment, des gitans de leur village ou de leur propriété à travers des mots, des crachats ou des coups de pied. Il y a un décidément un vrai problème ici. Notre première nuit, nous la passons dans notre tente à côté d'un motel. Le gérant nous accueille gratuitement. Il a déjà accueilli d'autres cyclistes et veut nous aider. C'est vraiment bienvenu et cela nous permet de passer une nuit à peu près paisible ainsi que de prendre une vraie douche.

Le lendemain, nous nous dirigeons vers la ville de Montana. Même décor, mêmes acteurs, même ambiance. Les décharges sauvages s'enchaînent le long de la route. Après une interminable journée sur les vélos, nous ne savons vraiment pas où dormir pour ce soir. Nous quittons la route principale pour rejoindre un petit village avec quelques maisons qui semblent encore habitées. Je sonne à l'une d'entre elles. Deux hommes en slip de bain et avec des bedaines énormes viennent vers nous. Ils nous accueillent dans leur jardin, nous offrent à boire des sodas sucrés comme pas possible. Celui avec la plus grosse bedaine nous présente son berger allemand. Il le surnomme « Robocop, le tueur de gitans ». L'autre, à sa gauche, regarde Khanh Nguyen avec des yeux qui ne me plaisent pas du tout. La gêne s'installe. Khanh Nguyen me demande discrètement mon téléphone puis me le redonne quelques minutes après. Elle y a écrit : « Je ne me sens vraiment pas bien ici. Je n'ai pas confiance. Il faut qu'on parte. »

Je repose discrètement mon téléphone dans ma poche, souris aux deux bedaines. Quelques longues minutes plus tard, je prétexte que d'autres amis cyclistes nous attendent dans la ville suivante et que nous devons y aller. Cela semble les convaincre et ils nous laissent partir. Nous nous remettons en selle précipitamment sur Tank et Monster. Il nous reste un peu moins d'une heure avant le coucher de soleil pour trouver un endroit où dormir. Pas le choix : il nous faut camper. Nous pédalons de toutes nos forces le temps de trouver un endroit propice. Je repère une colline qui se perd parmi les champs. Quelques arbres, ici et là, peuvent nous cacher : ça fera l'affaire. Nous quittons la route principale sans que personne ne puisse nous voir et nous nous asseyons, bien cachés, derrière les arbres.

Quelques gitans et leurs moutons transhument au loin. Ils ne vont pas dans notre direction. Le soleil commence à tomber, ses teintes sont d'un bel orange aux mille nuances. Nous décidons de commencer à cuisiner et de n'installer la tente que lorsqu'il fera nuit noire. Soudainement, les gitans et leurs moutons au loin font une sorte de demi-tour et se dirigent droit vers nous. Impossible de plier bagages et de déguerpir. Nous tentons alors de nous donner une contenance et de faire comme si tout était normal. Deux adolescents en tête du cortège tombent alors sur nous avec leur troupeau qui sent si fort l'animal. Ils s'étonnent de nous trouver ici et ne parlent pas un mot d'anglais. Nous leur proposons des gâteaux, des biscuits secs qu'ils déclinent. Le plus âgé des deux nous mime le fait de dormir puis nous pointe du doigt le lieu où se trouvent nos vélos. Je leur fais non de la tête et leur lance « Montana » tout en pointant du doigt la direction vers laquelle se trouve la ville. Je veux vraiment leur faire comprendre que nous ne passerons pas la nuit ici. Ces deux adolescents ne me font pas peur, mais je crains surtout qu'ils racontent leur rencontre du soir à un cousin ou un ami mal intentionné qui viendrait nous rendre visite pendant la nuit. Les deux compères nous quittent avec leurs moutons qui forment un léger nuage de poussières et de bruits. Nous finissons notre dîner. La nuit est presque là. Nous en profitons pour déplacer tout notre barda quelques centaines de mètres plus loin, bien cachés entre les buissons. La chance est avec nous : la lumière de la lune est faible et les nuages nombreux. Il est donc très difficile de nous repérer. Après tout ce stress, nous nous endormons finalement sans trop de difficultés. La nuit se passe sans sursaut et notre sommeil n'est dérangé que par une courte pluie. Nous nous réveillons vers cinq heures, avant le lever du jour, pour tout remettre dans nos sacoches et partir avant que quelqu'un ne puisse nous repérer.

❧

Deux jours plus tard, nous arrivons à Sofia, la capitale bulgare. C'est un réel soulagement ! Nous avons la chance d'être hébergés pendant une semaine par Gilbert qui vit avec ses deux fils. Gilbert est un Français venu s'installer à Sofia il y a plus de vingt ans déjà. Il a entendu parler de nous via ma tante, Murielle, qui suit notre aventure sur les réseaux sociaux. Sofia est une ville magnifique avec ses rues pavées, les montagnes qui l'entourent et la merveille des merveilles : la cathédrale Saint-Alexandre Nevski.

Si nous sommes à Sofia, c'est aussi pour faire notre visa pour l'Iran. Nous devons passer aujourd'hui à l'ambassade déposer notre dossier. L'actualité commence à être chaude en Iran : les États-Unis de Trump se sont retirés de l'accord nucléaire et les sanctions pleuvent sur le régime des mollahs. Une chercheuse franco-iranienne a aussi été arrêtée. Je reçois un message sur mon téléphone de mon père, le dieu Hermès :

— Tu es bien sûr de vouloir passer en Iran ? Vous avez un plan B ?

Coucher de soleil bulgare, Bulgarie

— Nous allons faire le visa iranien et puis nous verrons comment évolue la situation. Si la situation empire, nous traverserons la mer Caspienne depuis l'Azerbaïdjan pour le Kazakhstan.

— Faites attention. Je vous embrasse bien fort.

L'Iran cristallise tellement les peurs et les réactions irrationnelles. Mais avec Khanh Nguyen, nous avons l'intuition que nous devons absolument traverser ce pays. Les blogs de voyageurs à vélo que nous parcourons sont enthousiasmés par les Iraniens, leur culture et leur cuisine. Nous essayons de garder la tête froide. Pour le visa iranien, il faut avoir une sorte de lettre d'invitation qu'ils appellent « e-visa » . Pour une trentaine de dollars US chacun nous l'avons obtenue via une agence en ligne. Il nous faut également prouver que nous avons une assurance qui nous couvre en Iran. Avec tous nos documents sous le bras, nous prenons le chemin de l'ambassade iranienne. Une dame avec un hijab[1] nous accueille, consulte notre dossier qu'elle fait passer ensuite à son Directeur qui rouspète dans son bureau. Elle revient vers nous et nous demande des documents supplémentaires : relevés de compte et certificat de mariage. Nous lui remettons ces documents. À aucun moment nous ne mentionnons que nous voyageons à vélo. Nous affirmons simplement que nous faisons un long voyage pour notre lune de miel et que nous entrerons en Iran par voie terrestre depuis l'Azerbaïdjan. Le Directeur rouspéteur accepte finalement notre dossier. Après avoir payé les frais de visas, la dame en hijab nous fait un large sourire et nous demande de revenir en fin de semaine.

Nous prenons un réel plaisir à flâner dans les rues de Sofia durant ces quelques jours d'attente : ses rues pavées, ses monuments et son ambiance ne laissent pas le visiteur indifférent. Nous ne nous lassons pas de passer devant la cathédrale Nevski pour ensuite avaler un délicieux *tarator*[2] et une *shopska*[3]. Ces quelques jours sont aussi l'occasion de nous reposer, nous ressourcer. Lorsque nous sommes sur Tank et Monster, nous sollicitions quotidiennement notre corps. Nous puisons souvent dans nos ressources, nos réserves,

1 Vêtement islamique qui couvre la chevelure et le cou, il laisse le visage dégagé
2 Soupe de concombre
3 Salade avec du fromage de lait de vache

et ce sur plusieurs jours. Lors de nos longues pauses de plusieurs jours, je sens que mon corps me demande de récupérer au maximum. Un effort durable demande un repos durable sous peine de blessure ou d'accident futur. J'apprends avec ce voyage à écouter mon corps, ses tourments et ses turpitudes. Je suis autant à son service qu'il est au mien.

Nous en profitons aussi pour faire inspecter Monster et Tank dans un de magasin vélo de la périphérie de Sofia : rien à signaler de particulier, ils sont en pleine forme après plus de 4 500 kilomètres ! Le mécanicien nous dit-même qu'ils sont faits pour arriver jusqu'au bout du voyage.

En fin de semaine, donc, nous sommes de retour à l'ambassade iranienne. Nous rentrons, fébriles, dans l'ambassade. Et si l'Iran nous refusait l'entrée sur son territoire ? Et si les récents événements géopolitiques nous empêchaient de passer la frontière ? La peur et les doutes reprennent soudain le dessus. La même dame en hijab nous tend nos passeports et notre dossier. C'est bon ! Nous avons le visa iranien tous les deux ! Quel pied ! L'Iran nous ouvre ses portes ! Le voyage peut continuer. Nous n'avons pas de tampon à l'intérieur mais à la place une feuille A4 tamponnée qui, elle, fait office de visa.

Bien reposés après une semaine à Sofia, nous sommes prêts à repartir. Tank et Monster sont comme neufs et veulent aussi reprendre la route ! Cap à l'est vers la mer Noire. Nous avons environ quatre cents kilomètres qui nous séparent d'elle. Nous faisons le choix de prendre une route secondaire plus montagneuse et qui passe par la ville de Karlovo pour profiter de paysages plus sauvages. La Bulgarie et ses montagnes nous offrent de belles possibilités de camping sauvage. Par ses reliefs et ses multiples cours d'eau, il nous est facile de camper, de prendre une bonne douche et de faire notre lessive. Une douche quotidienne est essentielle pour nous et surtout pour Khanh Nguyen : nous pouvons tenir un maximum deux jours sans en prendre. Nous nous demandons vraiment comment certains cyclistes au long cours arrivent à tenir plus d'une semaine sans douche...

Ma méthode pour trouver un endroit où bivouaquer est souvent la même : je repère sur *Google Maps* un endroit loin de toute activité humaine et si possible avec un cours d'eau à proximité. Ce sont souvent les endroits les plus « verts » sur la carte satellite : une forêt et du relief sont presque toujours synonymes d'une rivière qui coule à proximité.

Je me rappelle d'une nuit particulière que nous avons passée en Bulgarie. Après une journée à grimper et descendre, nous nous éloignons rapidement de la route sans que personne ne nous voie. Nous suivons un sentier le long du flanc de la montagne. En face se trouve une vallée gigantesque et ses milliers de chevaux en presque liberté tellement l'espace à leur disposition est immense. Le spectacle est grandiose ! Derrière nous se trouvent des sapins qui sont parfaits pour nous camoufler. Nous installons notre tente et préparons le dîner alors que le soleil commence à descendre peu à peu. Les chevaux commencent à se rassembler pour passer la nuit. Je prends Khanh Nguyen dans mes bras et nous contemplons ce magnifique spectacle : les innombrables juments reviennent escortant leur petit poulain. Certains poulains semblent intrigués par notre présence, mais leurs prudentes mères les empêchent de s'approcher de nous. Ces chevaux respirent la grande santé et la liberté ! La lumière est magnifique lorsque débarque en queue du groupe un magnifique étalon. Il inspire la puissance et l'assurance avec son imposante crinière noire et ses muscles si finement dessinés. Le soleil se cache derrière le sommet de la montagne. Avec Khanh Nguyen, il nous est impossible de détacher nos petits yeux de la scène. Le temps semble si suspendu et infini. Le trop noir de la nuit nous repousse finalement vers notre tente et nous nous résignons à aller nous coucher.

À peine installés dans nos duvets, le tonnerre commence à gronder. De plus en plus fort et de plus en plus proche. Comme des gamins, nous comptons le temps de décalage qui passe entre la détonation et l'aveuglante lumière qui arrive : trois kilomètres, puis deux puis... un ! Le vent souffle comme jamais. À tel point qu'il nous faut nous cramponner de toutes nos forces à l'armature de notre tente. Si nous lâchons, nous sommes convaincus que ce sera un aller direct pour Mars ! Le tonnerre s'abat juste à côté de nous

Camping sauvage au milieu de milliers de chevaux, Bulgarie

et nous fait sursauter comme jamais. Le vent commence à faiblir, mais laisse sa place à un mur d'eau qui s'abat sur nous. La tente tient bon et nous restons miraculeusement au sec malgré les litres et les litres qui se déversent furieusement sur nous pendant si longtemps. Après une longue lutte, la pluie s'estompe enfin. Nous nous écroulons de fatigue.

Le lendemain matin, j'ouvre le zip de notre tente. Un véritable étang s'est formé tout autour de nous tellement il a plu. Nous avons vraiment bien fait d'avoir installé notre tente sur un point haut sinon c'était cours de piscine gratuit pour tous les deux ! La bâche de la tente est complètement trempée, mais nous la ferons sécher plus tard au soleil. Nous reprenons la route vers la ville de Bourgas qui ouvre les portes de la Mer Noire et où nous attend notre bateau.

~~~

Bourgas c'est une cité balnéaire sans grand intérêt qui donne sur la mer noire. Surtout, elle marque nos 5 000 kilomètres parcourus. Nous avons traversé toute l'Europe d'ouest en est : de l'océan Atlantique à la Mer Noire ! C'est déjà pour nous quelque chose de tout à fait incroyable et unique. D'être arrivés jusqu'ici par la force de nos mollets nous donne comme un sentiment de vertige, d'euphorie, rien que de penser à toutes les journées passées sur nos selles en cuir, à toutes nos aventures, à tous les gens rencontrés. Au niveau des dons pour *Poussières de Vie*, nous en sommes à plus de 7 000 $. Nous continuons de recevoir régulièrement des dons et chaque message d'encouragement qui les accompagne décuple notre motivation. Nous réalisons aussi que nous sommes désormais si loin de la France, de la maison. Ces trois mois sur les routes nous ont déjà métamorphosés en profondeur. Nous nous sentons plus forts, plus sûrs de nous et tellement bien tous les deux. Nous avons l'intime conviction que si nous restons tous les deux tels que nous le sommes, rien ne pourra nous atteindre, que nous serons en mesure de franchir tous les obstacles qui se dresseront sur notre route. Nous avons appris à vivre au rythme du soleil, à prendre le temps, à multiplier les occasions de rencontres. Enfin, je prends plaisir à observer la lente métamorphose de Khanh Nguyen en véritable aventurière. La « poupée qui dit oui » de notre période saïgonnaise me semble désormais si loin, si irréelle. Elle prend confiance en elle, en ses capacités et ses ressources insoupçonnées. Elle me répète souvent : « Tu as changé ma vie Thibault. Sans toi, j'aurais eu une vie morne et inintéressante. »

Je lui réponds alors que notre rencontre n'a sûrement rien à devoir au hasard et que toutes ses incroyables ressources, elles les avaient déjà en elle. Je lui dis aussi qu'elle me fait aussi grandir à sa manière et qu'elle change durablement et irrémédiablement mon regard sur beaucoup de choses. Je l'embrasse alors sur le front, dans le cou et enfin sur ses lèvres.

Nous passons trois jours à Burgas le temps de prendre nos tickets pour traverser la Mer Noire. Destination : Batumi en Géorgie. Je ne vous ai pas encore expliqué la raison pour laquelle nous ne pouvons pas passer par la Turquie avant de rejoindre la Géorgie. Elle est simple : le passeport vietnamien ne donne droit qu'à trente jours pour la Turquie ce qui est trop peu pour la traverser d'ouest en est. Le visa pour un passeport vietnamien ne peut également que s'obtenir à l'aéroport à l'arrivée... pas vraiment pratique quand on voyage à vélo ! Le passeport français, lui, autorise de rester Turquie quatre-vingt-dix jours et sans débourser un centime. Les contraintes sont donc trop grandes pour trente petits jours de visa turc.

Tard dans l'après-midi, nous rejoignions l'embarcadère. Nous semblons minuscules à circuler parmi les poids lourds qui attendent de passer la douane. Des camions bulgares, géorgiens et turcs se succèdent. Pour nous, le contrôle ne dure que quelques secondes. Le bateau qui nous attend en face, c'est du sérieux ! Un gros monstre sur trois étages avec une cheminée énorme. Les camions s'y engouffrent un à un. Nous ne sommes absolument rien à côté d'eux, comme si nous n'existions pas. Nous laissons Monster et Tank à l'étage inférieur où nous découvrons avec surprise deux autres vélos de cyclistes longue distance ! Nous ne sommes pas les seuls pour cette traversée.

Chapitre 9

Lumineuse rencontre sur la Mer Noire

Nous montons péniblement toutes nos sacoches et notre matériel sur le pont supérieur. Les cabines se répartissent tout autour du réfectoire : d'un côté les camionneurs bulgares, géorgiens, turcs et leur testostérone. De l'autre les voyageurs : à moto, en voiture, en caravane, à pied et à vélo ! Nous partageons notre cabine de quatre personnes avec une Japonaise, Kazumi, et une Suissesse : Fanny. La cabine est en bon ordre, propre. Les draps sont blancs et sans taches : on ne peut pas se plaindre !

Fanny est venue vers nous quelques minutes auparavant. Nous ne le savions pas encore, mais elle va rester comme l'une des plus belles rencontres durant notre année sur les routes du monde. Quelques minutes auparavant donc, nous assistions avec Khanh Nguyen à notre dernier coucher de soleil européen avant de rejoindre le lointain Caucase. Nous regardions les poids lourds continuer à monter difficilement un à un dans l'antre du navire lorsque Fanny s'approcha de nous :

— Salut ! Vous êtes le couple qui va de la France au Vietnam ? *Non La Project*, c'est bien ça ? J'ai vu vos photos sur *Facebook* ! Je suis Fanny.

— Salut Fanny ! Moi, c'est Thibault et voilà Khanh Nguyen. Oui, notre projet s'appelle bien *Non La Project* ! On est partis de France il y a trois mois et on va au Vietnam ! Et toi ?

— Je suis partie de chez moi en Suisse et je ne sais pas trop où je vais... J'ai encore trois semaines devant moi avant de devoir rentrer...

C'est toujours un plaisir particulier de rencontrer d'autres cyclistes au long cours comme nous. Il y a quelque chose de fraternel, un je-ne-sais-quoi qui nous relie les uns aux autres. Nous partageons souvent les mêmes rêves, les mêmes peines. Dans ces moments-là, j'ai l'impression d'être un chevalier au Xe siècle qui en rencontre un autre sur un petit chemin à travers la forêt de Tronçais ou encore un cow-boy sur sa monture qui en croise par hasard un autre au beau milieu de l'Arizona. Ce sont souvent les mêmes sujets qui reviennent : la route que l'on a prise avant d'arriver là, les anecdotes de voyage, la route que l'on compte prendre pour la suite, les caractéristiques de nos vélos et de notre matériel. Les sujets ne manquent pas !

Fanny est impressionnante de bonne humeur, par sa capacité à briser la glace et d'engager la discussion avec tout le monde. En moins d'une heure elle connaît presque déjà tous les passagers du bateau, les voyageurs comme les routiers. Elle s'engage de tout son être dans la discussion, la vit pleinement. Avec Khanh Nguyen, nous ressentons comme un coup de foudre amical pour elle. Nous pourrions parler avec elle des heures sans s'arrêter. Parce que c'était elle ; parce que c'était nous. La cloche sonne, ce qui signifie que c'est l'heure du dîner. Tout le monde se réunit dans le réfectoire et se sert en pâtes, *shopska* et une sorte de jus d'orange en poudre. À côté de nous s'assoit le quatrième cycliste du navire : Richard. C'est un Néo-Zélandais, un *kiwi*, d'une cinquantaine d'années qui parcourt le monde sur son vélo. Son accent est parfois difficile à comprendre, mais je m'accroche ! Le courant passe beaucoup moins bien qu'avec Fanny. C'est ainsi et il ne faut pas forcer les choses.

Tous les occupants du bateau vont progressivement se coucher. Ce n'est que très tard dans la nuit que le navire se met enfin en route. J'ouvre l'œil quelques secondes pour constater avec satisfaction que, finalement, nous nous déplaçons sur la Mer Noire et me rendors aussitôt.

Deux jours s'enchaînent rythmés par les repas et les vagues. Nous profitons du beau temps et du grand soleil sur le pont supérieur, nous regardons loin à l'horizon, enchaînons les discussions sans fin avec Fanny. Alors que nous discutons de la Bulgarie, j'aperçois au loin une sorte de matière luisante qui apparaît puis disparaît. Je me rapproche de la rambarde pour me bien me rendre compte que ce sont... des dauphins ! Ils sont un petit groupe et jouent avec les vagues provoquées par notre bateau. Le spectacle est magnifique et si inattendu ! Je cours vers notre chambre où se trouve Khanh Nguyen. Mais le temps de la prévenir et de revenir, les superbes mammifères nous ont déjà quittés...

Les routiers pour passer le temps fument, boivent de la *Rakkia*[1]. Après deux jours de relatif ennui, les esprits s'échauffent. D'abord les Bulgares contre les Turcs puis les Turcs contre les Géorgiens pour finir par les Géorgiens contre les Bulgares. Tout le monde en a pour son compte et puis ça fait un peu d'animation sur le navire. Il y a heureusement peu de casse et de bobos. Demain matin, c'est enfin l'arrivée à Batumi en Géorgie. Alors entre deux bagarres, je propose à Fanny que nous prenions la route tous les trois. Elle accepte tout de suite avec un énorme sourire. Richard, le kiwi, semble plus loup solitaire et je ne lui propose pas de se joindre à nous. Avec Khanh Nguyen, nous aimons avoir notre propre rythme qui ordonne nos longues journées. La coopération pourrait être difficile avec Richard. Chacun son chemin.

Le petit matin nous laisse enfin entrevoir le port de Batumi. Tous nos sacs sont prêts pour pouvoir quitter la mer en vitesse et prendre la route. Le bateau commence à tanguer sévèrement. La météo est capricieuse

---

1 Eau-de-vie faite à partir de jus de fruits fermentés

Notre navire pour traverser la Mer Noire et ses couchers de soleil

et les vagues de plus en plus hautes. Dans le réfectoire, c'est la guerre : les assiettes, les verres et les pichets se fracassent au sol ou contre les murs. Tout le monde tente de se cramponner à ce qu'il peut. Les sauces et le jus d'orange en poudre se déversent ici et là. Certains crient tout en s'agrippant à une table. Sur le pont supérieur, c'est encore plus impressionnant : j'ai l'impression d'être dans un mauvais parc d'attraction avec ce genre de manèges en « U » où l'on monte à toute vitesse vers une extrémité pour en redescendre tout aussi vite vers l'autre. Khanh Nguyen se cramponne fort à la rambarde et n'ose pas bouger. Les routiers scrutent avec inquiétude leurs camions qui tanguent de droite à gauche. Après d'interminables minutes, la mer se calme enfin. Impossible aujourd'hui d'accoster. Tout est remis au lendemain. Tous les passagers se lamentent alors de devoir rester une journée de plus dans cette prison et de devoir encore ingurgiter les mêmes pâtes et le fade jus d'orange en poudre.

Le lendemain, la Mer Noire est enfin calme. Nous pouvons enfin accoster sans effort. Le service d'immigration géorgien monte sur le navire et contrôle nos passeports. Le passeport vietnamien de Khanh Nguyen demande, encore une fois, plus de temps avant d'obtenir son tampon. Elle a bien le visa Schengen, ce qui lui ouvre les portes géorgiennes. Mais l'officier devant un passeport dont il ne voit pas bien souvent la couleur, préfère ne prendre aucun risque et attend d'avoir l'aval au téléphone de son supérieur.

Nous entrons enfin en Géorgie ! Nos jambes nous démangent après tant de jours d'inactivité. Elles vont en avoir pour leur argent avec les montagnes qui nous attendent. Nous avons aussi un membre de plus dans l'équipe : Fanny. Le Caucase : nous voilà !

Chapitre 10

Géorgie: la liberté, la vraie

Compteur Kilométrique : 5 020 à 5 590km

La Géorgie, c'est ce genre de petit pays qui n'est pas vraiment sur les radars du tourisme de masse. Circulez, rien à voir. La Géorgie, c'est ce genre de pays ou de région qu'il est parfait de découvrir avec son vélo, sa tente et son réchaud.

C'est un véritable carrefour, la Géorgie. Elle en a vu passer des civilisations : les Perses, les Romains, les Byzantins, les Arabes, les Mongols, les Ottomans pour enfin finir chez les Russes. Le petit père des peuples, Staline, était originaire de Géorgie et a eu le *succès* qu'on lui connaît. La Géorgie, c'est une géographie : des montagnes, beaucoup de montagnes et aussi de l'eau, beaucoup d'eau. Elle a des voisins : la Turquie, la Russie, l'Arménie et l'Azerbaïdjan. Il en résulte une grande diversité ethnique, culinaire, et culturelle. La Géorgie étonne aussi par son langage et son écriture. Elle me fait penser un peu au birman avec ses signes arrondis, unis les uns aux autres pour former de jolis mots et phrases.

À la descente du bateau avec Fanny et Khanh Nguyen nous découvrons donc un tout nouveau monde, très différent du nôtre. Nous profitons de la grande ville de Batumi pour retirer des laris – un euro vaut environ 3,5 lari- et faire un stock suffisant de nourriture pour les jours à venir. Les prochains jours s'annoncent vraiment difficiles. Au programme : 257 kilomètres avec au menu le col du Goderdzi qui culmine à plus de 2 000 mètres puis le lac Paravani. Le lac Paravani est l'un des plus hauts lacs de Géorgie et se trouve à 2 073 mètres de hauteur. C'est notre premier vrai test montagneux sur plusieurs jours. Passer les jours qui viennent avec Fanny est donc une source de soulagement pour affronter les pentes qui nous attendent.

Il nous faut peu de temps pour sortir de la moderne Batumi. Nous nous retrouvons très vite à grimper les premiers lacets du col du Goderdzi. La nature et les reliefs y sont superbes ! Nous suivons la limpide rivière de l'Acharistskali qui va se jeter avec force dans la Mer Noire. Nous croisons de vieilles voitures au style ex-soviétique ainsi que des troupeaux de chèvres qui prennent toute la largeur route. Tour à tour, nous formons un éphémère duo (Khanh Nguyen-Fanny, Fanny-Thibault puis Thibault-Khanh Nguyen) qui roule côte à côte pour discuter de tout et de rien. Ainsi, la douleur et la fatigue se font moins ressentir. Nous grimpons les difficiles pourcentages sans nous en rendre vraiment compte. Après plusieurs heures et nos multiples arrêts pour prendre des photos, il nous faut commencer à chercher un endroit où dormir. Je propose à Khanh Nguyen et Fanny de tenter de frapper chez quelqu'un. Nous passons par un petit village lorsque deux enfants nous interpellent depuis la cour de leur maison : « Hello, Hello ! ». Leur maison semble disposer d'un jardin : parfait pour y planter nos deux tentes.

Je frappe, un homme aux cheveux et T-shirt blancs et baraqué comme pas possible m'ouvre la porte. Je lui montre notre message d'introduction, cette fois-ci traduit en géorgien, et qui demande si nous pouvons passer la nuit ici. Il accepte tout de suite ! Je crie à Khanh Nguyen et Fanny : « C'est bon ! Ils nous accueillent chez eux ! » C'est toujours un moment immense de joie pour moi lorsque des inconnus acceptent d'accueillir des voyageurs comme nous chez eux. C'est le bonheur de la rencontre immédiate, de l'accueil sans conditions qui ouvre ses portes au voyageur qui en a tellement besoin. Le vieil homme baraqué, c'est Okrobir : un ancien lutteur. Ses deux petits-enfants qui nous ont interpellés, ce sont Andréa et Amico. Andréa parle un petit peu anglais et est au summum de l'excitation de voir entrer chez lui trois étrangers qui voyagent sur des vélos bizarres. Un peu plus loin se trouve leur grand-mère, Natela, qui est en train de casser des noisettes. C'est une forte femme qui nous sourit à tous les trois avec une grande bienveillance.

Nous nous proposons de l'aider à casser des noisettes. Nous nous installons donc tous autour du panier à casser noisette après noisette. C'est un beau moment de partage. Nato, la mère d'Andréa et d'Amico, débarque alors avec des cafés pour tous les trois. Il est fort, son café, avec son épaisse couche moulue qui repose au fond du verre ! Andréa veut absolument nous faire tout découvrir de sa maison : elle donne sur la rivière de l'Acharists-kali. Il nous affirme qu'il a déjà vu un ours rôder une fois... Il court partout pour nous faire découvrir ses chèvres, ses poules, les fruits et légumes, ainsi que les feuilles de tabac laissées à sécher. C'est un tel bonheur de le suivre, lui et son enthousiasme débordant. J'en oublie complètement la fatigue du jour.

Nos chapeaux vietnamiens *Non La* ont leur petit succès. Andréa, Amico et Okrobir les essayent tour à tour. J'aime particulièrement la photo que je prends d'Okrobir. Sur la photo, Okrobir nous évoque alors Ho Chi Minh, qu'il a sûrement aperçu dans un de ses livres scolaire dédié à la si glorieuse histoire du communisme. Okrobir nous fait ensuite comprendre que nous ne dormirons pas à l'extérieur dans nos tentes, mais à l'intérieur de leur maison dans une grande chambre rien que pour nous. Nous sommes tous les trois aux anges ! Le temps de prendre chacun une douche, le dîner est prêt ! C'est un de ces magnifiques moments qui consiste en la raison pour laquelle nous voyageons de cette façon, qui est la substantifique moelle de notre voyage. Se lier d'amitié, le temps d'un soir avec ce que l'humanité

Un nouveau membre dans l'équipe: Fanny!

Okrobir et Andréa essayent le Non La, Géorgie

fait de meilleur. Apprécier le temps passé ensemble tout en étant en-dehors des histoires d'argent, des calculs : la simple découverte totalement désintéressée d'autrui. C'est si rare de nos jours dans nos grandes villes, et c'est donc si précieux.

Les verres de *chacha*, l'alcool local, s'enchaînent, les sujets de discussion aussi. Nous sommes si bien tous ensemble ! Andréa monte ensuite le son de la télévision pour nous faire découvrir la musique locale. Une musique avec des chanteurs un peu kitsch enveloppe toute la pièce. L'occasion pour Andréa de nous montrer ses plus beaux pas de danse et pour Fanny de tenter de le suivre ! Après cette journée interminable, nous tombons les uns après les autres de fatigue. Nato nous embrasse comme si nous étions ses enfants ; Natela et Okrobir comme leurs petits-enfants.

Nous nous endormons bien vite tous les trois dans le grand lit de notre chambre d'un soir. Pas mal pour une première journée en Géorgie !

Le lendemain matin, tels des Sisyphes des temps modernes, nous refaisons nos sacoches puis les installons sur nos vélos. Après un copieux petit-déjeuner avec toute la famille, nous échangeons nos adresses, nos comptes *Facebook*. J'essaie de rendre un tout petit peu par mes gestes, mes regards et mes sourires, à toute la famille ce qu'elle nous a offert de si inestimable. Le sommet du col du Goderdzi nous appelle : c'est parti !

Il nous faudra deux jours de plus pour atteindre le sommet. La route est en mauvaise condition. L'asphalte laisse vite place à des graviers, des trous et de la boue ce qui nous ralentit tous les trois. Mais, nous sommes portés par l'énergie de notre troupe et l'atmosphère géorgienne. Beaucoup de chauffeurs nous saluent et nous encouragent. Pour la première fois du voyage, nous avons l'impression d'être la petite attraction du jour. On nous salue, les enfants nous font des signes de la main, on nous arrête pour nous parler en russe. Heureusement, Fanny le parle un petit peu. Plusieurs camionnettes nous proposent même de nous prendre jusqu'au sommet. Un chauffeur se met à ma hauteur et me fait signe par la fenêtre de mettre mon vélo à l'arrière du véhicule. C'est tentant, mais nous ne sommes pas là pour ça… Nous voulons arriver au sommet par nous-mêmes, par notre seule force physique et notre volonté. Khanh Nguyen est d'ailleurs impressionnante : elle grimpe sans souffrance aucune et a toujours le sourire. Le fait de pédaler aux côtés de Fanny lui donne un surplus de motivation. Fanny lui apporte une joie de vivre et une énergie tout à fait incroyables.

Après une nuit dans une chambre d'hôtes, nous arrivons au sommet du col du Goderdzi. En hiver, c'est normalement une station de ski. En ce mois d'août, nous pédalons le long des télésièges. Encore un dernier effort et nous arrivons tout au sommet. Le vent est fort et si frais. Deux gros chiens, un mâle et une femelle, nous font la fête. Le sentiment d'extase est difficile à mettre en mots, comme la récompense indicible d'un long effort et d'un certain rapport au monde. Un petit restaurant d'altitude se trouve juste à côté. Nous en profitons pour goûter le pain géorgien qui est absolument délicieux ainsi qu'une sorte de fondue de fromage au lait de vache. C'est chaud et sur le pain, c'est un régal ! Le ventre bien plein, nous profitons ensuite d'une longue descente et de ses multiples cascades et rivières qui sont autant d'occasions de se rafraîchir ou de se baigner.

La Géorgie, c'est la liberté totale, la vraie. Libre à nous de nous arrêter où bon nous semble, d'installer notre tente quand cela nous chante. Les paysages et les montagnes défilent pour nous. La route du col Goderdzi vers Tbilissi avec ses trois cents kilomètres reste pour nous une semaine tissée de bonheur et de joies simples. La route est grandiose et passe par des canyons, des vallées et des montagnes. Les Géorgiens font preuve d'une grande gentillesse envers nous. Un soir, nous sommes même invités à partager un dîner d'anniversaire avec une grande famille géorgienne. La table est généreusement garnie et nos hôtes nous incitent à nous resservir à l'infini.

Sur le chemin, nous attend aussi le lac Paravani situé non loin de la Turquie et de l'Arménie. La région nous fait penser à ces terres d'Asie Centrale ou de Mongolie qui s'étendent à perte de vue avec leurs troupeaux de milliers de vaches et de chèvres. Pédaler dans ces décors à quelque chose

Instants de liberté, Géorgie

d'irréel. Dans la ville de Ninotsminda, un boulanger nous offre généreusement des pains énormes et encore chauds. Nous croisons ensuite la route d'un berger sur son magnifique cheval puis nous décidons de camper au bord du lac Saghamo qui se trouve à une dizaine de kilomètres du lac Paravani. On ne peut pas faire plus sauvage, plus coupé du monde. Nous installons nos ridicules tentes au bord de l'immense lac. Chacun prépare son petit plat pour le partager ensuite avec les autres. Le bonheur, le vrai.

Le lac Paravani que nous découvrons le lendemain matin est tout aussi grandiose avec un petit monastère, le Saint-Nino, qui se dresse fièrement en face du lac. La nature ici y est brute, forte et totale. Des touristes de passage nous offrent même du poulet et des pastèques pour le déjeuner. Que demande le peuple...

La route s'élève ensuite, toujours aussi belle, pour ensuite laisser place à une longue descente vers la vallée en contre-bas. La chance continue de nous sourire : en fin de journée, une camionnette se range à ma hauteur. Le conducteur me parle en anglais, mais avec un accent français gigantesque :

« Hello ! Vous savez où dormir ce soir ? J'habite dans ce village avec ma femme qui est géorgienne. Je viens de Savoie ! Venez à la maison ! »

Et voilà le résultat ! Sans même à avoir à chercher nous trouvons un toit pour la nuit chez un Français. Les étoiles sont vraiment alignées pour nous. La danse des étoiles va être hélas brutalement interrompue pour moi. Dans la soirée, je consulte mon téléphone. Sur le groupe *Whatsapp* de la famille, ma tante nous dit que ma grand-mère, *Maman Zouzou*, vit sûrement ses derniers jours. C'est une des plus grandes craintes du grand voyageur : d'être loin de ses proches lorsqu'ils ont besoin de lui ou qu'ils sont atteints par la maladie. Le soir-même, je réserve un aller-retour Tbilissi-Paris. En Azerbaïdjan ou en Iran, ce sera trop loin, trop tard pour rentrer. C'est maintenant ou jamais si je veux lui dire ce qu'on appelle bien maladroitement un *dernier au revoir*.

Le lendemain matin, nous parcourons rapidement la centaine de kilomètres pour atteindre la capitale géorgienne. Fanny et Khanh Nguyen resteront chez Sam et Ia (prononcer « i - a ») : des amis d'ami qui nous accueillent généreusement dans leur appartement durant notre passage à

Derniers kilomètres avant de quitter la Géorgie

Tbilissi. Pour la première fois en quatre mois de voyage, je laisse Khanh Nguyen. Elle est heureusement en bonne compagnie avec notre Fanny.

Je prends l'avion de bon matin avec une connexion à Bucarest. Le ciel est dégagé et je revois en quelques heures tout le chemin, les milliers de kilomètres que nous avons parcourus. J'ai l'impression de rembobiner une cassette et que je regarde de très loin l'écran sur lequel se projettent les belles images. L'avion passe au-dessus de la Mer Noire puis longe les Alpes. Je veux juste retrouver ma grand-mère, lui dire que je l'aime une dernière fois. Mon avion arrive à l'heure à Paris. Sur le chemin entre l'aéroport Charles de Gaulle et la Gare d'Austerlitz je reçois un appel de ma tante. *Maman Zouzou* est morte dans la nuit, son enterrement sera ce week-end en Creuse. Je reste comme sonné durant d'interminables minutes. Ma peine immense laisse vite place à la volonté d'être avec les miens, ma famille. Une fois en Creuse, je retrouve avec soulagement mes frères et sœurs, mes cousins. Apollon, mon grand-père, et Hermès, mon père, sont là aussi. Apollon, *Bon Papa*, est en toute petite forme. Lorsque je vais le voir dans sa chambre, j'ai la sensation de lui dire au revoir pour la dernière fois. L'enterrement de *Maman Zouzou* est ce qu'on peut appeler un très bel enterrement. Tout le monde est là, le ciel est d'un bleu véritable. J'ai pris la bonne décision de prendre cet avion au dernier moment.

Le retour se fait le lendemain pour la Géorgie. Je retrouve ma Khanh Nguyen, ma femme, que je serre dans mes bras comme je ne l'ai jamais serrée auparavant. Fanny s'est bien occupée d'elle tout comme Sam et Ia. La vie, c'est quand même un truc étrange, plein de choses qui se mélangent, qui s'entrecroisent et s'entrechoquent.

Il nous faut aussi dire au revoir à Fanny qui doit rentrer en Suisse. Son bus pour Istanbul part ce matin-même. Nous l'accompagnons avec Khanh Nguyen à la station de bus. Nous nous serrons tous les trois dans les bras, bien d'accords d'avoir passé ensemble des moments gravés à jamais dans une éternité joyeuse. Nous nous promettons de nous revoir, et vite. Merci, chère, Fanny d'avoir croisé notre route et de l'avoir pavée avec ce que ce monde comporte de plus beau.

Chapitre 11

Azerbaïdjan : Salam et pastèques en rafale

Compteur Kilométrique : 5 590 à 6 209km

Pour rejoindre l'Azerbaïdjan, nous décidons de prendre la route un peu plus au Nord du pays qui passe par Shaki. Shaki, c'est une ville de montagne située sur l'ancienne route de la soie : elle a vu défiler des milliers de chevaux, de chameaux, d'épices, de métaux et de pigments. Elle ne sera pas dépaysée par deux nomades chargés comme nous !

L'Azerbaïdjan, c'est mon premier vrai choc culturel de ce voyage. Après avoir passé la frontière sans peine, toutes les vieilles Lada qui nous croisent nous font des appels de phares ou nous lancent des « Salam » . L'Azerbaïdjan est le premier pays musulman que nous traversons. Ancien territoire soviétique, sa population est principalement chiite et plutôt ouverte d'esprit concernant les femmes qui n'ont pas obligatoirement à porter le *hijab*.

Dans la première ville que nous traversons, Balakan, je vois cependant que je dérange. Nous nous arrêtons à la première banque devant laquelle nous passons pour retirer des manats, la monnaie nationale. Devant le distributeur, les hommes forment une file à gauche, les femmes une file à droite. Des regards insistants se portent sur mes jambes... Je réalise que je suis le seul en short et que tous les hommes autour sont en pantalon. Après avoir retiré des manats et consulté un peu plus en détails les mœurs azéries sur mon téléphone, je lis que porter le short est considéré comme irrespectueux, surtout en dehors de la riche capitale Baku. Certains considèrent même que le port du short est réservé aux dépravés. Dès que l'occasion se présente, j'en profite alors pour enfiler mon pantalon. On est désormais fin août... Pédaler en pantalon sous le soleil ne s'annonce pas d'un grand confort.

Nous reprenons la route pour Shaki, toujours accompagnés de dizaines de *Salam* que les hommes nous lancent à travers la fenêtre de leur Lada. L'Azerbaïdjan est un monde d'hommes : les femmes y sont tout à fait absentes. Dans les rues, les commerces, les cafés : que des hommes.

J'aperçois de temps en temps une femme refermer furtivement le portail de sa maison, mais pas plus. Nous constatons cette curieuse séparation pour notre première nuit azérie : des hommes au bord de la route nous invitent à prendre le thé. Ils sont vraiment accueillants avec nous et la présence de Khanh Nguyen ne pose aucun problème. « Elle est une voyageuse et voyage avec son mari. Et puis ses traits sont si asiatiques. Elle est si différente des femmes d'ici qu'on la tolère avec nous. » doivent-ils se dire. Il y a Khanh Nguyen et cinquante hommes tout autour qui boivent du *Cay*[1] et qui rient de bon cœur. Le thé noir ici est toujours accompagné de cristaux de sucre que l'on trempe dans le breuvage pour l'adoucir. Que des hommes tout autour de nous et pourtant, nous nous sentons à l'aise tous les deux. Le patron nous invite même pour le dîner et à dormir chez lui pour ce soir. Nous acceptons avec un grand sourire.

Durant toute notre traversée de l'Azerbaïdjan, nous nous faisons arrêter régulièrement par les passants et les voitures. Nos chapeaux coniques *Non La* connaissent un franc succès. Chacun veut les essayer et se prendre en *selfie* avec ! Nous faisons ainsi la connaissance d'Hussein qui tient une petite supérette. Il nous interpelle depuis son bout de trottoir et pointe avec excitation nos chapeaux. Khanh Nguyen lui fait essayer le sien. Hussein a un visage allongé et une grande et belle moustache. J'en profite alors pour faire nos courses quotidiennes à l'intérieur. Au moment de payer, Hussein met tous mes achats du jour dans un sac plastique. Je lui tends suffisamment de manats, mais il refuse de les prendre. J'insiste, il refuse encore. Il veut tout nous offrir. Je lui tends encore des manats, il refuse. Je commence alors à replacer dans les étagères certains articles que j'ai pris. Il les reprend, les remet dans le sac plastique et m'empêche de recommencer. Tout gêné, je n'ai pas d'autre choix que d'accepter et de lui exprimer ma profonde gratitude. Nous repartons, nos vélos bien chargés avec tous les beaux cadeaux d'Hussein.

Cette générosité des Azéris, nous la retrouvons tous les jours.

1 Thé local

On nous offre des fruits, beaucoup de fruits. En majorité des melons et des pastèques. C'est compliqué à transporter sur un vélo une grosse pastèque ! Alors généralement, nous la mangeons sur place et découpons les restes afin de les garder pour la suite de la journée.

Un jour, nous nous arrêtons à l'ombre d'un abri de bus pour déjeuner. Nous avons l'air un peu misérables avec nos vêtements sales et toute notre sueur. Une voiture de police neuve et qui luit de mille feux sous le soleil nous passe devant. Alors que la voiture se porte à notre hauteur, le policier qui la conduit ralentit et semble nous inspecter du regard. Khanh Nguyen me dit : « Tu penses qu'ils vont nous demander de partir ? » Puis la voiture fait demi-tour et s'arrête en face où se trouve un jeune garçon qui vend de belles pastèques. La voiture de police repart à pleine vitesse puis le jeune garçon s'avance vers nous avec une énorme pastèque dans les bras : c'est pour nous ! Le policier nous a offert une pastèque...

Shaki se dresse enfin droit devant nous. C'est une ville majoritairement sunnite – qui tranche donc avec le reste de l'Azerbaïdjan, majoritairement chiite - car proche du Daghestan russe. Mais surtout, c'est une ancienne étape sur la route de la soie. Nous profitons de deux jours de pause bien mérités pour explorer ses petites rues pavées en pente au milieu desquelles coulent de discrets ruisseaux. Le palais des Khan construit au XVIIIe siècle est une merveille d'architecture, de simplicité et de raffinement. Il a été construit sans l'aide d'un seul clou ! Nous déambulons comme des amoureux dans les rues de Shaki. Cela fait du bien d'avoir ce genre de moment à soi, rien que pour tous les deux. Sur la route et avec toutes les rencontres que nous faisons, l'intimité n'est pas vraiment au rendez-vous ! Shaki est une belle parenthèse : nous mettons nos plus beaux vêtements qui nous attendaient sagement au fond de nos sacoches et nous flânons main dans la main alors que le soleil joue à se cacher derrière les sommets des montagnes environnantes.

Nous essayons aussi la cuisine locale avec ses *baklavas* et ses *pitis*. Le

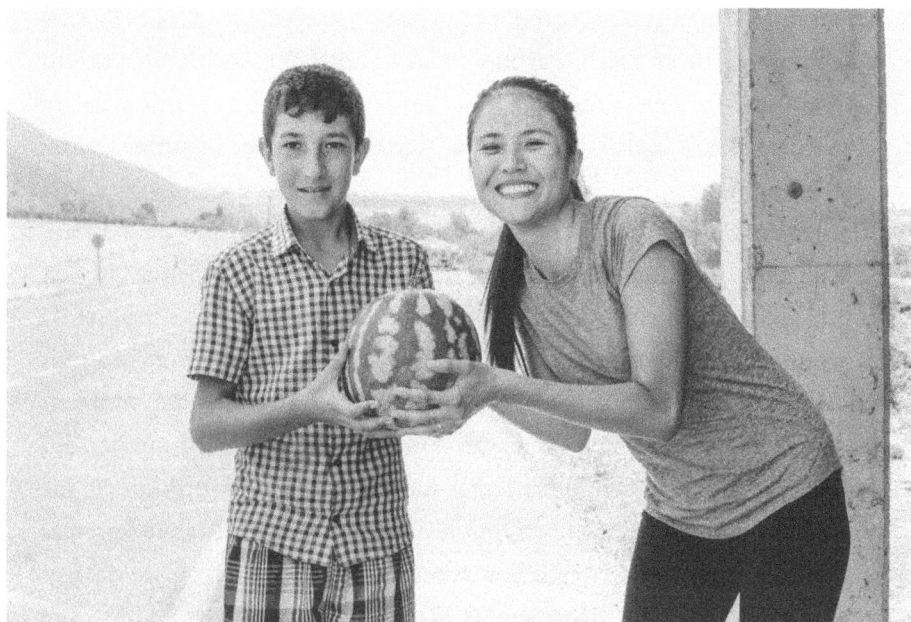

Le cadeau du policier : une pastèque

Conversations quotidiennes, Azerbaïdjan

piti est un plat traditionnel composé de mouton, de pois-chiches de légumes et de safran. C'est un régal pour moi, mais moins pour Khanh Nguyen qui supporte mal l'odeur si forte du mouton. Je finis donc sa portion de *piti* au son du muezzin qui fait sa prière au loin et dont la voix résonne encore dans les montagnes.

Après Shaki, nous prenons la route direction plein sud pour l'Iran. La route est sans grand intérêt alors que nous longeons un pipeline qui s'en va vers la Mer Caspienne. L'économie azérie tourne autour du pétrole et de sa capitale, Baku. Nous devons ensuite suivre une grande autoroute. La nuit commence à tomber lorsque j'aperçois au loin des étincelles qui semblent crépiter à proximité d'une rambarde métallique. Serait-ce un ouvrier qui fait de la soudure sur la rambarde ? À mesure que je me rapproche, je me rends compte que ce n'est pas du tout le cas : c'est en fait un vélo éclairé par sa dynamo avant qui arrive en contre-sens. Ce sont trois cyclistes chargés comme nous : Cédric, Chummany et Mickael ! Ils sont partis d'Orléans et ont pour but de rejoindre la Thaïlande. Nous faisons connaissance et nous décidons de camper tous ensemble pour ce soir. Ils sont un peu traumatisés par leur dernière nuit. Ils se sont fait déloger plusieurs fois par la police locale au beau milieu de la nuit car ils s'étaient installé trop près du gros pipeline. Ils veulent donc prendre un minimum de risques pour ce soir. Nous partons donc tous les cinq à la recherche d'un endroit calme et bien caché. Après une longue recherche, nous trouvons une sorte de champ dont les buissons nous rendent invisibles depuis la route principale. Cela fera l'affaire pour ce soir ! C'est un plaisir pour moi de pouvoir rencontrer des compatriotes et de pouvoir m'exprimer dans ma langue natale. Avec Khanh Nguyen, nous parlons la majeure partie du temps anglais. J'ai coutume de dire que nous échangeons tous les deux en anglais, que nous parlons d'amour en français et que nous nous disputons en vietnamien !

Avec mes trois compatriotes, nous parlons de nos galères, de nos belles rencontres et du programme à venir pour les jours qui arrivent. Ce sera notre seule nuit ensemble, car ils doivent se rendre à l'est vers Baku pour prendre leur bateau pour le Kazakhstan. Pour Khanh Nguyen et moi, c'est direction le sud pour Astara et l'Iran ! La nuit sera calme et sans policiers pour nous déloger : Cédric, Chummany et Mickael peuvent enfin récupérer de leurs nuits précédentes...

Le lendemain matin nos routes se séparent donc. Nous leur souhaitons du vent de dos et de belles rencontres. Nous reprenons la route tous les deux. Nous nous rapprochons inéluctablement de l'Iran : nous avons du mal à y croire.

Les derniers jours avant l'Iran sont rudes : la route que nous prenons et qui passe par la ville de Bilasuvar est en travaux sur plus de cent kilomètres. Nous nous fatiguons rapidement à éviter les nids de poule, les trous et les irrégularités incessantes. Les centaines de camions projettent une dense poussière qui rend l'air irrespirable. Certains chiens errants - de vrais monstres de muscles - sont d'une agressivité rare et il nous faut un certain temps pour pouvoir les chasser. Après une nuit plutôt glauque sur la terrasse d'un restaurant le long de la route, nous continuons à lutter sur cette route toute cabossée. C'est là que le mental doit prendre le relais sous peine de plus grandes souffrances encore. Je fais de mon mieux pour rester positif et pour motiver Khanh Nguyen. Je vois sur son visage qu'elle est au bout de ses capacités et qu'elle pourrait bientôt craquer. Je multiplie alors les pauses, la prends dans mes bras et lui promets que cet enfer est bientôt terminé. Je ne sais pas vraiment si c'est vraiment le cas, mais les mots ont leur pouvoir placebo. Elle se remotive, elle s'accroche.

Il se met à pleuvoir sur la route de l'enfer. Nous décidons de nous abriter, le temps que ça passe, devant une maison qui semble abandonnée avec son toit de tôle rouillé. Quelques instants plus tard, la porte s'ouvre. Un homme à la mine patibulaire sort pour fumer une cigarette. Nous voyant tous les deux, il nous propose de prendre un thé à l'intérieur. Nous acceptons un peu à reculons et rentrons dans la maison. L'ambiance qui y règne est un peu bizarre et terriblement kitsche. On nous fait asseoir et on nous sert du *Cay*. Une femme, peu vêtue, rentre dans la pièce pour regarder la télé. Pas de doute, c'est une prostituée : nous nous trouvons dans un bordel ! C'est d'ailleurs la seule femme que nous voyons de prêt depuis plusieurs jours en Azerbaïdjan. Je presse Khanh Nguyen pour finir rapidement son thé, remercie comme je peux le gérant et nous sortons à l'air libre. La pluie s'est arrêtée. Quelle pause bizarre et glauque ! La route de l'enfer est désormais boueuse, ce qui n'arrange pas les choses. Après une quarantaine de kilomètres à lutter, les travaux disparaissent enfin pour laisser place à une route parfaitement asphaltée.

Nous passons notre dernière nuit au Nord de la ville d'Astara située au bord de la Mer Caspienne et qui est la porte d'entrée pour l'Iran. Je suis assez heureux d'avoir traversé un pays comme l'Azerbaïdjan. Cette aventure à vélo est l'occasion de passer par des endroits dont on parle si peu et de découvrir toute la richesse de cœur de leurs peuples. Plusieurs signaux, néanmoins, me font clairement comprendre que je me dois de faire attention à Khanh Nguyen. Durant ces derniers jours, certains regards de plusieurs hommes à son égard ont sonné pour moi comme un avertissement. Dans ce monde d'hommes avec si peu de présence féminine dans l'espace public, il convient de ne pas la laisser seule et de la protéger de comportements déplacés.

L'Iran, c'est pour demain ! J'ai du mal à y croire, cela ressemble à une mauvaise blague. Sommes-nous véritablement arrivés ici à vélo ? De chez moi, en Vendée, à l'Iran à vélo ? Vraiment ? L'Iran ce n'est pas la fin du voyage, mais il en représente pour nous le sommet, le but : l'aventure dans son sens le plus fort. Il va falloir mettre de côté toutes nos peurs, nos appréhensions et nous jeter tout entier dans le grand bain persan.

Chapitre 12

Iran : découverte d'un nouveau monde

Compteur Kilométrique : 6 209 à 6 547km

(Astara – Emamzadeh Hashem)

La veille de passer la frontière iranienne, nous nous préparons comme nous pouvons. Nous vérifions que nous avons bien tous les papiers nécessaires, mémorisons notre parcours : « *Astara – Isfahan – Chiraz – Bandar Abbas* » qu'il va falloir répéter comme de bons petits élèves aux agents de l'immigration. De nouvelles contraintes aussi pour Khanh Nguyen : elle doit suivre la loi islamique en couvrant sa tête et son cou d'un hijab. Elle doit aussi couvrir ses hanches d'un vêtement ample. Nous faisons avec les moyens du bord, le temps d'acheter ce qu'il faut de l'autre côté de la frontière. Elle portera ma grande chemise verte pour couvrir ses hanches et une sorte de foulard pour couvrir sa tête. Il m'est un peu difficile de me résoudre à voir Khanh Nguyen ainsi : elle est si belle libre et je dois m'assurer de son bonheur et de sa totale liberté.

Une bonne nouvelle vient rompre tout ce climat d'incertitude. Nous partageons régulièrement notre aventure sur les réseaux sociaux et notamment sur *Instagram*. Un certain nombre d'Iraniens nous suivent et parmi eux, Amin. Il a repéré sur notre carte que nous passerons par Astara et il nous a donc contactés sur *Instagram*. Il se propose de venir nous chercher à la frontière et que nous passions nos premières nuits en Iran chez lui. Nous acceptons tout de suite sans rien vraiment connaître de lui.

Le lendemain, nous avons quand même une petite boule au ventre avant de passer la frontière. Tellement d'histoires circulent sur l'Iran. Autre contrainte : à cause des sanctions américaines, impossible d'utiliser sa carte de crédit *Visa* ou *MasterCard*. Nous devons donc prendre avec nous assez de dollars que nous échangerons ensuite sur place contre des rials, la monnaie locale. Je retire environ sept cents dollars pour deux mois, soit un peu moins de douze dollars par jour pour tous les deux.

Nous arrivons vers treize heures à la frontière. Les militaires azéris sont en pause déjeuner et nous perdons une bonne heure à les attendre. Une fois les tampons de sortie obtenus, nous traversons le petit pont vers le check-point iranien. Un militaire iranien qui s'appuie sur une rambarde me demande :

— D'où venez-vous ?

— Je suis français et ma femme est vietnamienne.

— Ha, français ! Tu connais Saman Goddos ? Il joue au football à Amiens !

— Oui, je le connais ! Très bon joueur.

Le militaire iranien se détend immédiatement et m'adresse un large sourire. Le football est décidément un sujet universel pour briser la glace et s'attirer la sympathie de ses interlocuteurs. J'utiliserai cette carte à de nombreuses reprises pour la suite du voyage. La suite se passe sans encombre, c'est même trop facile. À aucun moment on ne contrôle nos téléphones, notre ordinateur ou notre GPS. L'officier tamponne nos deux visas. L'Iran peut enfin nous ouvrir en grand ses bras !

Dès notre sortie, une nuée d'hommes avec leurs barbes noires se jettent sur nous pour nous proposer leur service de change : « *Dollar ? Dollar for Rials Sir. Good price Sir* [1]. » Ils sont nombreux et c'est assez intimidant. Un homme se présente alors devant nous : c'est Amin ! Il est venu avec son vélo et explique aux messieurs barbus que nous sommes ses amis et que nous n'avons pas besoin de leurs services. Les messieurs barbus s'éloignent tout déçus. Amin a la trentaine, il a un visage bienveillant et des cheveux poivre et sel. Il s'assure que tout va bien pour nous et nous demande de le suivre à travers Astara pour rejoindre la maison de ses parents.

Nous traversons Astara sur cinq kilomètres environ. Les drapeaux noirs, rouges et verts flottent un peu partout. Les Peugeot 405 grises et blanches roulent tout autour de nous. Des femmes en tchador noir - vêtement islamique qui recouvre tout sauf le visage - marchent sur les trottoirs. Les mosquées se succèdent. Nous venons bien d'atterrir sur une autre planète où tout nous semble si étranger. Nous n'avons plus aucun repère. D'avoir Amin comme guide et protecteur est une bénédiction. Nous le suivons à travers les petites rues pour ensuite déboucher sur un grand

---

1 « Dollar ? Des dollars contre des rials. Je vous fais un bon prix ! »

boulevard et enfin arriver chez lui. Nous laissons Tank et Monster au rez-de-chaussée et montons au premier étage de la maison des parents d'Amin.

Asshieh et Khalil nous attendaient avec impatience et nous réservent un accueil des plus chaleureux. Assieh est assez petite, les cheveux teints en blond et porte des lunettes. Elle met immédiatement Khanh Nguyen à l'aise en lui disant qu'elle peut retirer son foulard et qu'elle fait ce qu'elle veut à la maison. Khalil est de taille assez imposante et corpulent, il a une barbe grisonnante de trois-quatre jours. Il est un ancien fonctionnaire à la retraite. Amin aussi travaille pour l'administration publique, au Service des Eaux d'Astara. Toute la famille nous a préparé une gigantesque coupole de fruits ainsi que plein de gâteaux locaux servis avec du thé noir. Amin et ses parents savent vraiment nous mettre à l'aise et ont un grand sens de l'accueil. Amin me demande alors :

— Thibault, dis-moi, de quoi vous avez besoin pour les prochains jours ?

— Je dois changer des dollars, acheter une carte SIM et j'ai besoin d'un pantalon pour l'Iran. Khanh Nguyen doit trouver un hijab et un cardigan. Ah, et tous les deux on voudrait se faire couper les cheveux ! réponds-je.

Nous avalons quelques fruits puis Amin me propose de me conduire chez le coiffeur. Khanh Nguyen ne peut pas m'accompagner : quand il s'agit de coiffure les hommes et les femmes restent entre eux. Nous revenons à la maison environ une heure plus tard, Amin, moi et ma nouvelle coupe. Amin m'a payé le coiffeur... J'ai vraiment l'air d'un vrai Iranien maintenant avec ma barbe et les cheveux courts sur les côtés !

Vient l'heure du dîner. Assieh et Khalil ont cuisiné tous les deux et nous ont préparé ce qu'ils savent faire de meilleur. Au menu : du poisson blanc de la mer Capsienne, du riz au safran et cuit sur une couche de pommes de terre, des plats composés de noix et de légumes. C'est un régal absolu et aussi un plaisir pour les yeux, les plats étant si délicatement présentés ! Khanh Nguyen les incite même à ouvrir leur propre restaurant. En boisson : du Coca-Cola, que l'on retrouvera d'ailleurs durant tout le séjour. Cela nous étonne de trouver du Coca en Iran compte-tenu de l'embargo américain. On nous explique que c'est une contrefaçon.

Premiers pas en Iran avec la famille d'Amin, Astara, Iran

Les journées suivantes, Amin nous fait découvrir sa ville tout en s'occupant de notre liste de choses à faire. Nous échangeons deux cents de mes dollars dans un bureau de change : le taux est de 110 000 rials pour un dollar. Je me retrouve très vite avec une énorme liasse de billets tant le rial a été dévalué face au dollar durant les derniers mois. « Il faut faire attention, nous dit Amin, en Iran, il y a les rials et les tomans. Un toman c'est 10 rials. Les prix affichés sont généralement en toman. Si vous n'êtes pas sûrs, demandez ! »

J'ai donc échangé 200 dollars et il nous reste 500 dollars. Pourquoi ne pas avoir tout changé d'un coup, vous demandez-vous ? D'une part pour nous protéger d'une nouvelle dévaluation du rial face au dollar et aussi pour éviter de transporter plusieurs énormes liasses de billets. J'échangerai les dollars restants quand nous en aurons besoin dans les grandes villes que nous traverserons. Je peux ainsi dissimuler nos dollars bien au fond de ma sacoche avant. Certains voleurs de grand chemin savent trop bien que les étrangers se déplacent souvent en Iran avec beaucoup de liquide comme les cartes bancaires internationales ne sont pas acceptées. Nous nous devons donc d'être prudents sur ce point.

Nous passons ensuite au Bazar d'Astara pour trouver nos vêtements iraniens. Je repère rapidement un pantalon gris assez léger qui sera parfait pour pédaler. Khanh Nguyen passe plus de temps pour trouver son hijab et son cardigan. Son choix se porte finalement sur un hijab assez coloré et un cardigan bleu marine. En observant un peu autour de nous, nous nous rendons compte que beaucoup de femmes à Astara portent des vêtements colorés, laissent apercevoir leurs longs cheveux, leur hijab étant juste posé pour la forme sur le haut de leur crâne. Nous le découvrirons ensuite, mais l'Iran est un pays très varié et divers, d'une région à l'autre, d'une ville à l'autre, et même au sein d'une même ville. Certains Iraniens sont très pratiquants et rigoristes, d'autres plus distants de la religion et décontractés à travers leurs attitudes et habillement.

Durant ces quelques jours chez Assieh, Khalil et Amin, ce que nous adorons particulièrement, ce sont les petit-déjeuners avec des noix, du fromage frais et... du *Sangak* : un des meilleurs pains iraniens ! Ce délice est cuit dans de gigantesques fours où reposent des petites pierres brûlantes. La pâte est déposée sur ces pierres à l'aide d'interminables manches en bois, comme si l'on enfournait une pizza très très loin. Une fois cuits, les pains sont déposés sur des grilles en fer. C'est ensuite à la charge des clients de retirer les petits cailloux qui pourraient être restés dans le *Sangak*, au risque sinon de perdre quelques dents !

Les déjeuners et dîners, tous aussi délicieux et copieux les uns que les autres, s'enchaînent chez Asshieh et Khalil. Entre-temps, Khanh Nguyen est accompagnée par Assieh au salon de beauté pour se faire couper les cheveux. Le résultat est parfait ! J'en profite également pour nettoyer et maintenir Tank et Monster, qui en avaient bien besoin après plus de 6 000 kilomètres au compteur. Nous passons aussi acheter une carte SIM, qu'Amin, encore une fois paye pour nous... Impossible, même à de multiples reprises, de négocier avec lui. « Vous m'inviterez quand je passerai vous voir au Vietnam » nous dit Amin pour clore la discussion.

Nous profitons d'un dernier dîner tous ensemble chez la sœur d'Amin qui vit juste à côté avec son mari et leur petit garçon. Durant la soirée, son mari se propose gentiment de traduire en Farsi – la langue persane – nos petits messages destinés aux locaux :

1. Bonjour ! Nous sommes Thibault et Khanh Nguyen. Nous nous sommes mariés il y a deux ans. Nous faisons France-Vietnam à vélo, 16 000 kilomètres, pour notre lune de miel et dans l'espoir de recueillir des dons pour des enfants défavorisés au Vietnam.

2. Pouvons-nous installer notre tente dans votre jardin ce soir ? Nous partirons demain très tôt.

3. Avez-vous de l'eau pour remplir nos gourdes ? Merci beaucoup !

Le résultat final est parfait car son mari a une très belle écriture, fine et élégante. C'est aussi beaucoup plus simple et naturel pour nous de montrer ce papier aux gens que nous croisons plutôt qu'un écran de téléphone portable.

Après trois nuits chez les fabuleux Amin, Assieh et Khalil, il est temps de repartir. Nous serions bien restés trois mois avec eux tellement nous nous sentions bien ici... Mais nous aurions bien pris quatre ou cinq kilos en plus ! Nous harnachons Tank et Monster, multiplions les « merci » et les « au revoir » auprès de nos trois amis. Nous nous promettons de rester en contact, de nous donner des nouvelles.

~

Nous quittons Astara et Amin pour nous diriger vers Talesh. Le Nord de l'Iran est surprenant. Il y règne comme un microclimat propice à la pluie et à l'humidité. Les rizières se succèdent le long de la route. Nous sommes loin de l'image d'Épinal d'un Iran composé uniquement d'un grand désert et de montagnes dénudées. Toute cette humidité rend notre progression difficile. Khanh Nguyen, avec son hijab et son cardigan, sue à grosses gouttes ; moi aussi avec mon pantalon. Nous multiplions les pauses lorsqu'une famille, assise sur une grande nappe à côté de leur voiture, nous invite à partager leur repas.

Les Iraniens sont les professionnels du « pique-nique » . Ils voyagent toujours avec de grandes nappes, du thé, une infinité de choses à déguster. Reza, Sara et leur jeune fils ne dérogent pas à la règle. Ils ont même des chaises pliantes ! Ils sont en train de voyager vers la ville de Mashhad au Nord-Est du pays : c'est si loin. Il leur faudra bien deux ou trois jours pour y arriver. Nous nous installons parmi eux. Reza nous offre des œufs au plat qu'il vient de faire cuire, puis des dates, puis du thé, puis des fruits et des baklavas. Je leur montre notre petit papier de présentation écrit en Farsi. Reza et Sara sont impressionnés par notre interminable voyage qui semble si fou. Leur fils est si mignon avec sa coupe au bol : le *Non La* lui va à ravir ! Nous devons hélas vite nous résigner à les quitter pour notre destination du jour : Talesh.

La route continue de serpenter parmi les rizières. Le trafic y est très dense avec toutes ses Peugeot 405. C'est le week-end et les habitants de Téhéran quittent la capitale en masse pour profiter d'un climat plus

L'Iran, ses drapeaux et ses 405

Premiers kilomètres en Iran, région d'Astara, Iran

doux et de la Mer Capsienne. La bande d'arrêt d'urgence est heureusement assez large pour nous isoler un peu de toutes ces voitures. Nous arrivons finalement à Talesh et nous nous dirigeons immédiatement chez Teymour.

Teymour, nous l'avons contacté via le réseau *Warmshower*. Il est directeur d'une école privée qui enseigne l'anglais. Sur son profil, il a de nombreux commentaires élogieux d'autres cyclistes qu'il a accueillis ces dernières années. Certains qu'il a reçus chez lui sont même des petites célébrités du voyage longue distance. Je m'amuse à retrouver les noms de plusieurs d'entre eux qui nous ont inspirés à faire ce voyage : « *Pedal Promise* » par exemple, un couple qui a pédalé de la Suisse à l'Australie il y a deux ans. Teymour, c'est donc un peu l'étape obligatoire pour les voyageurs qui passent par le Nord de l'Iran et Talesh.

Teymour nous attend devant chez lui. Il parle un superbe anglais et nous met tout de suite à l'aise. Il nous ouvre la porte de son garage puis nous fait monter dans son appartement. A l'intérieur, nous attendent Roshanak, sa femme, et Nima, son fils. Sans surprise, ils parlent aussi très bien anglais. Roshanak a un sourire teinté d'une pointe de tristesse ; Nima nous étonne par sa joie de vivre et son humour. Ce dernier a quatorze ans. Teymour nous installe dans la chambre de Nima où il dispose un grand matelas et une couverture.

Nous passons deux jours mémorables tous les cinq. Teymour, Roshanak, Nima et leur famille incarnent la générosité et le grand sens de l'accueil iranien. Nous sommes invités pour chaque repas par un membre de leur famille : le frère de Roshanak, le frère de Teymour, les parents de Teymour, ... À chaque fois, on nous fait installer sur de gigantesques tapis. Les plats défilent devant nous, tous plus savoureux les uns que les autres. On insiste toujours pour nous servir en premier puis pour nous resservir encore et encore. Les kilos continuent de s'accumuler pour Khanh Nguyen et moi !

Chez le frère de Roshanak, Ali, nous savourons des *Kotlet*, sortes de boulettes de viande de bœuf mélangée avec des oignons et des pommes de terre. Elles se mangent avec du *Noon* - un pain iranien - et de gros cornichons. C'est un véritable délice. Partager ce met en si bonne compagnie et dans ce

Avec Roshanak, Teymour et leurs cousins

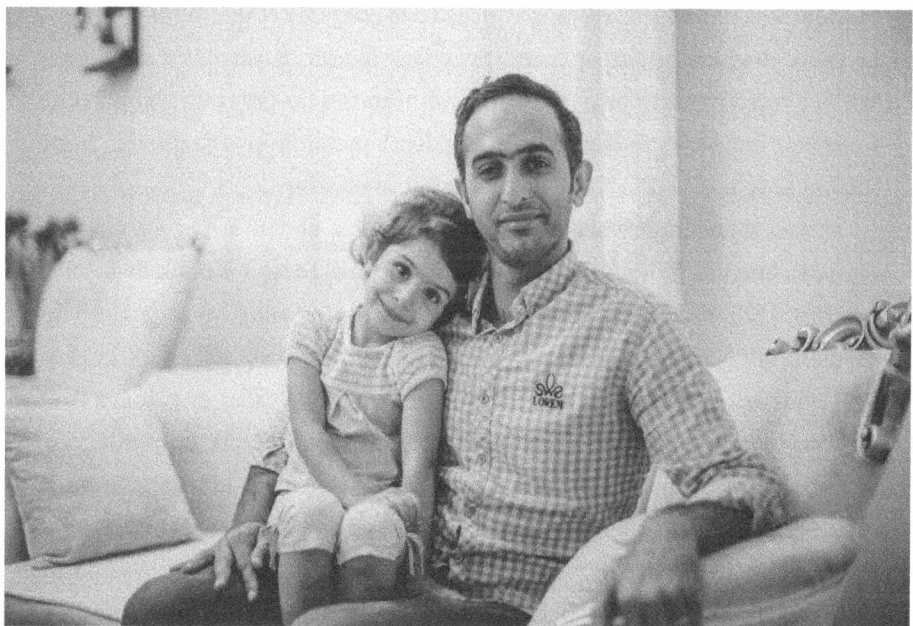

Le grand sens de l'hospitalité iranien,
Talesh, Iran

cadre est un privilège si rare.

La famille de Teymour et de Roshanak est très éduquée : chaque membre est docteur en quelque chose. Nous parlons d'Histoire, de la France, du Vietnam, de l'Iran, de Philosophie... C'est donc aussi un délice pour l'esprit. Khanh Nguyen intrigue nos hôtes, c'est la première Vietnamienne qu'ils rencontrent et ils posent beaucoup de questions à son sujet. Les discussions s'enchaînent et la fatigue arrive. Les Iraniens dînent en général tard (après vingt-et-une-heures) et se couchent très tard (après minuit). Difficile pour les cyclistes que nous sommes à la suite d'une journée sur la route et, bien souvent, quand nous devons repartir tôt le lendemain matin.

À mesure que la confiance s'installe, la belle Roshanak au sourire teinté de tristesse nous dévoile la tragédie qui lui est arrivée. Elle a été victime d'un grave accident de la route au Sud de l'Iran. Le bus qui la transportait s'est couché de tout son long. Le bras droit de Roshanak s'est retrouvé complètement broyé... S'en est suivi de multiples opérations pour lui faire retrouver sa chair et sa mobilité. Nous comprenons mieux pourquoi aucun de nos repas n'a pu se faire chez eux et que nous avons été invités à chaque fois par un membre de leur famille. Roshanak s'accroche à la vie, à retrouver son bras, sa main. L'abnégation de Teymour, Nima et de toute leur famille force le respect. Alors, Roshanak retrouve parfois un franc sourire et se met même à rire de bon cœur avec nous.

Ces deux jours chez Teymour sont aussi ponctués par l'apprentissage des langues. Nima apprend des phrases en Farsi à Khanh Nguyen : « Je m'appelle Khanh Nguyen », « Comment tu t'appelles ? » , « Je viens du Vietnam », « C'est mon mari ». Je passe aussi rendre visite à l'école d'anglais de Teymour. Aujourd'hui, c'est le jour des garçons – filles et garçons sont séparés. La vingtaine d'adolescents me posent plein de questions sur moi, le voyage, sur ce que je pense de l'Iran et de sa cuisine. Je leur pose aussi des questions dont une concernant leurs rêves : « Quel est votre rêve ? » J'obtiens plusieurs réponses : « devenir riche, avoir une belle voiture, partir vivre aux États-Unis, déménager en Europe, être heureux » . Ces réponses témoignent d'une certaine réalité en Iran et des attentes de sa jeunesse. Je me rends compte que beaucoup d'entre eux envisagent un possible bonheur en-dehors de leurs frontières.

Le lendemain matin, nous quittons nos trois hôtes le cœur lourd et rempli à ras bord de reconnaissance. Nous nous serrons dans les bras, ce qui n'est pas commun en Iran surtout entre un homme et une femme. Teymour nous dit que nous serons son frère et sa sœur pour toujours. Je serre fort dans mes bras Roshanak et lui dit d'être forte, que tout va continuer à s'arranger.

Nous reprenons la route. Nous sommes en train de tomber amoureux de l'Iran et des Iraniens. Plutôt que de suivre notre plan initial et de nous diriger vers les pays en -stan - Turkménistan, Kazakhstan, Kirghizistan - nous choisissons de partir plein sud pour découvrir l'Iran en profondeur. L'hiver arrivant bientôt dans les pays en -stan, nous n'aurons d'autre choix ensuite que de passer par le Pakistan ou de prendre l'avion depuis l'Iran afin de rejoindre l'Inde.

Encore euphoriques, nous sommes loin de nous douter que dans quelques jours se déroulera ce genre de journée qui peut mettre fin à un long voyage voire une vie.

C'est Musharam, l'un des événements religieux parmi les plus importants pour les chiites où l'on célèbre l'Imam Hussein. Hussein, c'est le petit-fils du prophète Mahomet. Hussein, c'est celui qui s'est levé contre l'oppression au VIIe siècle du califat d'Umayad. Lui et sa famille furent capturés et Hussein fut décapité. Gandhi et même Mandela ont fait référence à Hussein durant leurs propres luttes contre l'oppression. Musharam, c'est donc l'heure pour tous les Iraniens de célébrer la mémoire de l'Imam Hussein et de cultiver ses valeurs.

Il pleut, comme tous les jours dans la région. Nous enfilons nos vêtements anti-pluie (veste, pantalon, protège-chaussures). Nous croisons une majorité d'Iraniens drapés de noir, témoignage de leur profond deuil pour Hussein. Tout ce noir et ce ciel si sombre créent un monde bien terne. Nous pédalons comme nous pouvons à travers les ténèbres et le déluge de pluie. Le long de la route de nombreux stands distribuent des repas à tous les passants en l'honneur de l'Imam Hussein. Tout un quartier se relaie à tour de rôle pour cuisinier des milliers de repas et offrir du thé à tout le monde. Certains Iraniens nous saluent chaleureusement puis nous conduisent vers ces stands où nous pouvons boire un thé chaud et déjeuner... Inutile de vous dire que le budget nourriture en Iran pour nous n'est pas très élevé. Nous sommes en permanence invités. On nous offre tous les jours à boire, à manger.

La pluie continue de tomber. Elle forme comme un écran continu entre nous et les choses. Nos vêtements, après de longues heures sous l'épais liquide commencent à prendre l'eau. En fin d'après-midi, nous essayons de chercher un endroit au sec où passer la nuit. Nous essuyons plusieurs refus de la part d'un homme et sa femme puis d'une petite mosquée. L'imam du coin nous dit que nous pouvons tenter notre chance à l'Emamzadeh Hashem. C'est un lieu saint qui abrite notamment une mosquée et un endroit où les croyants peuvent passer la nuit.

Après une dizaine de kilomètres, l'Emamzadeh se dresse bien droit devant nous. Il est perché en haut d'une colline et surplombe les environs. Tout est si noir. On se croirait dans la scène de bataille du Seigneur des Anneaux au gouffre de Helm ! La montée est raide. Les passants nous dévisagent, se demandant bien ce que nous pouvons faire ici. Je demande au gardien qui se tient à l'entrée si nous pouvons installer notre tente. Il opine et nous fait signe de continuer un peu plus loin. Un groupe d'enfants accourt vers nous et nous escorte à l'entrée d'un grand bâtiment où se trouve un vieux monsieur avec plein de clés. C'est lui qu'il nous faut convaincre pour ce soir.

Nous sommes au bout de nos forces pour aujourd'hui. Nous sommes trempés, fatigués, rincés. S'il refuse de nous accueillir, nous n'avons aucun plan B. Il fait déjà nuit noire et il pleut toujours aussi fort. Au même moment, une jeune fille s'approche de nous. Elle est drapée de noir et son visage est rempli d'une grande douceur. Quelques mèches de ses cheveux

Nuit à la mosquée, Emamzadeh Hachem, Iran

bouclés s'échappent de son hijab. Elle nous apporte du thé, des gâteaux, s'occupe de Khanh Nguyen. Un petit ange noir tombé du ciel. Elle s'appelle Nazanin. Elle est venue depuis la grande ville de Qazvin à l'Emamzadeh pour prier en l'honneur de l'Imam Hussein. Nazanin nous apporte le réconfort au moment où nous en avions le plus besoin.

Le vieux monsieur avec son trousseau de clés nous demande d'où nous venons, s'assure que nous allons bien rester une seule nuit ici. Il nous demande si nous sommes mariés : nous lui montrons nos alliances, et même notre certificat de mariage ! Il nous fait bien comprendre qu'ici, c'est un lieu de prière. Il joint ses mains et se penche comme pour mimer la prière. Je ne sais pas si à ce moment, il me demande si je suis musulman. J'acquiesce simplement de la tête : ça lui convient. Nous installons notre tente sous une petite alcôve du bâtiment. D'autres Iraniens, tout autour de nous, jettent sur le sol leur propre tente.

Khanh Nguyen s'en va d'abord aux toilettes des femmes pour se doucher discrètement puis c'est mon tour aux toilettes des hommes. Nazanin est toujours prêt de nous. Elle s'assure que le groupe d'enfants ne nous dérange pas trop, nous ressert en thé, nous apporte d'autres fruits. Nous discutons avec elle à l'aide de *Google Translate* : elle est étudiante à Téhéran et est au comble de la joie de nous rencontrer. Nous visitons ensuite la mosquée : un côté est réservé aux hommes, l'autre aux femmes. Khanh Nguyen y va donc de son côté, drapée d'un tchador. À l'intérieur de la mosquée ce sont des milliers de miroirs et reflets couleur argent. Il nous faut embrasser une grille de couleur argentée. Les chants du muezzin résonnent dans tous les recoins de l'Emamzadeh.

Il est temps pour Nazanin de rentrer à Qazvin. Nous prenons son contact ; elle garde le nôtre. Qazvin est notre prochaine destination. Nous lui promettons de la contacter quand nous y serons. Les centaines de croyants quittent alors peu à peu les lieux. Il ne reste plus que ceux, comme nous, qui vont passer la nuit ici. Nous nous endormons avec Khanh Nguyen au son des interminables lamentations du muezzin.

Demain est, encore une fois, un autre jour.

Chapitre 13

Kalachnikov pour moi ; harcèlement sexuel pour elle

C'est durant ce genre de journée que tout peut vraiment basculer : qu'un voyage ou qu'une vie peut bien soudainement s'arrêter. Le mois de septembre commence à tirer sur sa fin en Iran. C'est le temps des célébrations de la mort de l'Imam Hussein. Les campagnes et les villes se drapent de noir en son honneur durant de longues semaines. Il pleut beaucoup dans cette région du Nord de l'Iran avec ses rizières, au bord de la mer Caspienne. Une imposante chaîne de montagnes la sépare du Sud du pays, de Qazvin et de Téhéran.

Nous venons de passer la nuit dans notre tente dans une mosquée : l'Emamzadeh Achem. Elle se trouve le long d'une énorme autoroute direction Qazvin, notre destination du jour. Il n'a pas arrêté de pleuvoir durant toute la nuit. J'ouvre les yeux au son de ses lamentations du muezzin, embrasse Khanh Nguyen sur le front pour la réveiller en douceur. Les familles iraniennes qui dormaient tout autour de nous dans leurs propres tentes sont déjà parties, sans faire beaucoup de bruit, à pas de chats persans.

Khanh Nguyen enfile son hijab qu'elle est habituée à porter maintenant. Nous commençons à démâter notre tente, à avaler un peu de Sangak et des dates en guise de petit-déjeuner. Le ciel continue à pleurer quelques larmes de pluie, toujours en honneur du défunt Imam. Je finis d'installer tous les bagages sur Tank ; Khanh Nguyen sur Monster. Il est temps de se remettre en route. Une seule option pour passer l'imposante chaîne de montagne vers Qazvin : rouler sur l'autoroute le long de la bande d'arrêt d'urgence. C'est du domaine de l'impossible et de la folie en France, mais c'est tout à fait toléré ici en Iran. Nous passons même une voiture de police arrêtée sur le côté dont le chauffeur nous salue chaleureusement.

Les Peugeot 405 et les Zamyad nous dépassent à des vitesses folles le long de l'énorme autoroute. Après une vingtaine de kilomètres, le ciel et toutes ses larmes pour l'Imam Hussein repartent de plus belle. Cela commence à être dangereux. Nos vélos arrivent devant un imposant tunnel, les voitures s'y engouffrent si vite et il n'y a plus de bande d'arrêt d'urgence. Pour la première fois du voyage nous n'osons plus avancer. Je lance à Khanh Nguyen : « On va faire du stop, on ne peut pas continuer ». Elle hoche la tête, nous laissons nos vélos le long de la rambarde de sécurité et nous faisons signe aux Zamyad qui passent de s'arrêter. Les Zamyad, ce sont des *pick-ups*, généralement de couleur bleue, qui sont absolument partout en Iran. Ils servent au transport de tout et n'importe quoi.

Après de très courtes minutes, un Zamyad s'arrête. C'est un homme seul, les cheveux courts, poivres et hirsutes, une chemise à carreau et un pantalon noir bouffant. Il s'appelle Ismail, de la région du Kurdistan. Il a l'air sympa et avenant. Je lui dis qu'on doit aller à Qazvin et jette un « *Salavati* ». En Farsi, cela signifie qu'on demande qu'il nous aide à titre gratuit et que nous prierons Allah très très fort en son honneur. Ça le fait rire le bon Ismail et il nous répète d'un air bienveillant « *Salavati, Salavati..*» . Nous montons les vélos à l'arrière. Ils auront pour compagnie des cartons et des légumes. Nous nous installons aux côtés d'Ismail à l'avant. Seul hic : il ne peut pas nous conduire jusqu'à Qazvin à cent-trente kilomètres d'ici, mais seulement à quarante kilomètres plus loin où il devra quitter l'autoroute.

Je lui traduis sur mon téléphone : « Pas de problème, on demandera là-bas à d'autres voitures. » Nous nous racontons un peu nos vies : que sa fille et sa femme l'attendent à la maison, qu'il trouve que nous sommes fous de faire du vélo ainsi en Iran. Il me propose une cigarette que je refuse poliment.

Tank & Monster, bien installés à l'arrière du Zamyad

Deux minutes avant la presque-tragédie, Iran

Après une trentaine de minutes, c'est déjà le moment de dire au revoir à Ismail. Il nous laisse à côté d'un immense barrage. Nous faisons descendre Tank et Monster ainsi que toutes les sacoches. Nous prenons un *selfie* tous les trois pour marquer le coup. Nous remercions encore une fois chaleureusement le bon Ismail et nous nous quittons sur de multiples « Khodavez[1] ».

Nous sommes désormais au-dessus des nuages. Le soleil est de retour et fait luire de mille feux les magnifiques sommets des montagnes tout autour. La lumière est si belle, si vraie : je prends des photos de Khanh Nguyen. Nous avons une cinquantaine de mètres à faire pour rejoindre la route principale où se trouve une voiture avec d'autres voyageurs qui font une pause bien méritée devant un drôle de bâtiment. Je me dis que ça peut être un bon emplacement pour trouver notre prochain Zamyad. Nous marchons, poussant nos vélos vers l'objectif.

Un homme depuis une sorte de mirador qui se situe à l'intérieur du drôle de bâtiment m'appelle et me fait des grands signes. Je me rends compte que le bâtiment est protégé avec du fil barbelé posé sur ses imposants murs. C'est une caserne militaire ! L'homme, le militaire, depuis son mirador n'est vraiment pas loin de nous : vingt mètres tout au plus. Entre-temps, la voiture avec ses voyageurs est repartie. Il n'y a plus que nous devant la caserne et le militaire en haut de sa tourelle. Il m'est tout à fait impossible de me rappeler du moindre trait de son visage. Il continue à me faire des grands signes. J'ai mon appareil autour du cou et il me somme, toujours avec des signes, de prendre des photos de sa personne. Je sens le piège venir de loin. Il est interdit de prendre en photo des bâtiments miliaires, et encore moins des militaires eux-mêmes. Si je prends un cliché c'est direction la case prison... et les prisons iraniennes niveau confort c'est pas encore tout à fait ça. C'est une étoile grand maximum sur *Tripadvisor*. Je lui fais un « non » poli de la tête avec mon plus beau sourire crispé. Khanh Nguyen, elle, regarde ailleurs. Elle ne semble pas trop comprendre la situation. J'essaye tant que je peux d'accrocher son regard, sans succès, pour lui signaler le danger.

---

1 « Au revoir » en Farsi

Je commence poliment à essayer de sortir du champ de vision du militaire. Lorsque je repose le regard sur le bonhomme, je découvre qu'il tient une imposante Kalachnikov entre les mains dont le canon est directement pointé sur... moi. Le temps se dilate alors comme jamais. C'est la première fois de ma vie qu'on me met en joue avec une arme à feu. Mon petit cœur s'emballe et balance frénétiquement des furieux jets de sang.

J'essaye tant que je peux de garder ma composition. Khanh Nguyen, elle, ne se rend toujours pas compte de ce qui se passe. Mon petit moi se demande si le militaire peut tirer si j'essaye de me décaler. Cela paraît tellement improbable : je n'ai rien fait de répréhensible, mais il semble aussi n'y avoir aucun témoin potentiel autre que Khanh Nguyen d'une scène qui pourrait virer au meurtre. Je repense aussi de manière électrique au film *Pulp Fiction* de Tarantino lorsque Travolta explose d'une balle la tête d'un jeune garçon sur la banquette arrière de la voiture. Il ne voulait absolument pas le tuer le garçon, mais une irrégularité sur la route l'a fait appuyer sur la détente. Je prends peur de la possible bêtise du militaire et me dis que je pourrais bien en prendre une s'il continue à me mettre en joue comme il le fait en ce moment.

Alors, j'entame une drôle de parade nuptiale. Mes deux mains cramponnées sur le guidon de mon vélo, je fais des sortes de petits pas de rat de l'Opéra tout en souriant et presque en m'excusant de devoir y aller. Je sors peu à peu de son champ de vision depuis son ridicule mirador. J'arrive aussi à faire prendre conscience à Khanh Nguyen qu'il faut qu'elle se casse elle aussi et vite, mais tout en douceur. Et là retentit un bruit terrible à entendre : celui d'une Kalachnikov que l'on recharge et dont on retire le cran de sécurité. Le frottement mécanique est insupportable, surtout quand vous en êtes la cible. En mon for intérieur, je tente de rassurer comme je le peux: « Il cherche à me faire peur. Il joue avec moi. Jamais il n'osera tirer ». Je ne me décompose pas et continue ma belle parade. Après d'éternelles secondes, nous arrivons à sortir du champ de vision du militaire. Khanh Nguyen n'a toujours pas vraiment réalisé ce qui s'est passé. Avec ma mine plus blanche que blanche, je tente de lui dire « Ce type m'a pointé avec son arme, sa Kalachnikov. On doit partir d'ici et vite ».

161

Nous continuons à pousser nos vélos sur une centaine de mètres, toujours pour s'éloigner encore plus du militaire et de sa Kalachnikov. Nous nous remettons à faire du stop. Deux types arrivent en marchant en face et viennent à notre rencontre. Il y a un vieux bizarre et un plus jeune. Le plus jeune a des épaules imposantes et recouvertes d'un pull à capuche qui recouvre sa tête et ses yeux cernés. Je leur explique que nous cherchons une voiture pour aller à Qazvin. L'imposant jeune ne lâche pas Khanh Nguyen des yeux, un regard dégueulasse chargé des plus basses pulsions sexuelles. Je fais en sorte de placer Khanh Nguyen derrière moi pour la protéger de ces types. Celui avec sa capuche me fait une proposition bizarre : d'aller se reposer plus bas le long de la retenue d'eau du barrage avec un regard qui se veut convaincant, mais qui pue de toutes ses forces la tromperie. Je lui balance un énorme « Non » de dédain au visage. Et puis un Zamyad passe devant nous ! C'est l'occasion ou jamais de sortir de ce trou à rats. J'accours précipitamment vers le chauffeur, je lui crie : « Qazvin !». Ce n'est pas sa direction...il repart.

En voulant trouver une sortie de secours, je me rends compte trop tard que j'ai laissé Khanh Nguyen avec la commode à capuche. J'entends Khanh Nguyen lui crier à la face des mots persans que nous avions appris quelques jours plus tôt. « Im osha Maneh ! Im ohsa Maneh » : « C'est mon mari ! C'est mon mari ! » . Je reviens en courant, je comprends que le type lui a fait des avances sexuelles, lui mimant des gestes. Je m'interpose, lui lance un regard tout plein de haine et de dégoût. Comment réagir ? Du coin de l'œil, je vois que le militaire depuis son mirador continue d'observer la scène. Comment sortir de cet enfer ? Serait-ce déjà la fin du voyage ?

Je repense tout à coup à Dionysos, Apollon, Hermès et Artémis.

Mon grand-père maternel, *Bon Papa* ou Apollon, était vulcanologue. Durant ces longs été d'enfance et d'insouciance au Montelladonne en Creuse avec les cousins, nous nous asseyons à ses côtés sur un drôle de banc vert installé sous un imposant tilleul. Il nous racontait des histoires, des anecdotes. L'une d'entre elle relatait sa mission au pied du Piton de la Fournaise : un énorme volcan situé sur l'île de la Réunion. Il était en train de prendre de mesure avec toute son équipe lorsque le géant de lave commença à se réveiller. Dans ces moments-là, il ne s'agit pas de jouer les héros. Il faut prendre ses jambes à son cou, laisser tout le matériel derrière, et s'assurer que tous les membres de l'équipe sont en mesure de s'échapper avec vous.

« Ne pas jouer les héros ». Je reprends conscience de la réalité qui me fait face. Un militaire vient de me mettre en joue avec sa Kalachnikov ; Khanh Nguyen vient juste de se faire harceler sexuellement par un lugubre type et ses larges épaules. Je me suis interposé entre elle et le lugubre type. Comment réagir ? Le militaire du haut de sa tourelle nous observe toujours. Impossible de créer une bagarre ni même de sortir ma petite bombe au poivre qui se trouve dans ma sacoche avant. Comme pour le Piton de la Fournaise en éruption, il faut s'échapper et vite ; prendre ses jambes à son cou.

Je fais signe à Khanh Nguyen de s'éloigner et de continuer vers la bretelle d'autoroute, le temps que je bloque à l'aide de Tank le passage du grand type lugubre et de son vieil acolyte. Khanh Nguyen s'éloigne avec Monster. Une fois qu'elle est assez loin, je saute sur Tank et continue à fixer du regard la sinistre armoire à capuche. Il n'esquisse aucun mouvement particulier et nous laisse partir. Je pédale aussi vite que je peux pour rejoindre Khanh Nguyen. Nous sortons tous les deux notre bombe au poivre que nous dissimulons dans notre poche. Nous avons peur que les deux types reviennent vers nous et toujours avec les mêmes intentions. Il nous faut nous échapper de cet enfer, et vite !

Les voitures arrivent à une vitesse folle dans le virage pour rejoindre l'autoroute. Elles ont à peine le temps de nous apercevoir : la situation est toujours aussi dangereuse pour nous. J'arrive finalement à attirer l'attention d'un Zamyad bleu qui pile puis s'arrête un peu plus loin. Je crie « Qazvin », le chauffeur hoche la tête. Je crie encore « *Salavati* », il fait non de la tête. Pour rappel, « *Salavati* » cela veut dire que nous demandons un service à titre gratuit et, qu'en échange, nous prierons pour notre bienfaiteur et sa famille. Le conducteur veut ses quinze dollars. Pas le temps de négocier : nous devons partir de cet enfer. Khanh Nguyen continue de jeter son regard au loin de peur que les deux types ne reviennent. Le chauffeur est accompagné d'un autre passager à l'avant. Nous devons donc nous installer avec nos deux vélos à l'arrière du Zamyad, à l'air libre. Le chauffeur passe la première vitesse, la voiture commence à prendre le long virage vers l'autoroute. Avec Khanh Nguyen, nous continuons de regarder la petite scène de théâtre où tout s'est passé si vite : la caserne militaire et ses barbelés, le militaire et sa Kalachnikov, les deux types, le barrage, les montagnes, la route ; comme pour nous raccrocher au réel, ne pas sombrer dans une douce folie.

Le Zamyad s'engage sur l'autoroute. Il roule vite, très vite. Le vent nous souffle si fort au visage et dans les oreilles. Il nous étourdit, nous sonne. Khanh Nguyen s'accroche comme elle peut. J'essaye aussi de me cramponner quelque part. La chaîne de montagnes d'Elburz se déploie tout autour de nous, comme pour nous envelopper, nous écraser. J'atteins une sorte de stade euphorique. J'ai l'impression de vivre dans un jeu vidéo d'arcade où le paysage défile comme du carton-pâte. Nous avons bien encore soixante-dix kilomètres à parcourir. Je regarde Khanh Nguyen droit dans les yeux, tente de la rassurer. Mon rythme cardiaque atteint un haut plateau pour ensuite progressivement diminuer.

Sur mon téléphone, entre deux rafales de vent, je contacte Nazanin, notre petit ange noir de la veille qui s'est posé hier à l'Emamzadeh Hashem. Elle habite à Qazvin qui est notre destination du jour. Nous avons besoin de nous raccrocher à elle pour éviter de rentrer dans une peur panique, pour tenter de rationaliser ce qu'il vient de nous arriver. Elle me répond dans la minute et nous dit qu'elle nous attend pour le déjeuner.

Les kilomètres défilent lorsque tout à coup, le Zamyad roule le long de la bande d'arrêt d'urgence pour ensuite violemment bifurquer et sortir de l'autoroute. Il prend une piste ensablée qui épouse la courbe de la montagne. La poussière et les cailloux éclaboussent tout autour de nous. Ce n'est pas bon signe. Nous nous éloignons de plus en plus de l'autoroute pour

Qazvin. Et si le chauffeur et son passager nous emmenaient à l'écart pour nous détrousser, nous violenter voire pire... Nous sommes faits comme des rats. Sauter du véhicule ? Pour aller où ? Abandonner les vélos et tout notre matériel ? Hors de question. J'essaye de garder une composition neutre pour ne pas effrayer Khanh Nguyen. Durant de longues minutes, nous suivons ce long sentier tout cabossé. Nous rejoignons finalement une route asphaltée et le Zamyad tourne à gauche pour la rejoindre. Je regarde mon GPS. Je comprends alors que le chauffeur a pris une sorte de sentier caché pour sortir de l'autoroute avant le péage et ainsi ne rien payer. Je me sens un peu bête d'avoir songé au pire.

Le Zamyad rejoint désormais une route secondaire pour Qazvin. Après dix kilomètres, nous arrivons dans la banlieue de Qazvin. Nous descendons du véhicule, le chauffeur m'aide à tout descendre. Je lui tends les quinze dollars en rial. Il me remercie et remonte dans son Zamyad. Il est midi et le soleil tape si fort. Nous installons nos sacoches sur Tank et Monster pour ensuite pédaler et atteindre le centre de Qazvin où nous attend Nazanin et ses amis. Qazvin semble être une ville un peu plus rigoriste que d'autres : le noir y est la couleur prédominante et très peu de femmes semblent décontractées dans leur habillement et attitudes.

Nazanin apparaît enfin au bout de la rue. Notre petit ange est tout sourire et désormais vêtu d'un long et moderne cardigan bleu azur. Si elle savait ce qui nous est arrivé... Elle est accompagnée d'une autre fille et de deux garçons. Ils font vraiment modernes tous les quatre et tranchent avec la foule toute sombre qui nous entoure. Nous pouvons enfin nous raccrocher à quelque chose après tout ce qui s'est passé. Quelques heures se sont déroulées depuis notre réveil à la mosquée, mais nous avons l'impression qu'elles ont la capacité d'y contenir, d'y condenser, toute une vie.

Nazanin ne peut pas nous accueillir chez elle, mais elle connaît un petit hôtel dans le centre. Elle monte dans la voiture de ses amis que nous suivons pour rejoindre l'hôtel. Il fera l'affaire pour ce soir et demain. Nous prenons une douche rapide, enfilons les vêtements propres qu'il nous reste et rejoignons notre petit ange bleu et ses amis.

Ils nous conduisent dans un restaurant qui propose des kebabs[1] et du riz au safran ou à la pulpe de tamarin. Nous parlons de sujets sans grand intérêt et puis je me lance. Je déballe tout ce qui est arrivé ce matin. Un des amis de Nazanin parle très bien anglais et traduit pour nous. Je vois un peu d'effarement sur le visage de tout le monde lorsque j'avance dans mes histoires. Certains nous répondent qu'ils sont désolés pour ce qui est arrivé, qu'il faut faire attention à certaines personnes en Iran. Je n'entends pas vraiment de mots qui font du bien ou qui réconfortent, mais le simple fait de l'avoir dit place les sombres événements du matin à distance. De mettre des mots dessus les apprivoise, les rend moins inoffensifs, les stérilise. C'est le philosophe Cioran qui a parfaitement entrevu ce processus :

« Sans l'idée du suicide, je me serais tué depuis toujours. »

1 Viande cuite à la broche

Chapitre 14

Au pays du Taarof

Compteur Kilométrique : 6 547 à 6 945 km

(Qazvin – Qom)

Durant toute une journée, nous nous baladons avec la belle jeunesse de Qazvin et Nazanin comme guide. Nous déambulons dans la vieille ville, parmi le gigantesque bazar où il fait si frais. Nous reprenons goût aux choses simples, à l'insouciance. J'en oublie tout à fait les sombres événements de la veille. Après le dîner, nous disons au revoir à Nazanin. Sans vraiment le savoir, elle a été notre bouée, notre bouchon de liège, qui nous a empêchés de sombrer, de dériver vers de tristes étendues.

Nous reprenons la route pour le sud le lendemain matin. Le climat est si différent ici : les températures plongent durant la nuit pour remonter si haut durant la journée. Commencer avant six heures du matin, c'est donc pédaler à travers la fraîcheur parmi des ruelles désertes. Nous quittons facilement Qazvin pour nous diriger vers Buin Zahra qui est à environ cinquante kilomètres. Les paysages changent pour devenir de plus en plus désertiques. La route n'est plus qu'une grande ligne droite au milieu du rien. Des gros camions bruyants et qui font tout trembler nous dépassent régulièrement.

Dans les moments d'accalmie, j'en profite pour regarder Khanh Nguyen. Elle m'impressionne par son aisance sur Monster alors qu'elle porte le hijab et un long cardigan. C'est elle l'héroïne, la vraie, de cette aventure. Elle arrive à répondre au gigantesque défi physique tout en gardant son calme, sa classe et sa grâce. J'ai une chance démesurément grande d'être tombé sur cette perle si rare. Je me dois de l'accompagner, de la protéger et de la mettre en valeur tel un modeste écrin.

A Buin Zahra, nous sommes accueillis par Madhi et sa famille. Madhi fait aussi partie du réseau *Warmshower*. Il nous dit fièrement qu'il n'a jamais refusé une seule demande durant des années pour recevoir des voyageurs. Il est professeur d'anglais, et même s'il est souvent occupé par son travail, il a toujours de la place pour accueillir des voyageurs comme nous. Buin Zahra, c'est une sorte d'oasis au milieu du désert avec beaucoup de fruits et des pistaches. Un homme nous en a même offert un plein sac lorsque nous avons traversé le centre-ville cet après-midi. Madhi nous fait installer au sous-sol dans la chambre de son petit frère. Il nous rejoint pour l'heure du dîner avec sa femme et de délicieux plats préparés par sa mère. Nous passons d'un sujet à l'autre puis Mahdi nous dit qu'il veut nous offrir un cadeau. Il s'entraîne à la calligraphie persane et souhaite nous rédiger un poème. Il plonge l'épaisse plume dans l'encre pour ensuite déposer sur le papier d'élégantes formes. Le poème, en Farsi, dit à peu près :

« Seul, au fond de ma chambre, tu ne sais pas à quel point j'ai souffert. »

Je corrige : « On pourrait plutôt dire pour nous : Seuls, au fond de notre tente, vous ne savez pas à quel point nous avons souffert » ! Ça fait bien rire Madhi et Khanh Nguyen. Mais comme une prophétie qui s'est déjà réalisée, ce poème me fait repenser aux événements d'il y a quelques jours. Je revois la Kalachnikov, les barbelés, la capuche du harceleur... Je chasse vite ses pensées de ma caboche et souris poliment à Mahdi. Nous prenons une photo tous les trois avec le beau poème tenu par Mahdi entre ses mains aux doigts si fins.

Le lendemain matin, Madhi nous donne rendez-vous dans son école d'anglais. Nous y retrouvons un groupe d'une vingtaine d'adolescentes toutes très enthousiastes de nous rencontrer. Certaines parlent un anglais impeccable et nous prenons plaisir à répondre à leurs questions en détail. Des rires et des gloussements groupés accompagnent souvent nos réponses. Ces moments sont précieux et font un si grand bien avant de repartir sur la route. Le petit groupe doit déjà aller en cours. Nous prenons une photo de groupe et les laissons, elles et Madhi, pour continuer plein sud.

❧

En Iran, il existe l'équivalent de la Croix Rouge : le Croissant Rouge. Seuls les hommes peuvent rejoindre les rangs du Croissant Rouge qui interviennent en particulier durant les accidents de la route ou les catastrophes naturelles comme un séisme. Des centres d'urgence du Croissant Rouge sont disséminés un peu partout sur le territoire et à proximité des axes routiers afin de pouvoir intervenir rapidement.

Avant d'arriver en Iran, les blogs que nous consultons conseillaient de tenter sa chance et de frapper à la porte d'un centre pour y passer la nuit. Nous en avons repéré un sur la difficile route qui mène à Saveh et nous décidons d'y demander refuge pour ce soir. La route grimpe et pas la moindre trace d'ombre. Les paysages, je n'en ai jamais vu de similaires : les montagnes se dressent devant nous et projettent des couleurs aux teintes rouges et jaunes. De grands troupeaux de chèvres transhument ici et là. Les photos que je prends de Khanh Nguyen sur Monster sont superbes par leur luminosité et avec, en fond, des étendues si désertiques, si épurées.

Les kilomètres défilent et le poste du Croissant Rouge se rapproche inéluctablement. Nous y arrivons à l'heure du déjeuner. Un homme d'une vingtaine d'années nous accueille. Il s'appelle Mahmoud. Je lui montre notre petit papier explicatif en Farsi et il nous fait tout de suite rentrer à l'intérieur. Il nous installe dans une grande salle avec des tapis et nous invite dans la foulée à partager le déjeuner avec ses collègues. Ils sont trois et chacun d'entre eux est vêtu de l'uniforme rouge et blanc. L'ambiance est détendue jusqu'à ce que la police locale débarque : un policier ridé et expérimenté et un petit jeune, court et gros comme tout. Le policier se présente ainsi que son acolyte : « Moi c'est Ali, et lui c'est *Monsieur*

Pique-nique », rapport à son poids. Tout le monde explose de rire, même *Monsieur Pique-Nique*. Ali nous pose quelques questions sur notre trajet puis s'excuse de devoir nous quitter avec *Monsieur Pique-Nique*. Nos amis du Croissant Rouge nous raccompagnent dans la grande salle où nous faisons une grosse sieste. Il est à peu près dix-huit heures quand Mahmoud revient pour nous demander si nous allons dormir ici.... J'avais cru comprendre que c'était oui... Il appelle sa direction et revient vers nous la mine désolée : « Vous ne pouvez pas dormir ici ce soir, nous ne pouvons pas vous accueillir ici. »

Dans mon esprit revient immédiatement la venue des deux policiers, Ali et *Monsieur Pique-Nique*, qui a dû les refroidir. Je ne me vois pas insister : ils nous ont accueillis cet après-midi, nous ont offert le repas... Je lui réponds que je comprends et qu'ils nous ont déjà beaucoup aidés. Seul problème et il est de taille : la prochaine ville, Saveh, est loin, beaucoup trop loin. Il faut compter environ cinquante kilomètres. Et entre le Croissant Rouge et Saveh, c'est le désert. Il va bientôt faire nuit. Pas le choix pour ce soir : ce sera camping sauvage improvisé. Nous devons y aller et vite afin de ne pas nous retrouver piégés par la nuit. Mahmoud s'excuse encore et nous offre quelques bouteilles d'eau. Je le remercie de tout mon cœur et tente de lui faire comprendre par mon regard qu'il ne doit pas culpabiliser.

Bien malgré nous, nous reprenons la route. Il nous reste peu de temps pour trouver un endroit où dormir. Les gros camions continuent de défiler. Nous roulons quelques kilomètres avant de trouver une piste qui part sur la droite. Elle se perd tout au fond du paysage sans rien autour à part du sable et des petits arbustes tout secs. Je regarde sur *Google Maps* : elle ne mène nulle part. C'est bon signe pour nous, car cela veut dire que personne ne risque de la prendre. Avec Khanh Nguyen, nous attendons qu'il n'y ait plus de camion qui passe pour nous engager sur la piste ensablée. Une fois sur la piste, nous pédalons aussi vite que nous pouvons de sorte que personne ne soit en mesure de nous voir.

Après quelques minutes, je repère un endroit propice pour camper : il est constitué de quelques petits arbustes rabougris, mais tout juste suffisants pour nous cacher. Nous nous installons donc ici : nous allongeons les vélos sur le sol pour les cacher et nous nous asseyons l'un à côté de l'autre, dissimulés par un arbuste. Le but est toujours le même : rester invisible au maximum afin d'attendre la nuit et de monter la tente.

Le beau soleil disparaît progressivement derrière les montagnes. C'est un moment magique tissé de lumière bleue, orangée et rouge à la fois. Et puis ce silence, ce lourd silence qui tranche net avec le chaos de la route. Le soleil disparaît tout à fait pour laisser place à une fraîcheur qui semble provenir du sol même. Personne aux alentours : il est temps de monter la tente ! C'est la pleine lune ce soir. C'est un peu un cadeau empoisonné : elle permet de tout installer sans utiliser nos lampes frontales, mais elle nous rend infiniment visibles pour qui voudrait poser ses yeux sur nous.

Khanh Nguyen s'installe en premier dans la tente : elle se change, fait sa toilette tandis que je reste à l'extérieur pour guetter aux alentours. Une fois qu'elle a terminé, je la rejoins. Nous nous glissons dans nos duvets, enlacés l'un contre l'autre, comme si nous étions faits d'une même couture. Nos paupières se ferment lorsqu'une forte et imposante lumière se projette contre la paroi de la tente :

— Merde ! On nous a repérés !

— Qu'est-ce qu'on fait ? me répond Khanh Nguyen.

— Je m'habille et je sors. Habille-toi aussi et enfile ton hijab.

J'ouvre tout doucement le zip de la tente, m'apprête à voir au moins une voiture ou une moto sur la piste de sable... mais rien, rien du tout. Avons-nous tous les deux halluciné ? J'attends quelques minutes pour m'assurer que ce n'était rien et je reviens dans la tente. Je rassure Khanh Nguyen et puis nous nous rendormons, tous les deux incapables de résister contre la fatigue. Une dizaine de minutes plus tard : la même lumière se projette sur la tente ! Je l'ouvre alors immédiatement et je peux apercevoir au loin un virage situé plus haut où une moto s'engage. Il est bien à plus d'un kilomètre, mais la lumière du phare avant de la moto transperce l'air du désert pour nous atteindre. Le virage est si loin qu'un homme depuis cette route, même avec de bons yeux, peut difficilement nous voir. Le danger n'en est donc pas vraiment un : fausse alerte. La lune, décidément, est magnifique ce soir, toute pleine, toute ronde. Le halo qu'elle projette rend les choses de ce monde si belles, si apaisées, si à leur place.

Je reviens dans la tente, rassure encore Khanh Nguyen. Notre vigilance se relâche peu à peu pour enfin nous laisser nous endormir. La nuit sera finalement calme. Les températures plongent au-dessous de dix degrés, la chaleur de nos duvets et de nos corps prenant le relais.

Le lendemain matin, bien avant le lever du jour, je me réveille le premier puis réveille ma coéquipière de cœur. Nous sommes rodés désormais pour notre petite routine matinale : dégonfler nos matelas puis les rouler afin de les remettre dans leur sac, puis nos draps et nos duvets, démonter la tente et la ranger, tout mettre dans les sacoches que nous installons sur Tank et Monster. Nous sommes prêts à repartir avant le lever du soleil.

Les premiers instants de cette journée sont fabuleux de beauté et de poésie : le soleil se cache encore derrière le plus haut sommet de la montagne. L'air est si frais et si bon. La lune est encore là et attend, comme nous, le soleil. Nous nous déplaçons comme des ombres parmi le grand désert de sable, entre ciel et terre, entre air et sable, entre la vie et la mort.

Le petit chemin ensablé mène finalement sur la route principale pour Saveh. Les camions reprennent leur bal incessant. Nous n'avons pas encore pris notre petit-déjeuner qu'une voiture s'arrête à notre hauteur pour nous offrir une pastèque ! Le chauffeur me la passe par la fenêtre et repart immédiatement sans que je n'aie eu vraiment le temps de le remercier. Notre petit-déjeuner tombe du ciel. Nous le complétons par les pistaches offertes la veille à Buin Zahra.

Nous continuons notre route sur quelques kilomètres lorsqu'une voiture, encore une, s'arrête devant moi et nous fait signe de nous arrêter. Le passager nous offre du raisin vert ! Il est délicieux et si sucré. Je remercie du mieux que je peux nos généreux donateurs. Décidément... c'est notre jour !

Nous arrivons enfin à Saveh après une longue descente sous l'épais

Nuit improvisée sous la tente, région de Saveh, Iran

Départ au petit jour, région de Saveh, Iran

soleil. Sur les conseils de Mahmoud du Croissant Rouge de la veille, nous passons dire bonjour à la Direction du Croissant Rouge de la région de Saveh. C'est une sorte de gros hôpital. On me fait monter au premier étage où se trouve le Directeur, Monsieur Mohammed. Je lui dis que je viens de la part de Mahmoud. Il nous demande nos passeports et me dit que nous ne pourrons rester ici que quelques heures, mais qu'ils ne sont pas habilités à nous recevoir pour la nuit. C'est un bon compromis pour nous pour faire une sieste et aussi prendre une douche au rez-de-chaussée.

Après notre sieste et de retour de son déjeuner, M. Mohammed nous demande quelle est notre route. Je lui réponds que nous souhaitons arriver demain à Qom, l'une des villes les plus religieuses d'Iran. Il me montre sur la carte un autre centre du Croissant rouge :

« Vous pouvez dormir ici ce soir avant d'arriver à Qom demain. Mon équipe sera mis au courant et vous attendra. »

C'est encore un don du ciel pour nous. Je serre la main de M. Mohammed qui me renvoie une bonne tape sur l'épaule. Khanh Nguyen s'assure avec lui que nous ne serons pas délogés comme hier soir... Nous ne voulons pas renouveler la même expérience. M. Mohammed nous assure que c'est bon, qu'il n'y a rien à craindre. Nous reprenons la route avec un poids en moins. Savoir où nous pouvons passer la nuit structure notre journée, nous rend plus légers.

Avant de quitter Saveh, il nous faut bien déjeuner, alors nous nous arrêtons devant un petit restaurant qui propose aussi des narguilés. Il n'y a que des hommes et certains au visage de truand. J'installe Khanh Nguyen au bout de la table et la protège des regards de certains d'entre eux. Un type qui semble être le gérant s'approche de moi : il a une certaine bedaine, la boule à zéro. Il parle anglais et me demande ce que nous voulons... Je demande à voir le menu et il me propose de visiter la cuisine pour choisir. Ce sera du poulet grillé à la broche avec du riz. Je le lui demande :

— Combien ?

— Ne t'inquiète pas... Nous verrons plus tard ! Je m'appelle Ahmed au fait. Et toi ?

— Moi c'est Thibault ; elle c'est Khanh Nguyen.

Traversée du désert, région de Saveh, Iran

Je trouve cela bizarre de ne pas avoir de prix. J'ai l'impression qu'il va nous la faire à l'envers et nous présenter une addition bien salée à la fin. Je me réinstalle à côté de Khanh Nguyen puis Ahmed revient à la charge :

— Vous devriez vraiment essayer ça aussi ! C'est super bon. Je vous l'apporte. Vous voulez des boissons aussi ? Vous prenez quoi ?

— Simplement du thé, merci Ahmed.

Quelques minutes plus tard, nous nous retrouvons avec plein de choses à manger et du thé. Je me sens mal de ne pas savoir combien cela va nous coûter et j'imagine déjà Khanh Nguyen m'accabler de reproches : que j'aurais dû refuser, que j'aurais dû demander le prix... Avec nos douze dollars quotidiens nous n'avons pas le droit de faire trop d'excès. Ahmed s'installe à côté de nous avec son narguilé. Il en demande plus sur nous, sur notre voyage. Il a un restaurant, mais aussi beaucoup d'autres *business* dans l'import-export. Nous discutons un bon moment ensemble avant que n'arrive l'addition. Lorsque je demande à Ahmed combien je lui dois, il me fait non de la tête. Il veut nous offrir le repas. Nous ferait-il du *Taarof* ?

Le *Taarof* c'est une coutume iranienne, un va-et-vient qui peut durer longtemps entre deux personnes : où le premier supplie l'autre de lui offrir d'accepter une offrande tandis que l'autre fait tout pour la refuser. Par exemple, un chauffeur de taxi va prétendre vouloir offrir la course à son client, le client se doit de refuser. Le chauffeur va insister plusieurs fois et rejouer le *Taarof* avant que le client n'insiste une ultime fois pour payer. C'est une forme de politesse, de rituel entre un hôte et son invité, une drôle de parade nuptiale ancestrale. Depuis notre arrivée en Iran, il a pu nous désarçonner avec Khanh Nguyen, mais depuis nous l'avons compris, le *Taarof,* sans en avoir encore perçu toutes ses infimes subtilités. Il convient en général de refuser trois fois avant de finalement accepter l'offrande de son hôte, afin d'être bien sûr qu'il souhaite vraiment faire cette offrande et que cela ne lui porte pas préjudice.

Alors, j'entame la parade du *Taarof* avec Ahmed. J'insiste pour payer le repas, il refuse. Je lui demande combien nous lui devons, il refuse encore. Je sors des billets, il me fait signe avec son regard sévère d'immédiatement les ranger. J'en conclus qu'il veut vraiment nous inviter. Je me sens vraiment stupide : vraiment stupide de m'être méfié de lui, de l'avoir jugé sur son apparence, d'avoir cru qu'il souhaitait alourdir l'addition alors qu'il voulait nous offrir le meilleur de ce qu'il avait. Nous échangeons nos numéros de téléphone. Khanh Nguyen remercie chaleureusement Ahmed ; je fais de même.

Les roués de Tank et Monster reprennent la route dont l'asphalte fond tant le soleil s'impose de toute sa puissance. La route qui mène à la prochaine station du Croissant Rouge est dangereuse : c'est une deux fois une voie sans bas-côté et qui longe un fossé. Des camions de part et d'autre la traversent à toute vitesse. Les camions nous frôlent pour nous dépasser si bien que leur souffle, parfois, manque de nous faire tomber à plusieurs reprises. Un petit village est l'occasion pour nous de faire une pause à l'ombre. Un homme sur sa vieille moto vient nous voir : il nous offre des grenades - le fruit ! - et nous propose de dormir chez lui. J'accepte avec grande reconnaissance les grenades et lui fais comprendre que nous avons déjà un endroit où dormir pour ce soir. Après la pastèque, le raisin et le déjeuner, voilà qu'on nous offre encore quelque chose ! Je m'amuse de la situation et dis à Khanh Nguyen : « On pourrait ouvrir un petit magasin de fruits ! »

Nous continuons lorsqu'encore une fois, nous sommes arrêtés. Cette fois-ci par un homme sur sa moto qui a dans ses bras six épis de maïs qu'il me tend. Je lui demande son nom : Reza. Reza nous a vu au loin, a eu le temps de passer dans son champ pour ensuite nous rattraper et nous offrir ces six beaux épis de maïs. Je suis si touché par cet ultime cadeau et le sourire si franc de Reza. Je lui fais signe que je ne peux pas tout prendre : deux ou trois épis suffiront largement. Je lui serre la main tandis que Khanh Nguyen immortalise l'instant avec mon appareil. Que de cadeaux pour aujourd'hui !

Nous arrivons enfin au poste du Croissant Rouge. Je sonne à la porte. Un homme qui approche la trentaine nous ouvre la grille. Il a une épaisse moustache à la Freddie Mercury. D'ailleurs, Freddie Mercury était d'origine iranienne : il s'appelait même Farrokh Bulsara ! L'homme nous fait signe de rentrer à l'intérieur. Le Directeur, M. Mohammed, l'a bien prévenu de notre arrivée. Notre hôte s'appelle M. Moradi. Il parle l'anglais parfaitement et même un peu le français. Il nous présente ses deux acolytes avec qui il s'occupe de cette station. M. Moradi nous installe dans une petite chambre avec ses deux lits. L'équipe de trois est déjà aux fourneaux et nous prépare un dîner dont elle a le secret. Nous en profitons pour partager toutes nos offrandes du jour avec nos hôtes. M. Moradi se propose de faire griller nos épis de maïs. C'est une des choses dont raffole Khanh Nguyen : parfait !

Reza et ses épis de maïs, Saveh, Iran

Le dîner est un moment dont je vais encore me rappeler pour

longtemps. La nourriture préparée par nos trois hôtes est délicieuse, l'ambiance est excellente. M. Moradi et ses deux compères ont le rire facile et contagieux. Les blagues et les situations s'enchaînent si bien que nous rions tous sans trop savoir pourquoi. M. Moradi aime la musique, la culture et la philosophie. On discute longtemps de Nietzsche, de Spinoza et même de Derrida... qu'il adore lire ! Quel cadeau du destin incroyable de tomber sur quelqu'un comme lui au beau milieu de l'Iran. J'adore la philosophie et pourrais en discuter pendant des heures. Nos discussions se prolongent jusqu'à tard dans la nuit... Khanh Nguyen est déjà couchée lorsque je la rejoins finalement dans son lit. Je me mets à contempler notre journée ponctuée de si belles rencontres et de tellement de cadeaux. L'Iran possède un peuple d'une telle grandeur, d'un tel sens de l'autre, d'une si grande culture.

Je m'endors encore réconforté par ce que l'humanité sait faire de plus grand et de plus beau. Je me sens si loin de la caserne sur la route de Qazvin, du militaire à la kalachnikov et du harceleur morbide à capuche.

Chapitre 15

De Qom à Abyaneh :
l'Iran dans toute sa diversité

Compteur Kilométrique : 6 945 à 7 212km

(Qom-Abyaneh)

Il est sept heures du matin et le soleil tape déjà si fort dehors. Les camions font tellement de vacarme : leurs roues impriment une cadence infernale et assourdissante sur l'asphalte. Chaque irrégularité sur la route sonne comme un coup de tonnerre, une explosion qui fait vibrer toute la structure et le chargement de ces gros animaux.

Le poste du Croissant Rouge où nous avons passé la nuit est pour moi comme un bunker, comme une douce parenthèse, avant de devoir repartir au front. À l'intérieur les explosions des camions, les vibrations qui viennent de l'extérieur, se font sentir, mais comme en sourdine, comme si l'on avait la tête sous l'eau. C'est une fois que nous ouvrons l'épaisse porte pour sortir Tank et Monster que nous retrouvons tout ce bruit assourdissant et totalitaire. Nous sommes bel et bien de retour au front !

Nous prolongeons nos au revoir avec M. Moradi et ses deux acolytes autant que nous le pouvons puis devons bien nous résoudre à les quitter. La route vers Qom se fait toujours à travers un quasi-désert. Nous nous protégeons autant que possible du vilain soleil à coups de crème, de foulards et de manches longues. La route est ondulée, passe au-dessus des dunes. Sur le côté se trouve un caravansérail à l'abandon. Nous en profitons pour l'explorer et profiter de toute l'ombre que ses épaisses pierres préservent.

Qom se dessine à mesure que nous nous approchons avec ses multiples minarets et mosquées. C'est la ville la plus religieuse d'Iran avec Mashaad. Des millions de croyants du monde chiite y viennent en pèlerinage chaque année. Nous ne savons pas trop à quoi nous attendre : si nos vélos ne seront pas de trop dans le paysage, si Khanh Nguyen est correctement habillée, si elle porte trop de couleurs... Le ton est très vite donné : toutes les femmes sans exception portent au minimum un tchador noir. Certaines sont en burqa : tout leur visage est masqué et on peut voir à peine leurs yeux. Nous nous faufilons à travers l'épais trafic qui s'est formé à proximité d'un marché. Les tchadors et les mollahs avec leurs turbans sont omniprésents. Un fait va beaucoup nous marquer et surtout Khanh Nguyen : celui de voir des femmes au visage si asiatique porter un vêtement comme le tchador. Et il y en a énormément à Qom. Elles viennent pour la plupart d'Afghanistan et d'Asie Centrale. Il se passe comme un décalage, comme un kaléidoscope qui déraille : ça ne colle pas. Notre cerveau ne peut pas se résoudre à voir le visage d'une femme asiatique sous un épais tissu si noir et si contraignant. Les femmes asiatiques que nous connaissons, notamment au Vietnam, sont si libres de leurs mouvements, de leurs vêtements.... Cela ne colle pas. Et nous allons vite nous rendre compte que nous ne collons pas du tout avec Qom.

Mojtaba, qui appartient au réseau *Warmshower*, peut nous accueillir à Qom pour une nuit, mais dans des conditions un peu particulières. Sa femme voit d'un très mauvais œil le fait qu'il rencontre des cyclistes. Elle ne veut pas le voir partir à son tour sur les routes un jour. Alors, les cyclistes ne sont pas les bienvenus chez eux. Mojtaba nous propose donc de passer la nuit dans son bureau qui se situe dans le centre-ville de Qom. Nous le retrouvons donc devant son bureau. Mojtaba porte de grosses lunettes et a le crâne rasé. Il a des yeux vifs et pétillants. Il nous fait descendre au sous-sol pour prendre l'ascenseur qui nous mène à son bureau. Les lieux sont calmes

Qom et tous ses tchadors noirs, Iran

et nous conviennent tout à fait... Il faut dire qu'après de longs mois sur les routes, nous savons nous contenter du minimum pour pouvoir nous endormir. Un endroit à peu près propre, assez calme et sûr en apparence nous suffit amplement.

Après une tasse de thé noir, Mojtaba nous dit qu'il a du travail à finir pour son Doctorat en Architecture. Il nous propose de nous laisser nous balader comme des grands dans Qom et nous rejoindra un peu plus tard pour une glace. Khanh Nguyen réajuste son hijab et nous voilà sortis dans les rues de Qom. Nous nous dirigeons vers le sanctuaire de Fatimah Masoumeh, fille du septième Imam chiite et connue pour sa grande piété. Les rues sont noires de noir : la grande majorité des femmes sont toujours en tchador ou en burqa. Les mollahs, à turban blanc et vêtements couleur taupe, écument les petites rues ici et là.

À l'entrée du sanctuaire, ce sont les hommes à gauche et les femmes à droite. Les gardiens tiquent sur mon appareil photo et m'interdisent de rentrer avec. Il faut le laisser à l'accueil : je préfère renoncer à visiter le sanctuaire plutôt que de risquer de le perdre... Après cinq minutes, je vois Khanh Nguyen revenir aussi. Elle ne peut pas entrer car son hijab n'est pas réglementaire : elle doit porter un tchador... Nous sommes tous les deux non désirés au sanctuaire et décidons de continuer à marcher dans les rues de Qom.

Jamais nous ne nous sommes sentis si étrangers dans un monde auquel nous ne comprenons pas grand-chose. Personne n'exprime de l'agressivité ou du dédain envers nous mais nous nous sentons comme extérieurs aux choses et aux événements ; comme si nous n'existions pas vraiment, que nous n'avions pas la moindre importance, que nous n'avions aucune emprise sur le réel. C'est une expérience d'extériorité radicale inédite pour moi. Nous faisons un tour au vieux bazar puis retrouvons Mojtaba pour un Faloodeh : c'est une sorte de glace avec du vermicelle, du citron et de l'eau de rose. C'est bourré de sucre ! Nous partageons notre expérience de Qom avec Mojtaba tout en laissant fondre nos *Faloodeh*. Mojtaba doit rentrer chez lui bientôt pour retrouver sa femme et ses enfants. Il nous conduit au bureau et nous promet qu'il reviendra tôt demain matin pour nous ouvrir les portes.

Nous nous endormons côte à côte avec Khanh Nguyen parmi les sons larmoyants et lancinants qui proviennent du sanctuaire de Fatimah Masoumeh. Je m'endors à côté de l'imprimante ; Khanh Nguyen à côté de la machine à café.

~

Il est six heures du matin et il est temps pour nous de retrouver notre monde : celui de la route, du bitume et de l'asphalte. Nous quittons Qom et Mojtaba pour nous diriger vers Kashan. La route défile et le soleil, aujourd'hui, ne laisse aucun cadeau. À onze heures, nous nous installons sous un pont pour profiter d'un peu d'ombre et faire une sieste. Les paysages deviennent tout à fait lunaires, inhospitaliers pour toute forme de vie. Après une nuit de camping sauvage parmi un verger de belles grenades, nous découvrons Kashan au petit matin.

Kashan est une parenthèse culturelle pour nous. La ville est beaucoup moins rigoriste que Qom et nous nous y sentons plus à l'aise. Nous trouvons un petit hôtel qui fera l'affaire. Pendant trois jours, nous explorons Kashan et son labyrinthe de ruelles qui serpentent autour du vieux bazar. Il y a aussi des grandes maisons comme la *Maison Tabatabaeis* ou la *Maison Borujerdi*. Ce sont les anciennes demeures de riches marchands, souvent de tapis. Elles rivalisent par leurs prouesses architecturales, leurs peintures murales et leurs vitraux qui projettent dans les pièces leurs formidables couleurs. Le clou du spectacle est le splendide *Jardin de Fin* avec tous ses bassins, ses fontaines, cours d'eau et tous ses arbres. C'est un petit bijou de raffinement, de fraîcheur et d'élégance. Nous y passons toute une matinée tant nous sommes absorbés par les lieux.

Après trois jours à Kashan, notre corps et notre esprit sont comme apaisés, reposés. La tâche pour les deux prochains jours s'annonce rude. Nous avons pour objectif de rejoindre le petit village d'Abyaneh qui est perdu dans les montagnes. Abyaneh est connu pour la couleur si rouge de

Paysages lunaires, Région de Qom, Iran

ses vieilles maisons et pour les vêtements si colorés de ses femmes.

Nous avons deux options devant nous :

- Soit prendre la *route 587* qui grimpe durant des dizaines de kilomètres pour ensuite prendre un chemin fait de cailloux et de poussière. Nous devrons passer un col à plus de 2 800 mètres d'altitude pour ensuite redescendre sur Abyaneh. C'est un défi physique, mais qui promet des paysages grandioses.

- Soit prendre la *route 7* puis la *665* qui traverse un grand désert pour ensuite passer devant les installations nucléaires de Natanz. L'Iran y enrichit ici de l'uranium. Nous sommes presque certains de nous faire contrôler par les militaires qui vérifieront nos passeports et inspecterons nos photos. Le contexte est très tendu en ce moment entre l'Iran et l'Occident. La route a cependant l'avantage de contourner la montagne et la montée finale se fera vers Abyaneh.

Khanh Nguyen ne se sent pas vraiment d'attaque pour grimper toute une journée sous le soleil. Nous choisissons la seconde option : l'option nucléaire.

Nous quittons Kashan au petit matin. Après quelques kilomètres en-dehors de la vieille ville commence le désert, le vrai. Pas une seule goutte d'ombre ou de pluie. Nos réserves en eau sont limitées, mais nous pouvons heureusement compter sur les rares Peugeot 405 ou Zamyad pour nous ravitailler en cas d'urgence. L'environnement est si hostile, si rude, si sec. Le vent balaie le sable de gauche à droite sur la route. Le soleil fait fondre et exploser le bitume qui dégouline. Nous ne sommes plus très loin des installations nucléaires de Natanz. À quelle sauce allons-nous être mangés ? Nous avons encore en tête l'expérience traumatisante avec le militaire sur la route de Qazvin. Éviter qu'une telle expérience ne se renouvèle ne serait pas un luxe...

Au sommet d'une côte ensablée, une Peugeot 405 blanche se range devant moi. Un Iranien au visage assez sombre, une barbe fournie et de taille moyenne avance vers moi avec de l'eau. Je remplis ma gourde avec et le remercie. Il me parle avec des signes et je commence à comprendre qu'il fait tout son possible pour nous déconseiller d'aller plus loin. Je lui traduis sur mon téléphone qu'il n'y a normalement pas de risque, que d'autres voyageurs passent assez régulièrement sans se faire inquiéter... Il me regarde droit dans les yeux puis me mime de ses mains une arrestation avec des menottes. Mon sang ne fait qu'un tour et j'essaye de lui demander des précisions, mais la communication est difficile. Il me sort ensuite son portefeuille et me montre sa carte d'identité : c'est un militaire ! Là, maintenant, il est habillé en civil et je comprends qu'il en sait sûrement plus que nous sur ce qui nous attend. Il rentre dans sa voiture, me jette un dernier regard comme pour me supplier de ne surtout pas aller plus loin, puis reprend sa route pour Natanz.

Je reste comme sonné par ce qui vient de se passer... Je fais part à Khanh Nguyen des avertissements du militaire en civil. La décision est vraiment difficile à prendre, mais il vaut mieux rebrousser chemin plutôt que de risquer les geôles iraniennes. Peut-être ont-ils pour consigne depuis quelques jours d'arrêter tous les étrangers qui passeraient trop près de leurs installations militaires ou nucléaires... Et puis dernièrement, ils ont arrêté un chercheur français et deux touristes australiens. Nous décidons tous les deux de rebrousser chemin à travers le désert. Psychologiquement, c'est infernal de devoir revenir sur ses pas dans ces conditions. Même Monster et Tank semblent se plaindre de la situation.

Après une dizaine de kilomètres interminables à lutter contre le vent et le sable, je fais signe à Khanh Nguyen que nous allons nous arrêter à l'ombre d'un petit bâtiment abandonné. Une 405 grise déboule de nulle part. Deux hommes habillés en civil en sortent. Ils ne nous disent même pas bonjour et demandent à voir nos passeports. Je leur réponds en anglais :

- Peut-on savoir au moins qui vous êtes ?
- Nous sommes.... *l'ennemi,* me répond le plus jeune.

Je mets cela sur le compte de son mauvais anglais. Même aujourd'hui, je ne sais toujours pas trop ce qu'il a voulu dire par « *ennemi* » . Les deux hommes semblent faire partie de la police secrète. Ils inspectent tous nos documents, prennent des photos. Je fais bien attention de garder une distance suffisante entre eux et moi pour éviter toute mauvaise surprise. Khanh Nguyen est en retrait, assise derrière. Après de longues minutes à

L'hostilité du désert iranien, Natanz, Iran

tout photographier, ils remontent dans leur voiture et nous lancent un bref au revoir.

La 405 partie, nous nous retrouvons encore une fois tous les deux au milieu du vent qui souffle, du sable et du silence. Un profond sentiment de malaise et d'insécurité nous envahit. Je vis, je comprends, vraiment ce qu'est une dictature et sa police secrète. C'est une épée de Damoclès en permanence au-dessus de votre tête et qui vous dit : « Attention, je peux tomber à n'importe quel moment et même si tu n'as rien à te reprocher. Donc, dans tous les cas, tiens-toi bien à carreau. » La menace est bien plus forte et coercitive sur les masses que l'action effective. La crainte de se prendre un coup de matraque est bien plus forte et efficace que le coup de matraque lui-même.

Khanh Nguyen vient se blottir dans mes bras et je la serre du plus fort que je peux. Nous repartons sans trop savoir où nous allons. L'idée est de revenir au *plan A* et de reprendre la *route 587* pour rejoindre le village d'Abyaneh. Pour cela, il nous faut d'abord pédaler le long de l'autoroute en suivant la bande d'arrêt d'urgence. Après le péage que nous contournons, nous nous engageons sur la *route 587*. Le soleil, toujours lui, est si violent. Je vois que Khanh Nguyen craque physiquement, qu'elle n'avance plus. Elle nous fait une insolation ! Deux petits bancs à l'ombre se présentent devant une sorte de grand centre religieux. Nous posons les vélos, Khanh Nguyen s'allonge de tout son long et s'endort presque immédiatement. Les minutes passent et j'essaye de trouver sur la carte des alternatives... Où dormir ce soir ? Où s'arrêter ? Khanh Nguyen peut-elle grimper sur plusieurs kilomètres la route difficile qui s'annonce ? Je m'assure qu'elle ne fait pas un malaise, lui propose sans cesse de boire de l'eau.

Après plus de trente minutes, Khanh Nguyen se réveille : elle va mieux. Elle boit de l'eau, beaucoup d'eau et je lui tends ce qu'il nous reste de nourriture. Je ne me vois pas lui imposer de repartir sur la route au risque d'aggraver son cas... Alors je propose de faire du stop et de voir où cela nous emmènera... J'ai encore à l'esprit le mauvais souvenir du stop vers Qazvin qui s'était terminé en kalachnikov et harcèlement sexuel.

Après quelques minutes seulement, un Zamyad bleu s'arrête. C'est une famille : deux parents et leur enfant. Ils peuvent nous prendre sur une dizaine de kilomètres avant que nos chemins ne se séparent : cela nous convient. Après cette dizaine de kilomètres, ils nous offrent gentiment du thé et des dates puis repartent au loin vers les montagnes. Nous enfourchons nos vélos et nous nous postons à l'intersection pour partir vers Ghohrud puis le village d'Abyaneh.

Cinq minutes à peine et un autre Zamyad arrive. C'est un homme, seul, d'une cinquantaine d'années. Il s'appelle Faruk. Je lui montre notre petit papier écrit en Farsi et lui demande s'il peut nous prendre. Coup de chance : il va aussi vers Abyaneh ! Il habite un village à quelques kilomètres. Faruk nous fait monter à l'arrière du véhicule avec Tank et Monster. Durant une heure, nous voyons défiler des montagnes tout à fait majestueuses. Certains sommets sont même enneigés. Je suis soulagé d'avoir fait ce choix plutôt que d'avoir poussé Khanh Nguyen à continuer à vélo. Les pentes sont si raides que nous ne serions pas allés bien loin.

Faruk s'arrête pour faire une pause. J'en profite pour rentrer dans une supérette et lui offrir à boire et une glace à la vanille. Il sourit de toutes ses dents et me remercie. Nous reprenons notre route. Depuis le village de Ghohrud, nous quittons brutalement la route asphaltée pour nous engager sur une piste qui se perd dans les montagnes. Ça secoue sec et nous nous cramponnons au Zamyad et à nos vélos. Nous traversons une rivière puis continuons de monter encore et toujours vers les hauteurs. Arrivés à une intersection, Faruk pile et coupe le moteur de son Zamyad. C'est le moment pour nous de descendre : nos routes se séparent ici. Faruk prend à gauche vers son village ; pour nous, ce sera à droite vers Abyaneh. Il nous reste environ trente kilomètres à faire. Avec Khanh Nguyen, nous lançons des dizaines de « Merci » qui se prononcent pareil qu'en français. Faruk nous souhaite bonne chance, redémarre son Zamyad et disparaît tout à fait parmi le relief.

Nous nous retrouvons encore une fois seuls au milieu des grands espaces. Pas une seule trace d'activité humaine ici : pas un village, pas une maison. Personne. Simplement un sentier et tout autour les montagnes. Il est déjà dix-sept heures et il va falloir trouver un endroit où dormir pour cette nuit.

Ce qui me marque tout de suite, c'est le silence absolu qui règne, l'absence totale de son. Je n'entends que la mécanique de mon vélo et mon souffle saccadé alors que nous continuons de grimper avec Khanh Nguyen. Le chemin de terre atteint finalement un point haut pour ensuite redescendre. Nous en profitons pour disparaître du petit chemin et chercher un endroit propice où installer notre tente. Après quelques minutes de recherche, je trouve un endroit sans trop de pierres et de racines : nous dormirons ici ! Nous montons la tente et préparons le dîner : soupe de lentille avec des légumes, œufs brouillés et lavash[1].

Nous profitons de ce cadre rien que pour tous les deux. C'est pour cela que nous voyageons ainsi : se retrouver loin de tout, du bruit et du surmenage, dans des endroits que nous n'aurions jamais pu trouver autrement. Bien assis à savourer notre repas du soir, nous contemplons les montagnes et leurs couleurs qui se délavent à mesure que le soleil plonge. Il fait déjà si froid à plus de 2 000 mètres. Nous enfilons nos manteaux, rangeons tout le matériel sous les auvents de notre tente tout en nous laissant absorber par le spectacle éternel du ciel. C'est Lucrèce qui disait dans De Rerum Natura :

« Las que nous sommes du spectacle du ciel, nous ne daignons plus lever les yeux vers ces temples de lumière. »

Nous avons bien du mal à les quitter, nos étoiles. Je me rends compte que la vie en ville avec ses néons et ses lumières blafardes nous prive du spectacle du ciel. La fatigue nous rattrape finalement et nous allons nous coucher dans d'épais draps tissés de silence.

Le petit jour se lève. La nuit fut parfaite : calme et réparatrice. Je me réveille avant Khanh Nguyen et en profite pour admirer le lever de soleil. Je m'éloigne assez loin de notre tente comme pour constater sa petitesse

1 Pain iranien avec des alvéoles

face aux montagnes qui nous encerclent. Khanh Nguyen se réveille à son tour. Nous préparons du thé et finissions d'installer nos sacoches sur Tank et Monster. Nous n'avons pas pris de douche depuis Kashan. Cela attendra jusqu'à ce que nous trouvions un cours d'eau. J'espère au fond de moi que ce sera bientôt, car nous commençons à manquer d'eau dans nos gourdes et il risque de faire chaud aujourd'hui.

Nous retrouvons la piste de sable qui doit nous mener au village d'Abyaneh. Les paysages sont toujours aussi majestueux : le jaune des herbes asséchées tout autour du chemin domine le jeu des couleurs. Après quelques kilomètres, nous entrons dans une sorte de gorge avec de chaque côté la montagne. Impossible de s'échapper. J'entends alors un troupeau de chèvres situé un peu plus haut et le berger qui joue de sa voix pour le mener. Un gros chien nous aperçoit depuis tout là-haut et commence à aboyer. Toute la gorge où nous nous trouvons renvoie son écho rauque et agressif. D'autres chiens débarquent : ils sont cinq ou six à dévaler vers nous des deux côtés. Ils se mettent à aboyer aussi.

Je somme Khanh Nguyen de se mettre au milieu de Tank et Monster avec moi. Ils feront obstacle face aux gros chiens. Dans le même temps, je crie de toutes mes forces en direction du berger pour qu'il commande à ses sbires poilus de revenir vers lui. Le mâle alpha du groupe se rapproche tandis que les cinq autres nous encerclent. Je le regarde droit dans les yeux et feint de ramasser une pierre au sol. Il s'éloigne un peu. Khanh Nguyen crie de toutes ses forces et je continue de crier en direction du berger. Après de trop longues secondes, sa voix retentit enfin parmi les pierres. Les gros chiens s'arrêtent net, déçus de ne pas pouvoir prolonger leur petit divertissement du jour. Ils remontent tous les six vers le berger en laissant derrière eux un nuage de poussière.

Nous reprenons nos esprits et continuons de grimper vers le sommet du col à 2 800 mètres. Notre souffle se fait plus court, nos battements de cœur plus saccadés. Sur le chemin, nous croisons un tout petit âne gris et sa mère aux poils si noirs. Il semble surpris de nous voir ici le petit âne gris... Tank et Monster ressemblent un peu à des ânes avec tout leur chargement !

Après une longue descente, nous croisons encore un âne, cette fois de taille adulte. Il se déplace en totale liberté dans la vallée. Khanh Nguyen lui offre un de nos derniers biscuits. L'âne, appelons-le Bourriquet, se lie instantanément d'une grande affection pour elle et Monster. Bourriquet se met à nous suivre sur plusieurs kilomètres. Nous formons une belle équipe de trois ! Bourriquet traverse le chemin de droite à gauche, toujours à nous suivre comme un fidèle disciple. Nous nous rapprochons d'Abyaneh et je n'ai pas vraiment envie de rentrer avec Bourriquet dans le village. Pour attirer l'attention, il n'y a pas mieux. Alors, avec Khanh Nguyen, nous essayons de lui faire comprendre qu'il doit nous laisser partir, Bourriquet. Mais en vain... J'ai beau essayé de lui couper la route, de faire des grands gestes... rien n'y fait ! Il arrive toujours à me contourner, à se faufiler parmi les pierres et à retrouver Khanh Nguyen. Bourriquet doit me considérer comme un gênant rival qui se met en travers de son chemin ! Il m'impressionne par sa vivacité à sauter par-dessus les fossés et les roches.

Au détour d'un virage, j'arrive à le bloquer. Je crie à Khanh Nguyen de continuer à s'éloigner au loin tandis que je bloque Bourriquet. J'attrape alors une ou deux pierres que je lance à côté de Bourriquet en espérant lui faire peur : pas la moindre réaction. Pas le moindre sourcillement. Khanh Nguyen est désormais très loin. Je repousse Bourriquet une dernière fois puis tente de m'échapper en appuyant de toutes mes forces sur les pédales. Bourriquet me prend en chasse ! Il tient la distance un bon bout de temps puis s'essouffle et s'arrête net. Bourriquet est enfin lâché du peloton !

Je rejoins Khanh Nguyen et lui raconte la scène qui vient de se dérouler. J'en pleure de rire et elle aussi. Nous reprenons vite la route de peur que Bourriquet ne réapparaisse furieux. Une petite rivière se dessine et grossit à mesure que nous pédalons. Les arbres font finalement leur apparition, puis les murs et les maisons. Abyaneh se laisse enfin découvrir devant nos yeux. Ses maisons sont faites en brique de terre séchée de couleur rouge. L'histoire d'Abayneh est millénaire et je comprends vite qu'elle ne serait rien sans cette petite rivière qui se forme dans les montagnes que nous avons traversées et qui s'écoule paisiblement à travers le village.

Ce qui nous impressionne tout de suite, ce sont ces femmes avec leurs tenues si bariolées et colorées. Elles tranchent avec le noir si triste de toutes

Rencontre avec Bourriquet, Abyaneh, Iran

ces femmes croisées dans la rigoriste ville de Qom. Ce sont pour la plupart de vieilles femmes qui commèrent entre elles ici et là, au pied d'un grand escalier ou à côté de la rivière qui s'écoule. Abyaneh est généralement un lieu assez touristique, mais les récents événements géopolitiques ont tari les arrivées de visiteurs. Nous visitons le village pratiquement seuls, à pousser nos vélos parmi les étroites ruelles et à prendre la pause pour quelques photos. Il fait bon de découvrir Abyaneh tous les deux durant quelques heures. Nous en profitons aussi pour déjeuner, nous ravitailler et faire notre lessive avec l'eau de la rivière. Nous prenons aussi une douche bien méritée avec l'eau froide qui s'écoule. Je fais en sorte de bien cacher Khanh Nguyen afin qu'aucun homme ne puisse l'apercevoir lorsqu'elle shampouine ses beaux et longs cheveux.

Je m'allonge pour faire une sieste lorsque j'entends Khanh Nguyen crier. Une toute petite souris vient de s'échapper d'une de ses sacoches ! Elle s'était sûrement faufilée à l'intérieur lors de notre dernière nuit dans les montagnes... Elle n'a heureusement pas fait ses besoins dans la sacoche...

Nous songeons à passer la nuit à Abyaneh, mais les rares hôtels sont trop chers. En fin d'après-midi, nous nous décidons à rebrousser chemin pour dormir encore une fois sous la tente. Nous trouvons un endroit en hauteur, loin des regards et qui nous permet de passer une nuit paisible.

Chapitre 16

Leyla et Mustafa

Compteur Kilométrique : 7 212 à 7 430 km

(Abyaneh-Ispahan)

L e lendemain matin, nous remontons le temps. Nous prenons dans l'autre sens le chemin que nous avions pris la veille pour arriver à Abyaneh. Nous retrouvons même Bourriquet ! Mais cette fois-ci, il est attaché à une longe. Son maître n'a pas dû apprécier son escapade amoureuse. Nous saluons une dernière fois le bon Bourriquet.

La longue descente d'hier se transforme en la bien trop longue montée d'aujourd'hui. Les jambes tirent et à plusieurs reprises nous devons pousser nos vélos si lourds. À l'endroit où les chiens de berger nous avaient encerclés, nous tournons à gauche et prenons un nouveau chemin plein sud pour nous diriger vers Meymeh. Le chemin est vraiment difficile avec ses nombreuses pierres. Khanh Nguyen a du mal avec ses pneus qui ripent sur certains cailloux. Elle manque de chuter à plusieurs reprises. Le sentier est toujours aussi difficile à négocier lorsque Khanh Nguyen glisse sur la pierre de trop et se fait mal aux tibias. Elle s'effondre en larmes. Pas des larmes de crocodile, mais ce genre de larmes qui viennent des tréfonds de vos entrailles, que vous contenez si longtemps et qui un jour font céder vos digues les plus robustes. Je reviens aussi vite que je peux vers elle. Entre

Leyla and Mustafa, Ispahan, Iran

deux torrents de larmes, elle s'écrie de toutes ses forces. « Qu'est-ce que je fais ici ? Qu'est-ce que je fais ici ? » Elle en a des secousses dans tout le corps. Je l'enlace et place sa tête au creux de mon cou. Les larmes s'écoulent et imbibent progressivement mon t-shirt. J'essaye de lui parler, de lui dire que nous sommes bientôt sortis d'affaire. Sa respiration si saccadée et irrégulière se calme peu à peu. Les larmes se font rares puis disparaissent. La tempête est finie. J'embrasse Khanh Nguyen sur ses joues encore toutes humides. À travers son regard, elle me dit que ça va, que nous pouvons continuer.

Je laisse Khanh Nguyen pédaler devant et je la suis pour m'assurer que tout va bien. Nous sortons des montagnes pour rejoindre Meymeh. Nous devons passer la nuit dans la maison de famille de Sinah, également membre du réseau *Warmshower*. Il n'est pas là, mais a prévenu son vieil oncle qui nous ouvre les portes. Son oncle étant occupé pour ce soir, nous passons une drôle de soirée tous les deux dans cette grande et vieille maison absolument vide. Je consulte les actualités du jour sur mon téléphone : la France vient de se ranger derrière les États-Unis et l'Arabie Saoudite. Un pipeline saoudien avait été ciblé il y a quelques jours par des tirs de missiles. Les États-Unis ont tout de suite accusé les Iraniens. La France était restée neutre, attendant le rapport de l'ONU. Aujourd'hui, notre président, Emmanuel Macron, se range derrière Trump et pointe les Iraniens comme responsables de l'attaque. Je reviens vers Khanh Nguyen et je lui dis :

—Bon, vu la situation, nous allons désormais faire les bons petits touristes et arrêter de prendre des sentiers perdus. Je n'ai pas envie de me faire arrêter pour espionnage par les Gardiens de la Révolution...

— Et puis on ne sait jamais si l'on est à proximité d'une zone militaire ou non... Imagine si nous campions à quelques kilomètres d'une base militaire sans le savoir...

— On joue les touristes modèles et on ne campe plus. On fait Ispahan puis Chiraz et on voit comment la situation évolue !

— Ok...

Il faut dire que les arrestations récentes nous ont bien refroidis, notamment celles des deux touristes australiens. Tant que la France restait neutre et jouait son rôle d'intermédiaire sur le dossier nucléaire, je considérais le risque politique pour nous comme négligeable. Mais depuis aujourd'hui, ce n'est plus le cas. Le contrôle de police que nous avons subi à proximité du site nucléaire de Natanz contribue aussi à notre petite paranoïa qui se joue en musique de fond. Il s'agit désormais de prendre le minimum de risques avant de quitter l'Iran.

Nous avons le vent de dos le lendemain matin pour descendre sur Ispahan. Nous avalons les cent kilomètres qui nous séparent de la grande ville en quelques heures. Le trafic retrouve toute sa densité à mesure que nous nous rapprochons du centre-ville. Nous avons la chance d'être accueillis par Maha et toute sa famille. Maha, c'est un original qui appartient également au réseau *Warmshower*. Un jour, il est allé jusqu'en Inde depuis Ispahan à vélo, est adepte de la médiation et est un maître concernant tout ce qui touche de près ou de loin au café. Maha nous accueille chez sa famille qui habite dans un grand appartement situé en banlieue d'Ispahan. Sa petite amie, Fatima, nous attend à l'intérieur, dans la chambre de Maha. Elle révise pour ses examens qui arrivent. Nous accrochons tout de suite avec Fatima et Maha : c'est un couple *moderne*, décontracté. Immédiatement, nous sentons que nous parlons le même langage et que nous pouvons nous exprimer sans tout orner d'orfèvreries et de pirouettes.

En tant que grand spécialiste, Maha nous prépare donc du café ! Cela fait depuis la Géorgie que nous n'en avons pas bu un aussi bon. L'Azerbaïdjan et l'Iran sont des grands consommateurs de thé. Des gens comme Maha essayent de rendre certains Iraniens accros au café. Maha nous fait sentir son café, le moud durant de longues minutes puis nous le fait goûter : un délice. Le café nous fait toujours repenser au Vietnam... Le Vietnam est l'un des plus grands exportateurs de café au monde avec le Brésil. Il fait partie intégrante, vitale, de la culture vietnamienne. Avec Khanh Nguyen, nous nous étions rencontrés pour la première fois dans un café à Saigon. De nombreux moments ensemble se sont aussi déroulés autour d'un *ca phê sua da*[1]. Je nous sens désormais si loin de cette époque...

1 Café vietnamien avec du lait concentré et des glaçons

Loin le temps du simple plaisir à être tous les deux autour d'un café dans une petite ruelle de Saigon. Le *nous* sans effort.

Je regarde Maha et Fatima s'ajuster, s'accorder l'un à l'autre, et je repense un peu à nous, au *nous* d'avant. Depuis environ cinq mois sur les routes, nous sommes ensemble tous les deux, à chaque instant, à chaque seconde. Mon aller-retour express depuis la Géorgie pour la France pour l'enterrement de ma grand-mère, *Maman Zouzou*, a constitué l'unique moment où nous n'avons pas été collés l'un à l'autre. Le jeu à deux nécessite parfois des absences, du manque, une indépendance pour mieux se retrouver et célébrer l'éphémère union. Comment conserver la magie des premiers jours lorsqu'on a toujours dans ses pattes l'autre, lorsque les tue-l'amour se multiplient à foison ? Permettez-moi un exemple : la nuit sous la tente. Elle peut être romantique, mais ce sont parfois les flatulences du jour qui volent la vedette. Et puis arrivent rapidement les petites phrases telles que : « Où se trouve le PQ ? », « Ha, tu feras attention de ne pas aller à droite de la tente. Vas bien à gauche si tu dois aller faire tes besoins. D'accord ? »

Alors que Khanh Nguyen parle avec Fatima et Maha, je la dévore des yeux. Nous vivons notre rêve à deux et nous en acceptons donc toutes les conséquences. Tant de couples vivent sur des malentendus, des illusions quant à l'être aimé et par rapport à eux-mêmes. Et puis ils se réveillent un jour, ces couples, face au réel. Je repense à la maxime de La Rochefoucauld dans ses *Maximes* :

> *« Il y a des gens qui n'auraient jamais été amoureux s'ils n'avaient jamais entendu parler de l'amour. »*

Je n'aurais jamais été amoureux si je n'avais pas rencontré Khanh Nguyen. Les illusions ne résistent pas au temps qui passe, aux tue-l'amour. Les malentendus des premiers instants s'évaporent rapidement une fois la routine arrivée ; une fois que l'on se retrouve seul pour trop longtemps en face de l'autre. Être avec Khanh Nguyen, c'est trouver un bonheur simple à accepter ce qu'elle est, à prendre du plaisir à la voir évoluer et suivre ses intuitions, ce qui lui plaît. La réciproque est vraie : elle m'accepte comme je suis, ne me demande pas de devenir quelqu'un d'autre pour sauver des illusions qui pourraient s'évanouir. Alors, les moments sous la tente, et même le PQ, deviennent finalement comme d'éternelles confirmation du bonheur à être ensemble et de partager la même grande réalité.

Maha me voit un peu rêvasser et me demande :

- Quels sont vos prénoms persans, Thibault et Khanh Nguyen ?

J'hésite quelques secondes et je réponds sans raison :

- Leyla et Mustafa !

Nous nous mettons tous les quatre à rire de bon cœur. Leyla, cela s'entend, car proche du prénom occidental de Khanh Nguyen : Léa. Mais personne ne s'attendait à Mustafa ! Nous sommes baptisés : Leyla et Mustafa peuvent enfin célébrer leur union persane !

Ispahan est une ville moderne avec une jeunesse décontractée. Il fait bon de marcher sur le boulevard Chahar Bagh et de voir des groupes de jeunes, filles et garçons confondus, se balader et rire ensemble. Alors que nous marchons, trois filles en skateboard nous croisent. L'Iran est un pays si varié et divers. Entre la rigoriste Qom et la moderne Ispahan, il y a une infinité de mondes. Le grand Bazar et la mosquée Jameh sont tous les deux des chefs-d'œuvres d'architecture et représentent ce qu'Ispahan sait faire des mieux. Les formes et le bleu de la mosquée Jameh ont quelque chose d'inoubliable. Avec Maha, nous restons d'interminables instants à les contempler et à en apprécier tous les détails.

Le soir venu, il est temps pour Leyla, Maha et Mustafa de rejoindre les ponts d'Ispahan qui enjambent gracieusement le fleuve Zayandeh. La nuit tombée, les habitants s'y rassemblent pour partager un dîner, chanter en chœur ou tout simplement se laisser absorber par le spectacle de l'eau qui s'écoule encore et toujours. Le temps passe et nous devons alors courir pour attraper le dernier bus. Les femmes se placent à l'arrière et les hommes à l'avant. Il y a une sorte de zone grise au centre, de zone tampon, où femmes et hommes peuvent se côtoyer ou s'asseoir sur la même banquette. Nous arrivons finalement bien tard chez Maha. Nous nous écroulons sur les interminables tapis persans qui forment une couche si confortable entre nous et le sol.

À Ispahan, nous prenons aussi soin de Tank et Monster qui ont plus de 7 000 kilomètres au compteur. Nous les faisons tous les deux inspecter dans un magasin spécialisé et changeons leur chaîne pour la suite du voyage. Ils ressortent du magasin comme neufs et prêts à affronter des défis plus grands encore.

Il nous faut aussi renouveler nos visas iraniens qui expirent dans quelques jours. Nous ne le savons pas encore, mais cela va être une expérience originale! Il est possible d'étendre son visa touriste pour trente jours, ce qui nous suffit largement pour atteindre Chiraz. Plutôt que de traverser le Pakistan à vélo, nous préférons finalement jouer la carte sécurité et prendre l'avion de Chiraz à Delhi en Inde.

Avant de nous rendre au bâtiment de Police, au département de l'Immigration, nous faisons faire des photos d'identité. Leyla doit porter un hijab qui se doit de dissimuler le moindre de ses cheveux. Avec Maha, nous rions beaucoup lorsque nous découvrons Leyla : on dirait une Indonésienne ou une Malaisienne mais certainement plus une Vietnamienne ! Puis vient le tour de Mustafa pour une photo plus standard. J'ai toujours l'air d'un local ! Lorsque les photos finissent d'être imprimées, nous découvrons un véritable petit couple iranien et fin prêt pour un grand mariage : Leyla et Mustafa, Princesse et Prince d'Ispahan.

Nous nous rendons ensuite au bâtiment de police. À l'accueil, un officier nous contrôle et nous demande de déposer nos téléphones dans une boîte en plastique. Nous les récupérerons à la sortie. Mustafa prend la porte de gauche pour se faire palper ; Leyla la porte de droite. Nous nous retrouvons alors parmi une foule dense, pour la plupart des Irakiens et des Afghans. Il y a des dizaines de comptoirs numérotés où chacun essaye de jouer des coudes afin de garder sa place ou d'en gagner une. Je reste comme hébété ne sachant où aller. Un homme me dit qu'il faut d'abord récupérer un dossier puis aller au comptoir sept, ce que nous faisons. Nous obtenons un premier tampon puis nous sommes orientés vers le comptoir onze. Nous attendons à la porte, un homme à l'intérieur est en train de se prendre un savon par l'officier de police. Ça crie, ça vocifère, ça supplie, ça pleure un peu. Je vois sur le passeport du savonné que c'est un Irakien. C'est bientôt le tour de Leyla et Mustafa. Nous avons peur de subir le même sort. Le petit monsieur irakien en pleurs se fait congédier et l'officier de police, rasé de près, nous appelle la mine renfrognée. Je me prépare à encaisser ses coups. Comme par magie, son visage change du tout au tout. La tempête laisse place à une mer calme et sereine :

« Bonjour ! D'où venez-vous ? Ha, la France et le Vietnam. Magnifique ! Vous êtes mariés : félicitations ! Que voulez-vous ? Vous souhaitez prolonger votre visa et vous rendre à Chiraz. Très bien. Voilà votre tampon. Merci et bonne continuation en Iran. »

Nous ressortons après une minute seulement heureux d'avoir passé un si bon moment. La valse des tampons continue. Nous remontons et descendons les étages parmi la foule compacte d'Irakiens et d'Afghans. L'administratif a encore de très beaux jours devant lui. J'ai vraiment l'impression de revivre la scène d'Astérix dans les *Douze Travaux* où il est nécessaire d'obtenir le *laissez-passer A-38* dans la « maison qui rend fou ». Sans trop de difficultés, nous obtenons un dernier tampon. Un dernier officier nous demande de revenir après le déjeuner.

Quelques heures après, nous revenons au bâtiment de police. Nous faisons la queue pour obtenir notre extension de visa. J'en profite pour regarder une affiche qui se trouve sur un mur à droite de la file d'attente. L'affiche est séparée en deux : à gauche un bonbon à l'air libre et sans papier pour le recouvrir ; à droite un bonbon enrobé d'un joli papier. Le bonbon de gauche est assailli, dévoré par les mouches ; celui de droite est intact et sans mouche volant autour. Au bas de l'affiche, on retrouve une femme qui laisse apparaître ses cheveux ou des morceaux de peau et en face une femme parfaitement vêtue d'un long hijab. Le message ne peut pas être plus clair et explicite : « Femme, si tu veux éviter le harcèlement sexuel symbolisé par les mouches, couvre-toi comme il faut. Enrobe-toi tel un joli bonbon et tu conserveras ta dignité et ton intimité ». Cette affiche

Entre conservatisme et modernité, Ispahan, Iran

me glace le sang, et même aujourd'hui, des mois après, j'y repense encore. Elle témoigne d'une violence sourde et destructrice envers les femmes. Je repense au harcèlement qu'a subi Khanh Nguyen sur la route de Qazvin, uniquement parce que c'était une femme et qu'elle portait, peut-être, un hijab de façon décontractée. Nous revenons toujours à l'éternelle question de l'œuf et de la poule : est-ce parce que certains hommes sont des détraqués sexuels qu'il faut couvrir les femmes ? Ou, au contraire, est-ce parce que les femmes sont trop couvertes que certains hommes développent des pulsions sexuelles dévastatrices dès qu'ils entrevoient un tout petit morceau de peau ?

C'est notre tour. Je détache mes yeux de l'affiche pour les poser sur les nouveaux tampons qui sont apposés sur nos visas. C'est parti pour trente jours supplémentaires en Iran ! Nous passons une dernière soirée avec Maha et sa famille. Fatima, la petite amie de Maha, souhaite vraiment nous accueillir chez elle à Chiraz ; Maha nous retrouvera sûrement là-bas.

D'Ispahan à Chiraz, il y a bien cinq cents kilomètres. Et entre les deux, il y a la grande province de Fars et... Persépolis. Au tout petit matin, nous préparons Tank et Monster, enlaçons notre cher Maha, le seul levé de la famille, et disparaissons à travers l'unique fraîcheur des belles premières heures.

Chapitre 17

La province de Fars et les Qashqai

Compteur Kilométrique : 7 430 à 7 790 km

(Ispahan-Aspas-Persépolis)

La province de Fars nous réserve de grandes et belles surprises, ce genre de rencontres qui vous réconcilient pour longtemps avec le genre humain.

Tank et Monster sont heureux de retrouver la route, les grands espaces. Nous pédalons l'esprit léger. Reprendre la route après plusieurs jours de repos est toujours pour moi une source d'une satisfaction certaine et d'une joie tangible. Tout se remet en mouvement, l'ordre du monde peut reprendre son cours. Les montagnes s'enchaînent et les paysages désertiques aussi. Ici et là se trouvent des terres irriguées qui fournissent la région et le pays en légumes et en fruits. Après deux jours de route, nous arrivons dans la petite ville d'Abadeh. À l'entrée, se trouve une longue caserne militaire. Je fais signe à Leyla de rouler tout droit, aussi vite qu'elle peut et de ne surtout pas poser son regard sur la caserne. J'entends un homme qui nous interpelle depuis son mirador. Je fais mine de ne pas l'entendre et file tout droit.

À Abadeh, nous avons rendez-vous avec Mehdi et sa famille qui accueillent de temps en temps des membres de la communauté *Warmshower*. Mehdi est étudiant en sport et parle un anglais très hésitant. Nous utilisons donc *Google Translate* pour communiquer et cela fonctionne bien. Mehdi nous présente à sa famille : il vit avec ses parents et sa sœur. Bono, sa mère, et Honi, sa sœur, sont les deux piliers de la maison. Bono est professeure de sport et entraîne une équipe de volley. C'est une femme forte et maternelle qui gère de main de maître tout son petit monde. Bono est une grande cuisinière et nous prépare notamment un succulent *Abgoosht*. C'est un savoureux mélange de pois-chiche, de tomates, de pommes de terre, d'oignons et de mouton qui se déguste avec du *Sangak,* notre pain favori en Iran ! Le courant passe bien avec toute la famille. Tout le monde explose de rire lorsque je dis que je m'appelle Mustafa et que ma femme, c'est Leyla. « *No terrorist Mustafa, no terrorist* » s'exclament Bono et Honi et tout le monde rigole de plus belle !

Toute la famille veut aussi nous faire découvrir sa région. Alors, le lendemain, nous partons à deux voitures pour rendre visite à l'arbre, dit-on, le plus vieux du monde. Il se trouve dans la province voisine de Yazd. Ce gigantesque cyprès impressionne par sa taille et ses 4 500 printemps. Il aurait été planté par le prophète Zoroastre, Zarathoustra.

Après cette visite millénaire, Medhi et sa famille nous conduisent vers le grand désert, le vrai : celui avec ses dunes à perte de vue et absolument rien qui ne pousse. La voiture patine sur les pistes de sables alors que le soleil entame sa course folle derrière les dunes. L'atmosphère est si particulière et grandiose. Je pose mes yeux sur le compteur d'essence qui a depuis longtemps atteint la limite de la zone rouge. Après quelques minutes, cela ne rate pas : panne d'essence. Nous nous retrouvons au beau milieu du désert sans essence. Heureusement, nous arrivons à contacter la seconde voiture qui nous vient en secours. À l'aide d'un tuyau et de savantes inspirations d'air, on transvase la précieuse essence d'une voiture à l'autre. Nous pouvons finalement repartir et atteignons une sorte de campement nomade au milieu duquel brûle un grand feu. Des musiciens jouent tout autour. Nous les écoutons religieusement jouer durant un certain moment. Bono suggère ensuite de marcher tout droit parmi les dunes et les étoiles, si nettes et si proches. Chacun se place au sommet d'une dune et se lance en roulé-boulé jusqu'à atteindre le point bas. Chaque descente s'accompagne

En route vers Abadeh, Iran

des cris et des rires de tout le groupe. Je me lance à mon tour et enchaîne frénétiquement les roulades le long de la dune. J'atterris en bas avec un grand tournis et en échos les rires hauts et si vrais de Leyla et de toute la famille.

Nous rentrons au cœur de la nuit parmi un ciel où il y a tellement d'étoiles qu'il semble ne pas y avoir assez de place pour elles toutes. Je les contemple, tout rêveur, ma main dans celle de Leyla. Demain, nous serons de retour sur la route. Les montagnes nous attendent de pied ferme !

La veille du départ, nous regardons une carte disposée dans la chambre de Mehdi. Pour rejoindre Chiraz, Mehdi nous conseille de prendre une route secondaire plutôt que de suivre la grande *route 65*. Elle présente plus de relief, mais a le mérite de nous faire découvrir les beaux paysages de la province de Fars. Elle nous mènera à la millénaire Persépolis avant de rejoindre Chiraz. Deux ou trois jours nous seront nécessaires avant de voir Persépolis.

Comme d'habitude, nous plions bagages tôt le matin afin de pouvoir faire une bonne partie des kilomètres à faire avant le soleil de midi. Nous quittons vite la grande *route 65* et ses poids lourds pour rejoindre une petite route toute tranquille qui monte vers la ville d'Eqlid. Un fort vent en rafale nous cueille avant la montée, si bien que nous devons nous protéger derrière une rangée de cyprès le temps qu'il faiblisse. À Eqlid règne un microclimat qui me donne l'impression de rentrer en automne. Les arbres feuillus bordent les routes : en particulier des noyers, grands et fiers sur lesquels grandissent de superbes noix si caractéristiques d'Eqlid.

Sur mon GPS, j'ai ciblé la Promenade Rasool Allah pour notre déjeuner. Une célèbre fontaine y coule paisiblement et les Iraniens aiment y déjeuner ou y camper pour la nuit. Peu avant midi, nous traversons la rue principale lorsqu'une voiture de police se porte à notre hauteur. Ils sont deux policiers à l'intérieur : le plus âgé conduit tandis que le plus jeune est en charge du talkie-walkie. Appelons-les Starsky et Hutch. Le plus âgé, Starsky, baisse sa vitre. Je lui souris et déplie notre petit papier introductif en Farsi. Il me demande où nous allons. Je lui réponds « Chiraz », notre destination pour les prochains jours. Il nous salue puis rabaisse sa vitre.

Nous continuons à traverser la ville pour rejoindre la Promenade Rasool Allah. Il y a une petite côte à grimper pour atteindre le sommet de sa colline. À peine arrivés en haut, la même voiture de police refait son apparition. Starsky et Hutch nous ont bien évidemment suivis. Ils semblent ne pas tolérer pour trop longtemps notre présence à Eqlid. Hutch nous demande si nous allons passer la nuit ici. Je lui réponds que nous camperons peut-être ici ce soir. Lui et Starsky tirent la tronche et semblent nous dire « Ok, mais à vos risques et périls ». Starsky nous laisse tout de même son numéro de téléphone puis leur voiture repart. Ils reviendront passer nous voir, c'est certain.

Nous laissons Monster et Tank pour nous asseoir sur un banc et profiter de notre déjeuner : des restes d'*Abgoosht* préparé par Bono de la veille, du pain *Sangak,* des tomates, un concombre et du fromage frais aux noix. A peine nous nous installons que deux hommes arrivent vers nous. Ils sont tous les deux vêtus de polos bleus. Les deux peuvent parler anglais : ils sont frères et s'appellent Mahmood et Ali. Après une brève introduction de ma part, ils nous proposent de les rejoindre pour le déjeuner en compagnie de leurs deux parents. Ils s'étaient installés tous les quatre dans les jardins de Promenade Rasool Allah et nous ont vus passer à vélo. Je joue un peu au *Taarof* avec eux : ils insistent et gagnent. Nous retrouvons leurs parents assis sur une grande nappe et sur laquelle reposent des petits plats, du pain, du riz, des fruits et du thé. Leur père ne parle pas anglais, mais multiplie les blagues, sa moustache s'agitant à chacune d'entre elle. Leur mère, vêtue aussi de bleu, est plus discrète, mais elle a un regard doux et maternel. Nous échangeons avec eux notre parcours passé et à venir. Je peux lire dans leurs yeux qu'ils jugent l'aventure totalement impossible ou que nous sommes tous les deux bien fous. Ali est en train de faire son service militaire tandis que Mahmood est ingénieur en électromécanique. Je leur fais part des belles découvertes que nous avons faites à Kashan, Abyaneh et Ispahan. Ils approuvent de la tête, mais pour eux, la plus belle ville d'Iran c'est Chiraz ! Arrive enfin le moment que je préfère : celui du thé chaud servi à l'aide d'un samovar. Les discussions se poursuivent et la confiance règne depuis déjà bien longtemps entre nous six.

Il est alors temps pour eux d'y aller. Ali nous demande où nous comptons dormir pour ce soir. Je lui fais comprendre que ce sera normalement ici même... Ali et Mahmood se mettent à rire :

— Dormir sous la tente ici ? Mais il va faire froid ce soir ! Venez chez nous les amis, s'exclame Ali.

— C'est vraiment gentil de votre part. Mais ça ne comporte pas de risque avec la police ? Ils nous suivent depuis midi et nous ne voulons pas vous créer de problèmes, lui réponds-je.

— Non, ne vous inquiétez pas. Venez ! Voici notre adresse. À tout à l'heure les amis !

Ils remontent tous les quatre dans leur Peugeot 405 blanche – décidément omniprésente en Iran – et s'éloignent. Nous nous reposons une bonne heure à l'ombre avec Khanh Nguyen qui en profite pour faire une sieste. Le but maintenant est de rejoindre leur maison sans se faire repérer par la police. Dormir chez l'habitant en tant que touriste n'est pas toujours vraiment toléré en Iran et je ne veux surtout pas que nous soyons une source de problème pour nos bienfaiteurs.

Nous quittons la Promenade Rasool Allah. Il s'agit maintenant d'arriver à la maison d'Ali et de Mahmood sans se faire repérer par Starsky et Hutch qui pourraient nous créer des ennuis. Plutôt que de prendre la rue principale, nous serpentons parmi les ruelles d'Eqlid qui ajoutent de la distance mais qui nous dissimulent parfaitement des regards. Une petite vieille vêtue de noire nous voit débouler de nulle part dans sa rue et doit vraiment se demander ce que ces deux Martiens font ici. Nous prenons encore plusieurs petites rues pour atterrir dans un pâté de maison entouré de noyers. Je téléphone à Ali qui sort immédiatement pour nous ouvrir. Il semble ne pas s'inquiéter de la police alors que nous nous précipitons pour rentrer dans la cour de sa maison. Personne ne nous a vu rentrer... ce qui nous assure, en théorie, une soirée et une nuit tranquilles.

La famille vit dans une belle maison avec plusieurs arbres fruitiers ainsi que quelques noyers. Ali nous aide à défaire nos sacoches et nous accompagne à l'intérieur. Sa mère est déjà en train de préparer le repas pour

La province de Fars, Iran

Au coeur du désert, Région de Yazd, Iran

ce soir. Son père est heureux de nous retrouver et nous installe sur l'épais tapis du salon. On nous offre du thé et des biscuits. Mahmood nous pose des questions sur notre couple : « Comment avez-vous pu vous rencontrer tous les deux ? Le Vietnam et la France... c'est si loin. »

Je reprends alors l'histoire depuis le début et je réalise à travers la question de Mahmood que nous représentons plus l'exception que la règle dans ce monde. Les gens que nous croisons sur notre route sont plus que sédentaires alors que nous sommes des nomades sans bornes ni frontières. La mondialisation « heureuse » m'a permis de voyager, de vivre au Vietnam et de rencontrer celle qui deviendrait ma femme. Je me rends compte que je respecte infiniment ces gens qui restent presque toute leur vie au même endroit et qui y fondent leur famille, y développent leur communauté sans pour autant rêver de s'enfuir vers un flou ailleurs. Je ne sais pas si j'en serais capable...

La porte de la pièce principale s'ouvre alors et débarquent deux cousins de Mahmood et Ali. Ils veulent nous montrer Eqlid ! Nous montons tous dans la Peugeot 405 pour découvrir la bien paisible petite ville. Les voix des muezzins de toutes les mosquées environnantes s'élèvent à mesure que le soleil disparaît tout au fond de l'horizon, loin derrière les montagnes. Nous passons encore devant des noyers puis les deux frères et les deux cousins nous conduisent à la pâtisserie de la rue principale. La rue principale est synonyme pour nous de Starsky et Hutch. Nous descendons de la 405 tels deux fugitifs pour nous engouffrer dans la pâtisserie. « Choisissez ce que vous voulez les amis ! » Il y a des centaines de gâteaux différents. Leyla en pointe certains au hasard et j'essaye d'en sélectionner d'autres sur leur belle apparence. Nous nous retrouvons très vite avec une grosse boîte, que bien entendu, il nous est impossible de payer face à l'insistance de Mahmood et Ali.

De retour à la maison, nous nous installons tous autour du repas. Leur mère a passé tellement de temps pour nous cuisiner le meilleur dont elle capable que je fais tout mon possible pour la complimenter. J'insiste bien auprès de Mahmood pour qu'il traduise toutes mes louanges. Sa mère les balaie d'un poli revers de la main et un délicieux sourire. Les plats sont variés, succulents et avec comme aliment incontournable... des noix d'Eqlid! L'ambiance est détendue entre les deux grands nomades et la famille de sédentaires. Après deux heures de discussion, Leyla a des tous petits yeux et commencent à bâiller. Il est temps d'aller se coucher. Ali insiste pour que nous restions une journée de plus. Je décline aussi poliment que je peux : nous devons rejoindre la grande Chiraz à temps où nous attend notre avion pour l'Inde.

Les nuits en Iran sont parmi les meilleures que j'ai passées dans ma vie, et tout particulièrement dans ses campagnes. L'air y est frais, le silence règne et le fait de dormir sur ces grands tapis persans à même le sol apaise et ressource nos corps endoloris. Il faut dire aussi que je peux dormir aussi paisiblement grâce à l'absolue confiance que je porte à nos grands hôtes et à leur façon, toujours royale et divine, de nous accueillir.

Le lendemain matin, la nuit si fraîche vient à peine de s'éclipser qu'il nous faut déjà repartir vers Persépolis. Ali, Mahmood et leurs parents nous accompagnent jusqu'à la porte en fer. « Merci, Merci » leur adresse Leyla. Nous prenons d'ultimes photos devant la grille et les noyers, les embrassons du regard et appuyons sur les pédales de Tank et Monster.

Le voyage reprend. Pas un minuscule arbre pour nous protéger du soleil. La route est comme un étrange cobra argenté qui serpente parmi le sable et les montagnes. Nous sommes deux petits parasites qui pédalent sur la peau de cet énorme cobra. Pas un nuage ne flotte au-dessus de nous. La *route 78* doit nous mener vers le petit village d'Aspas. Un long tunnel, très dangereux et pollué, selon Ali, se situe devant nous. Au départ, nous voulions le faire à vélo, mais une voiture qui s'arrête à côté de moi nous en dissuade. Le conducteur fait une drôle de tête et semble mimer une suffocation due à la pollution... Je propose donc à Leyla de nous approcher du tunnel puis de faire du *stop*. Il nous faut moins d'une minute pour trouver un chauffeur qui s'arrête avec son Zamyad vert. Il nous installe immédiatement à l'arrière parmi les tomates et les pastèques. Le tunnel n'est pas si dangereux : il est bien éclairé et finalement pas si pollué. Je suis tout de même content de le faire en voiture ! Une fois sortis du tunnel, je tape sur la vitre arrière du chauffeur qui s'arrête net. Nous descendons les vélos, prenons un *selfie* qu'il envoie à sa femme. Il nous souhaite bonne chance et repart aussitôt dans son Zamyad.

Il y a peu de voitures sur cette route secondaire pour Persépolis et encore moins de vélos. Je me dois de vous préciser ici que nous n'avons croisé aucun cycliste au long cours comme nous depuis plus d'un mois... Les locaux sont donc d'autant plus surpris de nous voir rouler sur cette petite route à travers le désert. J'en aperçois même un au volant de sa voiture qui tape son long index sur sa tempe tout en nous regardant lorsqu'il nous croise, comme pour nous dire que nous sommes des grands fous. Les paysages deviennent tout à fait sublimes. Les voyageurs que nous sommes se laissent peu à peu happer par l'atmosphère ambiante et les éléments.

À notre droite, je repère un groupe important de moutons accompagnés de ses bergers qui s'éloignent vers les montagnes. Un peu plus loin se trouvent des tentes en tissu de couleur blanche dont les extrémités flottent délicieusement au vent. Ce sont des Qashqais ! Les Qashqais ne sont pas un modèle de voiture Nissan... mais avant tout et surtout un grand peuple qui vit en Iran. Une majorité d'entre eux vivent dans la province de Fars. Au cours des siècles précédents, ils ont été principalement nomades et avaient comme principale ressource le pastoralisme. Ils sont connus et reconnus pour leur laine de première qualité ainsi que pour leurs tapis. Les Qashqai... des nomades un peu comme nous finalement qui changeons régulièrement de lieu avec notre tente ! Cependant, beaucoup d'entre eux se sont sédentarisés depuis les années 1970 et vivent désormais de l'agriculture dans des villages.

Nous arrivons un peu avant l'heure du déjeuner dans le tout petit village d'Aspas. Il y a une supérette qui vend un peu de tout dont du café chaud. J'achète ce qu'il nous faut pour ce soir et demain matin et reviens dehors où m'attend Leyla, assise sur une fragile chaise en plastique. Je lui tends son café et commence à souffler sur le mien lorsqu'un homme nous salue chaleureusement. Il s'appelle Reza. Je viens à peine de nous présenter qu'il nous propose de déjeuner chez ses parents qui vivent à trois cents mètres d'ici. Reza a une tête qui me plaît et puis il nous dit « Ma mère fait le meilleur *Ghormeh Sabzi* d'Iran ! » Il ne nous en faut pas plus pour nous convaincre... Cela va à l'encontre de tout ce que nos parents nous ont appris depuis l'enfance : « N'accepte jamais les bonbons d'un inconnu à la sortie d'école », « N'accepte jamais de suivre quelqu'un que tu ne connais pas. » Mais, pourtant, je fais une confiance absolue en Reza et au *Ghormeh Sabzi* de sa mère. Ce long voyage m'apprend de plus en plus à écouter mon instinct et à me défaire de certaines pensées trop rationnelles et protectrices. Reza passe un coup de fil à ses parents pour avoir l'autorisation de nous inviter puis nous fait signe de le suivre.

Nous suivons donc Reza sur les trois cents mètres qui nous séparent de chez lui. Je suis tout de suite impressionné par la splendide haie colorée de fleurs qui mène à la cour de sa maison : du rouge, du rose, du jaune. Reza appartient au peuple Qashqai : ses parents étaient nomades, mais ils se sont sédentarisés il y a quelques décennies. Nous avançons nos vélos lorsque se présente sur le perron Zahra, la mère de Reza. Elle est habillée de façon différente de beaucoup d'Iraniennes que nous avons croisées : elle porte plusieurs vêtements avec comme base une robe bleu céleste recouverte d'un vêtement gris foncé à motifs et enfin un voile noir ourlé de couleurs dorées. Zahra nous accueille avec tous les égards. J'essaye de garder bonne composition malgré toute une matinée passée sur la route. Zahra semble surtout impressionnée par Leyla : une femme qui voyage à vélo et aux traits si asiatiques. Il y a quelque chose de magnétique entre elles deux.

Reza nous présente ensuite son plus jeune frère, Ali, puis son père, Karim. Karim a vraiment la tête du Qashqai quand vous faites une simple recherche sur *Google image* et que vous tapez « homme Qashqai ». Il a les traits bien marqués par le soleil, la peau mate et une vraie moustache. Il nous somme de nous asseoir dans leur grande pièce à vivre où percent à travers les carreaux les rayons du soleil. Je dis à Reza que nous souhaiterions repartir après le déjeuner, que la route est encore longue. Nous nous installons confortablement autour du repas préparé par Zahra. C'est de la grande cuisine ! Son *Ghormeh Sabzi* est fabuleux de saveurs et de nuances. Le *Ghormeh Sabzi* c'est un ragoût d'agneau aux herbes avec des pois chiches et un ingrédient qui fait toute la différence : de la grenade. Je me régale alors que nous nous découvrons les uns les autres. Reza travaille à Ispahan en tant qu'ingénieur-électricien. Il vient rendre visite régulièrement à ses parents. À mesure que nous parlons, j'en oublie la fatigue et les tracas de la route. Je suis simplement heureux, joyeux, d'être là, maintenant. Zahra et Karim nous forcent à nous resservir plusieurs fois... si bien que le repas terminé la sieste devient inévitable.

Reza installe pour nous des matelas et des oreillers dans une pièce attenante au salon. Le sommeil est immédiat. Je me réveille une trentaine de minutes plus tard tout engourdi alors que Leyla dort encore. Je nous vois mal repartir sur les routes et puis nous sommes si bien ici. Je marche d'un pas léger et discret vers Reza :

— Reza, tu penses que nous pourrions rester ici cette nuit ? L'après-midi est déjà bien avancé et je ne sais pas vraiment où nous pouvons dormir sur la route...

— Bien sûr Mustafa, restez tant que vous voulez. Nous sommes vraiment heureux et touchés que vous souhaitiez tous les deux rester avec nous.

— Merci Reza... Merci beaucoup...

Je laisse la princesse Leyla se réveiller par elle-même. Une fois ses deux petits yeux bien ouverts, je lui annonce la bonne nouvelle et observe avec satisfaction l'apaisement qui règne sur son visage. Zahra rentre alors dans la pièce : elle veut partager avec Leyla quelque chose de spécial ! Zahra s'affaire à chercher quelque chose dans une grande armoire : une robe de mariée Qashqai !

Elle ressort de l'armoire une pile de vêtement et s'approche de Khanh Nguyen. Je sors pour leur laisser un peu d'intimité et profite des fleurs de la cour intérieure. Quelques minutes plus tard, une véritable princesse Qashqai se présente dans la cour ! Leyla est absolument splendide dans ses nouveaux vêtements de noces : de l'argent, de l'or, du noir qui se complètent sur plusieurs niveaux. Sur la tête Leyla porte un voile transparent sur lequel

Leyla et Mustafa chez les Qashqai, Fars, Iran

repose un turban de couleur rose, un Dastmal. Le résultat est unique. Elle est si belle, si majestueuse. J'ai l'air d'un pauvre vagabond dans mes vêtements lorsque je suis à ses côtés... Nous multiplions les photos dans la cour. Je prends ensuite en photo Leyla avec Zahra, puis avec Reza. Les clichés sont uniques et si forts : une Vietnamienne qui porte une robe de mariée Qashqai dans la province de Fars en Iran. Je remercie Zahra de nous avoir ouvert en grand les portes qui nous donnent accès à ces moments si particuliers.

Dans l'après-midi, Reza nous conduit chez un voisin qui possède un grand jardin dans lequel sont régulièrement organisés des mariages dans la tradition Qashqai. C'est à mon tour de porter l'habit traditionnel de ces beaux nomades : un long vêtement parsemé de couleurs dorées et de pointes de rouge avec certains motifs en forme de papillon. Ma taille est cerclée d'un tissu rouge ambré et je porte un drôle de couvre-chef dont les deux côtés peuvent se rabattre. J'ai beaucoup moins d'allure que la princesse Leyla, mais on pourrait tout de même me prendre pour un Qashqai.

Nous retrouvons avec joie la belle maison de Zahra et de Karim. Le dîner est déjà servi : des *Kotlets*[1] nous attendent. Nous savourons ces moments précieux et intemporels tous ensemble. Je remercie encore une fois Zahra, Karim, Reza et Ali. La princesse Leyla se retire dans ses appartements et Mustafa le vagabond la suit.

⌒∿⌐

Le petit matin se lève et nous enveloppe de sa vive fraîcheur alors que nous préparons Tank et Monster pour la journée qui nous attend. Il y a bien cent-vingt kilomètres accidentés à parcourir et il nous faut partir sans tarder. Karim est déjà parti de la maison avec sa voiture. Je demande à Reza de lui dire au revoir de notre part. Vient alors le temps des si difficiles adieux avec Zahra, Reza et Ali. Je les remercie pour leur grande, leur belle humanité et de nous avoir accueillis comme des amis que nous sommes finalement devenus par la force des choses. Nous resterons en contact, c'est

---

1 Boulettes de viande mélangée à de la pomme de terre et des oignons

sûr, c'est obligatoire.

La route reprend parmi les montagnes Qashqai. Environ trente minutes après avoir quitté Aspas, une voiture nous croise : c'est Karim ! Il coupe son moteur et vient nous souhaiter bonne chance pour la suite de l'aventure. Nous nous disons au revoir du mieux que nous pouvons puis chacun repart dans sa direction.

Après seulement cinq kilomètres parcourus, nous passons devant une école. Un groupe d'enfants nous a vus arriver de loin et nous fait des grands signes pour nous dire de nous approcher. Il reste plus de cent kilomètres à faire pour aujourd'hui, mais je prends la décision, tout à fait irrationnelle, d'aller leur rendre visite. Les écoliers, âgés de cinq à quatorze ans, sont au comble de l'excitation. Ils crient, courent dans tous les sens autour de nous. Leur professeur, qui porte une barbe noire très dense, alerté par le vacarme vient à notre rencontre et nous invite à prendre le thé à l'intérieur. Dans la cour, ils sont au moins deux-cents gamins : les petites filles portent le voile et un uniforme rose ou noir, les petits garçons ne semblent pas avoir un code particulier à respecter. La foule de petits individus forme un cercle tout autour de nous... Ils veulent tout toucher : les vélos, les chapeaux *Non La,* les sacoches, nos visages... J'en profite pour descendre de Tank et prendre des photos de cette joyeuse et dense petite foule avec Leyla.

Le temps passe si vite et je me rappelle douloureusement que nous avons encore plus de cent kilomètres à faire... Nous buvons rapidement le thé offert par le professeur alors que les écoliers inspectent Tank et Monster sous toutes leurs coutures. J'explique au professeur que nous devons, bien malgré nous, repartir vers Persépolis. La sortie de l'école se fait aussi dans l'excitation la plus totale. Les élèves nous suivent et certains nous supplient de leur signer un autographe, d'autres de venir leur rendre visite chez eux. Deux petites filles se mettent même à se disputer pour savoir qui sera la famille qui nous accueillera. L'une d'entre elles se met à pleurer. Je coupe court à la dispute en tentant de leur expliquer que nous devons continuer et que leur rendre visite nous est tout à fait impossible. Tous les élèves se

Leyla et les écolières, Fars, Iran

mettent alors à crier « khodâfez , khodâfez[1] » et nous font des grands signes de la main tant que nous sommes encore dans leur champ de vision jusqu'à tout à fait disparaître dans le très loin.

La route devient plus difficile alors qu'un col se présente devant nous : l'asphalte monte de façon abrupte avec des pourcentages proches de 20 %. Aucune ombre pour nous soutenir. Nous suons à grosses gouttes, rattrapant même un gros camion qui peine à franchir le col. Au sommet du col, une voiture nous tend des boissons et des biscuits. À l'intérieur se trouve le professeur de l'école qui rentre chez lui ! Je lui lance : « Merci, merci ! Khodâfez ! » Après le col, nous profitons d'une route qui descend en lacets parmi la roche taillée par des millions et des millions d'années. Un village apparaît au loin, tout en bas. Je propose à Leyla de nous arrêter à l'*Emamzadeh Esmaieel,* un lieu de culte, pour le déjeuner et même de passer la nuit ici, si c'est possible. Entre ce village et Persépolis, il n'y a pas vraiment d'endroit où nous pourrions faire étape. C'est donc maintenant ou jamais que nous pouvons nous arrêter.

Le village semble en travaux, la rue principale est toute défoncée. Je rentre dans l'*Emamzadeh* : personne à part une vieille femme qui se repose dans un coin et deux ou trois enfants perdus qui traînent. L'ambiance est pour le moins bizarre. Je ne le sens pas cet endroit. Nous décidons de nous reposer quelques instants à l'ombre pour reprendre des forces et déjeuner. Il est déjà quatorze heures et il nous reste soixante-six kilomètres à faire pour Persépolis. Il nous faut reprendre la route et vite. « Ne surtout pas rouler durant la nuit » est une règle importante pour notre sécurité que nous nous sommes fixée.

La fatigue s'installe à mesure que les kilomètres passent alors qu'un type débarque de nulle part à moto et se met à nous suivre sur plusieurs kilomètres. Il semble ne pas vouloir sympathiser plus que cela le type sans casque sur sa moto. Il n'y a absolument personne dans la vallée : nous deux et lui. Pour moi, il ne représente pas une menace particulière. Il s'embête

---

1 « Au revoir » en Farsi

229

comme un rat mort et se distrait comme il peut. Leyla, elle, pressent une menace : « Il attend le bon moment pour nous agresser ou nous voler. Il me fait peur ce type ! » Le *type* passe devant nous et j'en profite pour m'arrêter. Leyla fait de même et attrape sa bombe au poivre ainsi que notre petit couteau de cuisine qu'elle place dans sa poche... Le type, que nous apercevons toujours au loin s'est arrêté aussi. Il semble nous attendre. Je commence à prendre un peu peur. Et s'il avait prévenu des complices qui nous attendent un peu plus loin... La peur de Leyla est contagieuse et la rationalité est partie faire un tour. Le type redémarre alors sa moto et disparaît.

Les kilomètres suivants se pédalent dans la peur d'une attaque imminente. Nous sommes aussi attentifs que possible à chaque détail, à chaque forme qui pourrait surgir des buissons tout rabougris et secs qui bordent la route. Mais rien, absolument rien. La fatigue, sûrement, qui nous joue des tours et la peur qui se met à jouer sa propre partition que nous laissons jouer complaisamment. Nous ne reverrons finalement jamais ce drôle de type sur sa moto... Il nous reste bien quarante kilomètres à rouler et la nuit doit tomber d'ici une heure.

Les paysages, eux, ne déçoivent pas. Les crêtes des montagnes ressemblent à d'interminables colonnes vertébrales de dinosaures allongés sur le sol. Je les admire tout en sachant que le chronomètre tourne contre nous. Il est difficile d'en profiter pleinement. La fatigue musculaire nous ralentit, chaque côte est une souffrance mêlée du stress de la nuit qui s'apprête à tomber. J'essaye de repérer un endroit où nous pourrions camper, mais aucune réelle opportunité ne se présente. Je me rappelle aussi que nous nous sommes interdit de bivouaquer jusqu'à Chiraz, pour limiter les risques d'être arrêtés par des Gardiens de la Révolution un peu trop zélés...

La nuit nous tombe dessus progressivement alors qu'il nous reste une vingtaine de kilomètres à faire. Leyla est au bord de la rupture. J'essaye de la faire tenir à travers mes mots et mes encouragements. Nous enfilons nos gilets jaunes réfléchissants et allumons nos feux avant et arrière. Il n'y a aucun éclairage public : deux petits cyclistes dans la nuit noire. Sur la carte, j'ai repéré un hôtel situé à dix-sept kilomètres. Nous avons donc une bonne heure à pédaler dans l'obscurité. Pas le choix. Nous pédalons la boule au

Les derniers interminables kilomètres avant Persépolis, Iran

ventre sans savoir ce qui va nous tomber dessus, notamment lorsque les phares d'une voiture nous inondent de leur lumière aveuglante.

Et puis sort de nulle part, un ange, notre sauveur. Un homme au bord de la route nous fait signe depuis sa Peugeot 405 grise. Il me montre une carte de visite qui est celle du petit hôtel où nous voulons passer la nuit ! C'est le voisin de cet hôtel... Quelle coïncidence ! Il appelle le gérant pour nous qui nous dit qu'il y a de la place et qu'il nous attend ! Sauvés ! Notre bienfaiteur nous escorte alors littéralement durant quinze kilomètres. Il fait en sorte de conduire derrière nous afin de nous éclairer suffisamment et d'obliger les voitures qui nous dépassent d'avoir suffisamment d'espace entre elles et nous. Nous pédalons tout de suite plus sereinement parmi le trop noir de la nuit. La Peugeot 405 grise nous protège, nous met à l'abri des dangers jusqu'à ce que nous arrivions à l'hôtel.

Nous sommes tout à fait exténués, à bout de forces et de nos émotions. Je n'ai plus d'énergie pour rien ; Leyla tient à peine sur ce qu'il lui reste de muscles dans les jambes. Je remercie inlassablement notre ange du jour : Hassan et sa Peugeot 405 grise. Sans lui, je ne sais vraiment pas ce qu'il nous serait arrivé... Le gérant de l'hôtel nous conduit à notre chambre, ce sera vingt dollars pour ce soir. Je n'ai même pas l'énergie de négocier et j'accepte son prix qui me semble assez raisonnable. Après un bref dîner et une douche, nous nous écroulons sous tout le poids de notre journée.

Nous sommes passés par toutes les émotions, tous les paysages. Le temps s'est si dilaté que j'ai la sensation que ce matin, c'était il y a une semaine : Karim, les écoliers, le col, l'*Emamzadeh*, le *type* bizarre sur sa moto, les montagnes en forme de dinosaure, Hassan... J'ai l'impression d'avoir été le jouet des dieux de l'Olympe et de leurs caprices. Apollon, Dionysos, Artémis et Hermès refont leur apparition. Le lendemain, nous irons rendre visite à d'autres dieux : ceux de la Perse, ceux de Persépolis.

Chapitre 18

Persépolis et Chiraz : finir l'Iran en beauté

Compteur Kilométrique : 7 790 à 8 012 km

(Persépolis – Chiraz)

D ans *À la recherche du temps perdu*, Proust nous décrit l'expérience du narrateur qui idéalise l'église de Balbec. Swann lui en a fait la plus belle des descriptions, la décrivant même comme : « presque Persane. » Depuis ce moment, le narrateur idéalise l'église de Balbec comme étant l'un des édifices parmi les plus beaux au monde. Lorsqu'il en fait enfin la découverte, le narrateur est déçu par l'église et ses alentours : la réalité ne correspond pas à ses attentes, ne colle pas à ses désirs et à l'image grandiose qu'il s'en était fait. La réalité n'est pas au niveau de son imagination.

Pour ne pas me gâcher la surprise comme le narrateur d'*À la recherche du temps perdu* avec l'église de Balbec, je ne me suis en rien renseigné sur Persépolis avant d'y mettre les pieds. Je sais juste que les lieux ont plus de 2 500 ans. C'est tout. À trop vouloir en savoir, à se renseigner sur tout, à vouloir optimiser son voyage à tout prix en ne voyant que ce qu'il y a de plus beau, à vouloir éviter d'être déçu... on est forcément déçu. Cette aventure m'a appris que les plus belles choses, nous les recevons par mégarde, par hasard, au détour d'un sentier ou d'une ruelle. Un peu comme la vérité, plus nous voulons la trouver, la cerner, la fixer, plus elle nous échappe, plus elle est insaisissable. Savoir profiter des belles choses à leur juste valeur est plus une disposition qu'une science exacte. Il faut aimer à se perdre dans des lieux inconnus, pour parfois avoir la délicieuse impression d'être au bon endroit au bon moment : une certaine étymologie du bon-heur.

Avant d'arriver à Persépolis, nous roulons devant l'imposante Naqsh-e Rostam : c'est une nécropole dont les premiers vestiges datent de plus trois mille ans et où reposent notamment les rois Achéménides Darius et Xerses. Nous n'osons pas laisser Tank et Monster seuls et tout harnachés sur le parking pour la visiter. Alors nous nous contentons de prendre des photos de loin. Nous prenons notamment notre photo qui célèbre nos huit mille kilomètres parcourus. Ce qui veut dire que nous en sommes à la moitié du voyage ! Je vous ferai un petit bilan, si vous le voulez bien, lorsque nous quitterons l'Iran.

Il y a une grande ligne droite qui mène à Persépolis, et ce, sur plusieurs kilomètres. La route est bordée de part et d'autre d'interminables rangées d'arbres et de grands espaces pour les cars de touristes. Les grands espaces sont complètement vides : pas un seul car. Nous laissons Tank et Monster dans un hôtel où nous passerons la nuit. L'hôtel est vide, lui aussi. Il faut dire que les tensions géopolitiques entre l'Iran, les États-Unis et l'Arabie Saoudite ont dû refroidir un grand nombre de touristes de venir. Après avoir laissé nos sacoches dans notre chambre, nous nous avançons vers l'éternelle Persépolis.

Il faut payer un ticket à l'entrée : il est de 2 $... Nous découvrons presque seuls l'ancienne capitale du royaume Achéménide. Elle est une étonnante superposition de styles et techniques patiemment appliqués durant des siècles jusqu'à ce qu'Alexandre le Grand la mette à sac en 331 avant notre ère. C'est un émerveillement pour moi de voir ses bas-reliefs si bien conservés et qui nous mettent sous les yeux toute la diversité des peuples du royaume Achéménide. Le site est monumental par sa taille et par le fait qu'il est surélevé et surplombe les environs. Avec Leyla, nous prenons plaisir à voyager parmi les ruines de Persépolis, à nous perdre à travers les siècles, les millénaires... Je réalise que nous sommes partis de mon petit village en Vendée pour arriver jusqu'ici par la force de nos mollets. Cela me donne presque le tournis. À mesure que les heures passent nous remontons progressivement le long de la colline vers le point haut qui surplombe Persépolis. Nous avons alors un point de vue idéal pour savourer un lent et inoubliable coucher de soleil sur les ruines de Persépolis. Je suis assis à côté de Leyla, je l'enlace. Nous restons tous les deux silencieux devant le spectacle millénaire. Nous pourrions mourir maintenant et ce ne serait pas vraiment un problème.

La route qui nous mène le lendemain vers Chiraz n'est pas la plus agréable. Elle est très chargée en Peugeots 405 et en Zamyads. C'est la seule route pour rejoindre Chiraz. Nous passons, encore une fois, le long d'une caserne militaire. Un soldat nous appelle au loin depuis son mirador ; je l'ignore. Il crie de plus belle. Je lui lance un bref « *hello* » tout en agitant la main droite sans même lui accorder un regard. Après une ultime côte arrive enfin la récompense : la longue descente vers Chiraz et la maison de Fatima. Vous rappelez-vous de Fatima ? C'est la petite amie de Maha qui nous avait accueillis à Ispahan. Elle nous attend avec impatience chez elle. Nous resterons ensemble une petite semaine avant notre vol pour Delhi en Inde.

Fatima nous ouvre le portail qui donne sur une large cour où nous laisserons se reposer Monster et Tank. Je suis si heureux de retrouver un visage et un sourire que je connais et que j'avais tellement envie de revoir ! Et puis il faut voir Fatima et Leyla toutes les deux : comme deux sœurs qui auraient grandi toute leur enfance ensemble. Fatima vit dans un appartement avec sa mère et son frère qui travaille pour l'armée iranienne... J'évite soigneusement de lui parler de nos mésaventures avec les soldats iraniens. Fatima nous installe dans une chambre et nous propose d'aller vite retrouver Maha qui est venu lui rendre visite depuis Ispahan et qui doit repartir dans quelques heures.

Quelques arrêts de métro plus loin, nous retrouvons dans un petit café notre bon vieux Maha ! Revoir Maha c'est comme retrouver un vieux frère, un ami de longue date. Avec Leyla, nous lui racontons toutes nos péripéties d'Ispahan à Chiraz. Maha nous donne de ses nouvelles ainsi que de sa famille. Les minutes passent trop vite et Maha doit attraper son bus pour Ispahan. Je le prends dans mes bras une dernière fois, Leyla aussi : « Au revoir Maha, nous nous reverrons un jour vieux frère ! »

La semaine qui se déroule à Chiraz mêle les repas avec Fatima et sa

8,000 kilomètres… à mi-parcours, Persépolis Iran

famille, les siestes, les déambulations dans Chiraz, les petits restaurants, les siestes et encore les siestes. Chiraz est connue dans tout l'Iran pour sa pesanteur et la certaine fainéantise de ses habitants. Nous nous laissons happer avec délectation dans sa torpeur cotonneuse et rattrapons des années de sommeil perdu sur les routes en quelques jours.

Nous devons aussi trouver des cartons pour transporter Tank et Monster en soute dans l'avion. Fatima nous aide en appelant plusieurs magasins. L'un d'entre eux a en stock deux boîtes qu'il nous offre généreusement : parfait ! Nous allons les récupérer le matin ainsi qu'assez de papier bulle et de ruban adhésif. Il faut méthodiquement désassembler Tank et Monster afin de les faire rentrer chacun dans leur boîte en carton. Il faut aussi veiller à bien les enrubanner de papier bulle pour éviter toute casse lors du transport. Tout ce long processus prend des heures et des heures. Fatima m'assiste pour Tank et Khanh Nguyen pour Monster. Cela ressemble à une partie de *Tetris* : il faut faire en sorte que les roues rentrent dans la boite sans endommager le dérailleur ou la chaîne du vélo. C'est interminable. Après un long combat, tout rentre finalement. Il faut ensuite protéger les boites en carton en multipliant les couches de ruban adhésif sur les tranches et les extrémités. C'est bon : Monster et Tank sont momifiés et empaquetés : prêts à voyager !

De Chiraz, je retiens en particulier sa mosquée rose. Il faut s'y rendre tôt le matin avant la foule et afin d'y voir les rayons du soleil oriental qui passent à travers ses vitraux. Les vives couleurs bleue, rouge, verte et jaune se propagent alors dans toute la pièce en une infinité prodigieuse de combinaison et de nuances[1]. Je regarde Leyla traverser les rayons et jouer avec. Nous prenons la pose ici et là. C'est si beau, si unique. Les visiteurs, hélas, s'accumulent rapidement et il devient très vite impossible de profiter des lieux. Bientôt, une foule compacte joue des coudes pour prendre des photos encore et encore, inlassablement. La mosquée rose est noire de monde : c'est le moment de la quitter.

Les journées passent et coulent lentement avec notre Fatima et sa famille. Le temps glisse et sans nous en rendre compte, il est déjà temps

---

1 Je vous rappelle que vous pouvez avoir accès à de nombreuses photos et en couleur, en allant sur le lien suivant : vu.fr/unduoverslinconnu

de faire nos valises. Notre avion est à quatre heures du matin. Le réveil est rude. Les deux taxis nous attendent déjà en bas. Nous enlaçons Fatima, remercions tous les dieux Perses de l'avoir mis sur notre chemin. Quand nous reverrons-nous ? Seuls eux le savent. Nous espérons qu'un jour, Fatima et Maha viendront nous rendre visite au Vietnam. Nous chargeons les gros cartons qui contiennent Tank et Monster sur le toit des taxis. On allume les moteurs et nous nous élançons sur les routes désertes de Chiraz.

L'aéroport de Chiraz représente une ultime épreuve avant de quitter l'Iran. Chaque employé cherche à se faire de l'argent sur notre dos : les porteurs de bagages à la descente du taxi, ceux en charge de les enrubanner,... Il nous faut refuser plusieurs fois, lutter, négocier. Leyla se fait confisquer sa petite bombe au poivre lors du contrôle des bagages cabine... Nous aurions dû la mettre en soute, mais nous avons oublié. Et puis une petite boule se forme dans mon ventre : et si les officiers de l'Immigration refusaient de nous laisser partir ? Et si la police locale était à notre recherche car nous aurions campé à proximité d'une base militaire ? La paranoïa repart de plus belle dans ces derniers instants iraniens. Je passe du côté des hommes : l'officier d'immigration tamponne mon visa sans sourciller. J'attends Leyla sur un banc... cinq minutes passent, elle n'est toujours pas là... Et si l'officier refusait de la laisser partir ? L'attente est interminable.

Leyla apparaît finalement au bout du terminal : rien à signaler. Il y avait simplement beaucoup de femmes qui attendaient dans la queue avant elle. Le steward appelle les passagers à monter dans l'avion. Nous nous installons côte à côte. Tant que l'avion ne décolle pas, je ne serai pas vraiment soulagé. J'ai la sensation d'être dans une mauvaise version du film *Argo* de Ben Affleck où le héros du film tente de faire échapper six membres de l'administration américaine piégés à Téhéran durant la crise des otages en 1979. Tous les passagers sont à bord, l'avion peut décoller. Le gros avion décolle difficilement de la piste... C'est bon : nous sommes sauvés ! Les émotions se mêlent, se croisent et se recroisent. J'embrasse Leyla qui peut enfin retirer en toute liberté son hijab. Nous quittons l'Iran : Leyla peut redevenir Khanh Nguyen ; Mustafa peut à nouveau être Thibault. Une douce euphorie nous envahit tous les deux à mesure que nous prenons de

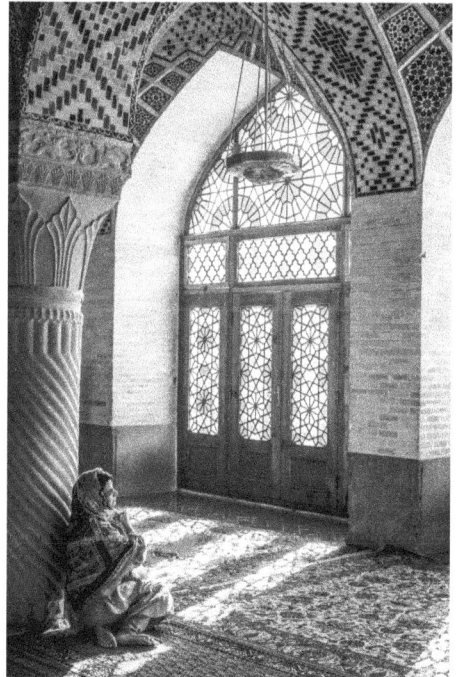

La fameuse mosquée rose, Chiraz, Iran

l'altitude.

Vous attendez toujours notre bilan à mi-parcours, n'est-ce pas ? Nous en sommes à 8 000 kilomètres parcourus et 8 585 dollars collectés pour *Poussières de Vie* et pour tous les enfants à qui cette association vient en aide. Nous en sommes à la moitié du parcours. Psychologiquement, c'est important. Cela veut dire que chaque coup de pédale en plus nous rapproche inéluctablement du Vietnam, que la seconde moitié à parcourir diminuera à mesure que nous avancerons, que nous sommes à chaque fois plus proches de l'arrivée que du départ.

L'Iran nous a marqués à vie, dans notre chair, au plus profond de nos entrailles. Nous avons eu notre lot de dangers, de peurs et d'angoisses. Mais ce n'était rien, absolument rien, comparé aux rencontres que nous avons faites, aux paysages que nous avons traversés. Nous sommes allés au-delà de nos peurs, au-delà de nous-mêmes, pour avoir la possibilité de rencontrer la plus grande humanité : celle qui sait faire toute la part de l'autre, celle qui accueille sans réserve, celle qui ne calcule pas, celle qui fait confiance, celle qui aime. Chers amis Iraniens, vous nous avez rendus meilleurs, vous nous poussez tous les jours à le devenir encore plus. Merci pour ce gigantesque cadeau, cette petite vérité.

Nous ferons escale à Doha au Qatar avant de rejoindre Delhi en Inde où nous attend un invité très spécial qui va se joindre à nous pour les semaines à venir.

Chapitre 19

Inde du Nord : téléportation vers une nouvelle civilisation

Compteur Kilométrique : 8 012 à 8 354km

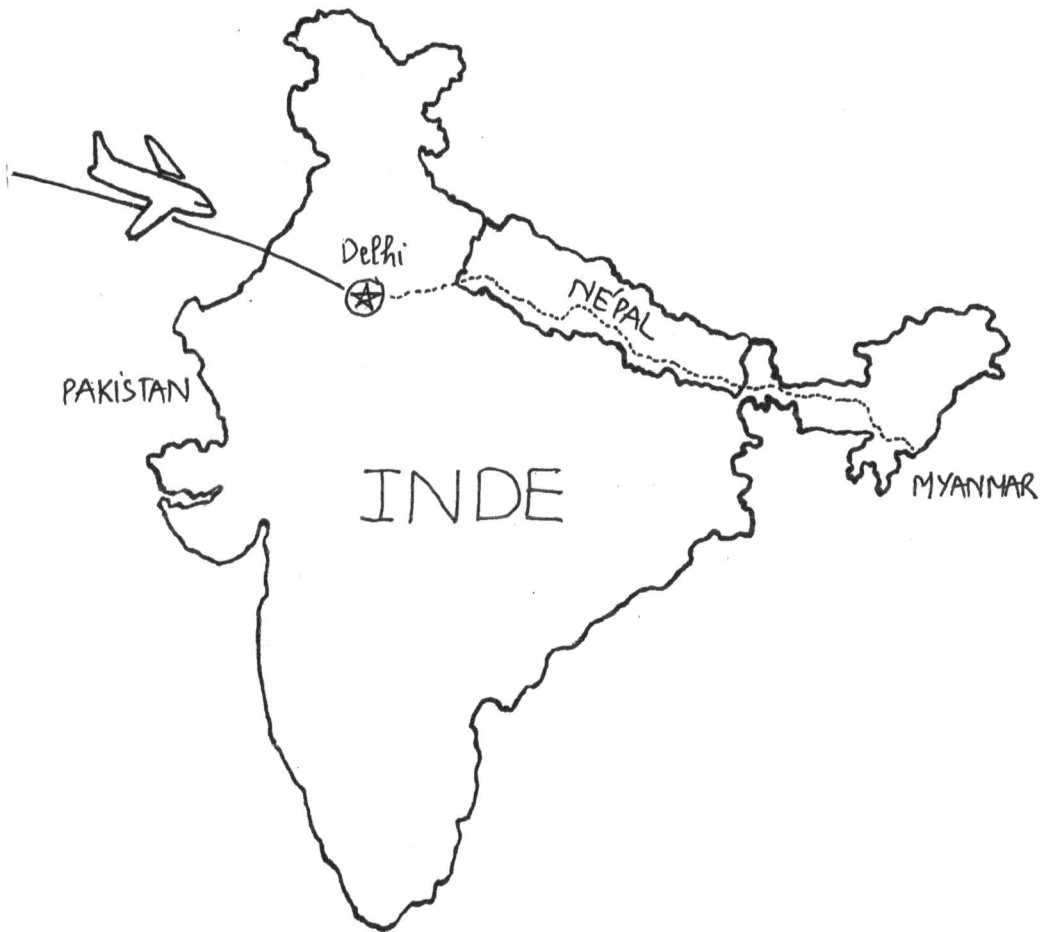

Je pensais que la téléportation n'était qu'une vague affaire de science-fiction mais j'avais tout faux. En moins de vingt-quatre heures, nous passons d'une civilisation à une autre : de la civilisation iranienne à la civilisation indienne. Entre les deux : le Pakistan, que nous avons voulu éviter pour des questions pratiques et de sécurité. Nous qui étions habitués à passer lentement d'un pays à l'autre, de prendre le temps, de saisir les subtiles nuances qui se déclinent à mesure que nous approchons de la frontière, nous voilà projetés soudainement dans un gigantesque pays dans lequel il va nous falloir tout réapprendre. C'est brutal. Entre l'Iran et l'Inde, il y a si peu de choses en commun.

Pour être tout à fait honnête, nous voulions initialement éviter l'Inde. C'est un pays qui a l'air si difficile à traverser à vélo, en particulier ses régions si densément peuplées. Nous avons aussi entendu beaucoup d'histoires de voyageurs : des arnaques, des vols, de la violence, des viols... Le fait de faire une croix sur les pays en -*stan* et la Chine nous a rendu l'Inde inévitable. Il aurait été absurde et si peu courageux de prendre un avion qui aurait atterri encore plus à l'est au Myanmar ou en Thaïlande... Le voyage aurait perdu de son sens, de sa superbe.

Nous avons heureusement un sas de décompression. Un de mes anciens amis d'École de Commerce, Paul-Arnaud, vient d'arriver il y a quelques semaines à Delhi pour son travail. Il m'a contacté alors que nous étions au beau milieu de l'Iran en espérant pouvoir nous accueillir dans son appartement à Delhi. Nous avons donc un point de chute idéal avant de nous attaquer au chaos indien.

Autre très bonne nouvelle : mon jeune frère, Amaury, va nous rejoindre dans quelques jours à Delhi ! Amaury, c'est avec lui que j'ai fait mon premier grand voyage à vélo en Europe il y a six ans : de la Vendée vers la Slovénie puis l'Italie. C'est un souvenir encore vivace et merveilleux dans mon esprit. Amaury profite d'une longue parenthèse avant son prochain stage pour nous rejoindre à Delhi puis pédaler avec nous six semaines jusqu'aux montagnes du Népal. C'est un renfort de poids et un réel soulagement de l'avoir avec nous pour traverser l'Inde. Être trois n'est pas un luxe afin de se frayer un chemin parmi les millions d'âmes indiennes.

L'arrivée à l'aéroport de Delhi se fait sans accroc. Nous récupérons Tank et Monster qui semblent être encore en un seul morceau. Leurs cartons, en tout cas, ne présentent pas de déchirure ou de trou : c'est bon signe. Nous trouvons ensuite un taxi qui peut nous conduire jusqu'à l'appartement de Paul-Arnaud - appelons le « PA » pour faire plus simple ! - Nous découvrons assez médusés un trafic dense et chaotique. Certains passants ont un aspect vraiment miséreux et un épais nuage de pollution rend tout morne et gris. « On va devoir pédaler à travers ça ? » me lance Khanh Nguyen. Il semblerait bien que oui.

PA est en mission à Calcutta et ne reviendra que dans trois jours. Nous profitons de son appartement situé dans un beau quartier résidentiel de New Delhi pour nous reposer de ces derniers jours. Mon corps comprend qu'il est temps de continuer à se reposer et saisi l'occasion de reprendre des forces. Il dort presque sans limite. Nous sortons de l'appartement pour faire quelques courses, acheter une carte SIM et faire nos vaccins. Au menu : hépatites A et B ainsi que l'Encéphalite japonaise pour Khanh Nguyen ; Typhoïde et Encéphalite japonaise pour moi. En dessert : assez de cachets anti-paludisme pour presque deux mois. Les vaccins nous sonnent encore un peu plus et prolongent encore notre état léthargique entre veille et sommeil.

J'en profite aussi pour remettre sur pied Tank et Monster. Il me faut plusieurs heures pour les réassembler, les nettoyer, les lustrer et les lubrifier tout en luttant contre la moiteur ambiante et les dizaines de moustiques. Ils n'ont subi aucune casse mécanique durant leur transport en soute et leur transfert à l'aéroport de Doha. Nous avons de la chance.

Un nouveau soleil se lève derrière l'épais nuage de pollution. Amaury débarque dans quelques heures ; PA cet après-midi. Je vais chercher Amaury à l'aéroport de Delhi et laisse Khanh Nguyen se reposer dans l'appartement. Une fois à l'aéroport Indira-Ghandi, j'attends patiemment devant les portes de sortie. Autour de moi se presse toute la diversité indienne : des visages, des tenues et des attitudes si variées d'un individu à l'autre. Il y a aussi beaucoup de Sikhs à ma droite qui portent leur fameux turban : le Dastar. Il y en a de toutes les couleurs : rouge, mauve, vert, jaune... Je vois enfin apparaître Amaury et sa barbe de pâtre grec ! C'est tout à fait irréel de le retrouver ici à Delhi après de si longs mois sur les routes du monde. Il a bonne mine. Je partage avec lui dans le taxi quelques anecdotes et moments forts de ces derniers mois : les moustiques hongrois, la Géorgie, L'Iran... Nous sommes de retour à l'appartement. Khanh Nguyen ouvre la porte et s'écrie : « Amaury ! Bienvenue en Inde. C'est tellement génial que tu puisses faire une partie du voyage avec nous ! »

Il nous faut vite trouver une monture pour Amaury. Delhi ne manque pas de magasins de vélos. Nous en repérons un sur *Google Maps* qui semble convenir. Le magasin dispose de plein de petits entrepôts un peu partout sur la rue et propose plusieurs vélos d'occasion. L'un d'entre eux semble plaire à Amaury : c'est un *Giant* encore en bon état et avec une cassette qui tient la route. Il faut simplement lui changer ses pneus et installer un porte-bagage plus résistant. Après négociation, le magasin propose le vélo pour 300 $[1]. Pour six semaines de route, c'est un prix raisonnable sachant qu'il sera sûrement possible de le revendre à Pokhara ou Katmandou au Népal. Marché conclu : Amaury a vite trouvé son fidèle destrier !

C'est ensuite au tour de PA de débarquer à Delhi. Nos retrouvailles après plusieurs années sont d'autant plus fortes que nous ne soupçonnions même pas, il y a encore quelques semaines, de nous revoir un jour. Durant quelques jours, nous visitons Delhi avec PA comme guide. Diwali, c'est pour bientôt et Delhi est en effervescence d'achats en tout genre : nourriture, épices, vêtements, bijoux, décorations. Diwali représente l'une des fêtes les plus importantes pour les hindous : c'est la victoire de la lumière sur les ténèbres. Le vieux marché est saturé de gens, de porteurs, d'odeurs et de

---

1 Environ 250 euros

sueur. Il n'y a pas un seul centimètre carré de disponible autour de nous. Ce qui me marque, c'est le calme et le respect avec lequel les gens se croisent et se faufilent parmi la foule malgré la chaleur et les milliers d'âmes qui forment une sorte de mer noire de couleurs.

« Allons faire un tour au marché des épices ! » nous propose PA. Le vieux marché de Delhi abrite tout un bloc de bâtiments entièrement dédié aux épices et à leur commerce. À peine approchons-nous de l'entrée principale que nos narines nous démangent déjà. C'est un cocktail explosif de poivre, de curcuma, de cannelle, de cumin, de cardamome, de safran, de moutarde... Je me faufile parmi les porteurs torse-nu avec leur gros sac sur l'épaule. L'air y devient tout à fait irrespirable. Tout notre petit groupe se met à tousser sans discontinuité. Mes yeux me piquent, ma gorge me démange. Il faut sortir d'ici ! Un escalier sur la gauche nous permet de nous échapper vers les hauteurs du bâtiment jusqu'à atteindre le toit. Ici, l'air est de nouveau respirable et la vue imprenable sur la valse des épices, des hommes et des vaches sacrées. En contemplant ce curieux spectacle, je me demande toujours comment nous allons pouvoir pédaler à travers l'Uttar Pradesh et ses millions et millions de cœurs qui battent.

Et parmi ces millions de cœurs qui battent, il y en a beaucoup qui ne représentent rien ici, absolument rien. À plusieurs reprises, je vois des hommes ou des femmes décharnés, les vêtements en lambeaux qui errent le long des caniveaux sans but, sans vie. Ils pourraient mourir, ici, maintenant, que personne ne s'en rendrait vraiment compte ou ne bougerait un sourcil ; sorte d'intouchables depuis et pour toujours. Sous la Rome Antique existait leur équivalent : l'Homo Sacer. Il s'agissait de personnes qui étaient exclues de la société et qui pouvaient être tuées par qui le souhaitait et en toute impunité. Je comprends avec effroi ce qu'est l'Homo Sacer à Delhi. C'est peut-être ce qui me dérange le plus avec l'Inde et qui fait que je peux difficilement m'attacher à ce pays malgré certains aspects tout à fait fascinants de cette civilisation.

Delhi et ses millions d'âmes, Inde

Après une vraie grande semaine de repos et de préparation à Delhi chez notre cher PA, il est temps pour nous de commencer la grande seconde moitié de l'aventure et ses 8 000 kilomètres. Ce grand saut de puce de l'Iran à l'Inde aurait pu nous donner l'impression que nous nous rapprochions grandement du Vietnam. Mais il n'en est rien. La route est encore longue, très longue. Il ne faut surtout pas se voir trop beau trop vite, avoir la sensation d'être presque déjà arrivé ; une histoire de lièvre et de tortue.

Notre but immédiat : rejoindre le Népal en trois ou quatre jours depuis Delhi soit 350 kilomètres direction le nord-est. Nous choisissons de jouer la carte « sécurité et protection poumons ». Plutôt que de traverser tout Delhi à vélo et de subir son épais nuage de pollution, nous décidons de louer les services d'une camionnette qui nous transportera sur 25 kilomètres pour atteindre la périphérie de la tentaculaire mégalopole. La camionnette passera nous prendre à cinq heures du matin. Je me réveille le premier dans un grand silence puis réveille Khanh Nguyen ainsi qu'Amaury qui dort dans la chambre d'à côté. Nous laissons PA nager dans ses rêves et descendons tout notre matériel d'aventuriers. Pas un bruit dans tout le quartier si ce n'est quelques chiens en manque d'activité qui aboient sans but réel.

Un bruit se détache au loin. Les phares de la camionnette prennent un court virage puis inondent la ruelle de leur lumière blanche. Le chauffeur nous aide à monter les sacoches puis les vélos. Je m'installe à ses côtés à l'avant afin de bien m'assurer qu'il nous conduit là où il faut. Amaury et Khanh Nguyen s'assoient derrière avec les vélos à l'air libre. Le chauffeur met le contact et la camionnette se met à vibrer frénétiquement dans tous les sens. Nous voilà partis à travers Delhi totalement vide et déserte. Les kilomètres défilent rapidement. Pour la première fois du voyage, la circulation se fait à gauche de la route. Il va falloir s'y habituer. À la moindre irrégularité que présente la route je souffre intérieurement pour Khanh Nguyen et Amaury qui doivent en subir les chocs et répercussions. Pas de cris : c'est bon signe... ou peut-être pas. Les voitures et les camions commencent à s'accumuler autour de nous à mesure que l'obscurité nocturne prend fin. Lorsque j'observe ce chaos en formation par la fenêtre, je suis soulagé de ne pas devoir y pédaler. Nous roulons sur des routes gigantesques à plusieurs voies et des bretelles d'autoroute à n'en plus finir.

Arrivés dans la ville de Ghaziabad, le chauffeur se gare sur la gauche et me fait signe que nous sommes arrivés. Je me précipite à l'arrière pour voir l'état des troupes : Khanh Nguyen et Amaury sont encore vivants et en bonne santé ! Nous en profitons pour tout descendre et harnacher les vélos. La pollution est toujours bien présente et me gratte les poumons dès les premiers coups de pédale. Le nuage qui nous enveloppe rend tout ce qui nous entoure laiteux, fade et sans consistance. Les quelques Indiens qui nous prêtent un peu d'attention sont relativement étonnés de voir trois voyageurs sortir de Delhi à vélo.

Après seulement vingt minutes, mon pneu avant crève une première fois. Il nous faut trouver un endroit un peu à l'écart le temps que j'inspecte le pneu, retire une petite pointe de métal et installe une nouvelle chambre à air. Après des mois sur les routes, je commence à avoir l'habitude de changer une chambre à air : en cinq minutes, nous reprenons notre route. Je pédale difficilement sur trois cents mètres. Ma roue avant faiblit encore. Elle est de nouveau dégonflée ! Le départ indien est loin d'être idéal... Même opération, mais cette fois nous passons du temps avec Amaury pour nous assurer de trouver la cause de ces deux crevaisons. Nous ne trouvons absolument rien... Même en passant et repassant nos doigts sur toute la bande du pneu. Peut-être était-ce la chambre à air de rechange qui était déjà percée ? J'en installe une nouvelle et nous repartons tous les trois encore une fois.

Je pédale fébrilement quelques instants. Ma roue avant se dégonfle soudainement. Nous sommes maudits ! Khanh Nguyen s'impatiente devant notre manque d'efficacité flagrant et se propose d'inspecter le pneu par elle-même. En même pas trente secondes elle met le doigt sur un tout petit bout de métal qui sort à peine de l'intérieur du pneu. Nos gros doigts masculins ont été incapables de le trouver. Ce bout de métal provient de la structure même de mon pneu qui s'affaiblit avec le temps. J'attrape ma pince et le fait sortir délicatement. Il s'agit de ne pas se louper désormais : c'est notre dernière chambre à air disponible. Une fois la roue installée, je remonte sur Tank. Une minute se passe, puis deux. Toujours pas de crevaison : bingo !

La route pour sortir de Delhi est sans intérêt, mais elle a le mérite d'avoir une grande bande d'arrêt d'urgence qui nous isole bien du trafic. Régulièrement, des motos se placent à côté de nous et se joue alors la scène qui va se jouer et se rejouer durant les prochains jours. Un motard sans casque conduit à côté de nous tout en nous observant, mais sans croiser notre regard. Puis, il se met à rouler juste à côté de nous et nous demande en anglais :

— D'où venez-vous ? Où allez-vous ? Quel est votre nom ?

Nous répondons à ces questions puis très vite intervient la question finale :

— Pouvons-nous prendre un selfie tous ensemble ?

Il faut alors s'arrêter, prendre des dizaines de photos puis le motard repart tout content de pouvoir partager ses photos sur les réseaux sociaux. Les premières fois, c'est un petit jeu auquel je me prête volontiers. C'est amusant et cela ponctue la journée de rencontres éphémères. Mais quand cela arrive dix, vingt voire trente fois dans une seule et même journée, il y a vraiment de quoi devenir fou ! Surtout qu'ils insistent ces motards. En fin de journée, je fais tout pour les éviter, ne pas engager la conversation et donc ne pas avoir à s'arrêter pour un énième selfie. Je deviens même parfois un peu agressif - la fatigue aidant - quand l'un insiste trop, lui signifiant que nous devons avancer et que nous avons déjà perdu trop de temps pour aujourd'hui.

Au moins, dans l'État de l'Uttar Pradesh nous n'avons pas le temps de nous ennuyer ! Il se passe toujours quelque chose au bord de la route. Depuis un pont, je peux apercevoir un mariage qui se déroule un peu plus bas. C'est un mariage Sikh : le marié chevauche fièrement un beau cheval et est entouré d'un imposant orchestre qui fait tout le bruit qu'il est en mesure de faire pour couvrir celui du trafic. Les couleurs de toute cette grande procession impressionnent par leur variété et leur vivacité. Les hommes les portent à leur Dastar ; les femmes avec leur robe traditionnelle. Nous

Amaury, notre nouveau membre d'équipage, Delhi, Inde

Femmes Sikhs revenant des champs, Uttar Pradesh, Inde

voyons le cortège s'éloigner de la grande route pour prendre un chemin vers la campagne. Par total mimétisme, cela nous donne l'envie d'explorer, à notre tour, la campagne indienne.

Dès que l'occasion se présente, nous quittons la grande route pour prendre une petite route de campagne. Ce qui me marque tout de suite, c'est la grande diversité d'un village à l'autre. Nous passons dans un village à culture hindoue pour ensuite traverser des villages musulmans puis repassons dans un village chrétien avec son église pour ensuite finir dans un village à dominante Sikh. Les Sikhs impressionnent avec leur imposante barbe et leurs turbans. Nous prenons même la pose avec deux vieux Sikhs à la barbe toute blanche qui se repose à l'ombre sur leur moto. Nous croisons aussi tout un groupe de femmes où chacune d'entre elles porte un imposant sac sur le haut de la tête. Elles sont belles à voir à marcher toutes ensemble dans la même direction avec leur grand sac si haut perché.

Le petit chemin que nous avons pris se transforme vite en un sentier qui nous fait serpenter parmi les champs de riz. Il nous faut même traverser une rivière sur un minuscule pont de bois. Amaury se charge d'aider Khanh Nguyen à traverser le temps que je prenne une photo de la scène. Un peu plus haut, deux hommes nous observent à tenter de garder notre équilibre sur le petit pont. Une fois le pont traversé, l'un d'eux vient vers nous :

— Bonjour ! Mais pourquoi passez-vous par-là ? Vous êtes les premiers étrangers que je vois passer ce pont ! Venez prendre du thé et des biscuits à la maison !

C'est un Sikh : il s'appelle James, ne porte pas de turban mais une imposante moustache. Il a la bedaine d'un homme qui mange et boit convenablement. Son cousin, lui, porte le turban. Nous les suivons tous les deux jusqu'à atteindre leur maison. Un homme avec un grand turban blanc est assis, occupé à boire sa tasse de thé au lait. C'est le père de James. Il se repose à l'ombre sous un arbre gigantesque et nous invite à nous asseoir. Tous parlent un anglais de haut niveau et c'est un vrai plaisir de ne pas avoir la barrière de la langue comme en Iran ou en Azerbaïdjan. Nous pouvons parler ensemble de tous les sujets et pouvons plus facilement faire la part de l'autre. La mère de James nous apporte un plateau sur lequel reposent des cafés au lait ainsi que plein de petits gâteaux secs. Cette pause est vraiment la bienvenue. Je prends le temps de raconter notre histoire, mais aussi de poser de nombreuses questions pour mieux comprendre les Sikhs et leur culture.

Le père de James nous explique que le Sikhisme est une religion relativement récente puisqu'elle a moins de cinq cents ans. Tout part de son fondateur, Guru Nanak. À travers son éducation et ses expériences, il enseigne une nouvelle discipline ou religion avec un dieu unique. Le Sikhisme est donc un monothéisme, contrairement à l'Hindouisme et ses milliers de dieux. Guru Nanak déplorait notamment le système de castes en Inde : la religion doit rassembler les hommes, non les séparer et les diviser en classes. Les Sikhs peuvent aussi se marier, en théorie, avec la personne de leur choix. James sourit lorsque son père évoque cette possibilité. Je souris aussi, échange un regard complice avec Khanh Nguyen, et finis ma tasse de thé.

Nous comprenons alors rapidement que le Sikhisme, avec son monothéisme et son égalitarisme, peut ne pas être bien accepté par certains hindous. Le père de James enchaîne et se plaint alors de la politique de Narendra Modi, le Premier ministre indien. Sa tête et son turban dodelinent à mesure qu'il élève le ton. Narendra Modi a récemment mis en place des directives pro-hindous qui vont notamment à l'encontre de la communauté musulmane. L'unité nationale est quelque chose de fragile et tout déséquilibre inquiète, à raison, James et sa famille. Je savoure ce genre de moments où, par la voix de ceux qui les font vivre, une religion, une politique, un *vivre-ensemble* se déploient devant nos yeux. Cela vaut tous les livres d'histoires, toutes les études de sociologie.

J'avale un dernier gâteau sec et je fais comprendre à James et sa famille que nous devons continuer. Tous les trois, nous les remercions et échangeons nos comptes *Instagram* avec James. Il remercie et loue son dieu, Guru Nanak, de nous avoir fait passer devant sa maison.

Nous reprenons notre route, toujours en direction du Népal. Il est environ midi et le soleil tape de toutes ses forces. Peu après avoir quitté la maison de James, nous traversons un village. Il y a une sorte d'attroupement devant un bâtiment devant lequel se dresse une grande tente blanche et violette. « C'est un mariage vous pensez ? » lance Amaury. Un homme parmi la foule vient m'attraper par le bras et nous fait signe de rentrer. Nous n'avons pas encore déjeuné : tentons le coup ! Nous laissons nos trois vélos entre les motos des invités le long d'un mur. Ce n'est pas un mariage mais une fête organisée par le maire fraîchement élu. Le déjeuner est offert à tous les passants : du riz, du bœuf, des œufs, du poisson et des chappattis[1]. Il faut voir le regard complètement étonné de tous les invités quand ils voient débarquer deux Français et une Vietnamienne ! Certains nous pressent d'aller nous servir et de nous asseoir. Un cercle dense composé de plein de personnes s'agglutine autour de nous lorsque nous nous asseyons. On nous observe sous tous les angles. Le maire nouvellement élu débarque alors avec sa belle chemise blanche et son grand sourire. Je m'empresse de me lever pour le féliciter et le remercier de nous accueillir parmi eux. Khanh Nguyen et Amaury se joignent à nous pour la photo officielle avec Monsieur le maire.

Le ventre bien plein, il nous faut repartir afin de pédaler nos 120 kilomètres pour aujourd'hui. Un groupe important composé principalement d'enfants nous accompagne depuis la tente jusqu'à nos vélos. Certains se mettent à courir à côté de nous à mesure que nous nous éloignons puis s'arrêtent tout net lorsqu'ils comprennent que nous ne ralentirons pas. Nous leur faisons un dernier signe de la main et disparaissons parmi les rizières.

Les kilomètres défilent sur des routes tout à fait plates. Après avoir pris une bonne dizaine de selfies supplémentaires demandés avec insistance par des motards sans casque, il nous faut bien trouver un endroit où passer la nuit. Sur *Google Maps*, je repère une grande école de confession chrétienne : je propose à Khanh Nguyen et Amaury de demander à passer la nuit ici. Nous n'avons rien à perdre et je vois que Khanh Nguyen commence à fatiguer. Trente minutes passent et nous arrivons devant la grande grille de l'école. Un homme en train d'arroser la pelouse et les plantes vient nous

1 Pain local cuit sans levain

Heureux de retrouver les rizières, Uttar Pradesh, Inde

Thé au lait en compagnie de James et sa famille, Inde

accueillir. Il est aussi le gardien des lieux. Je demande à voir le Père en charge de l'école : il me laisse rentrer. Le gardien m'indique une maison entourée d'un élégant petit jardin.

Je frappe à la porte. Un homme ouvre : c'est *Father* Andrew, le directeur de l'école. Avec une voix pleine d'entrain, je lui présente en anglais qui nous sommes et lui demande si nous pouvons passer la nuit ici. Sa réponse est immédiate : c'est oui ! Je m'empresse d'annoncer la bonne nouvelle à Khanh Nguyen et Amaury. Plutôt que de dormir dehors sous la tente, *Father* Andrew se propose de nous mettre à disposition une chambre dans sa maison. Il nous invite également à prendre une douche et nous annonce que le dîner sera servi à dix-neuf heures après la messe. Quel accueil incroyable ! Tous les trois, nous n'en revenons pas et un très large sourire, que nous ne pouvons contenir, se déploie sur nos visages tout pleins de poussière et de sueur.

D'autres pères arrivent, notamment *Father* Peter. Il est de petite taille, possède encore quelques cheveux blancs sur un crâne presque dégarni et porte des lunettes aux verres ronds. Il parle aussi anglais, ce qui rend les discussions plus fluides et vivantes. Leur école accueille plusieurs milliers d'étudiants, tous en uniforme. Demain matin, plusieurs pères doivent se rendre à Calcutta en train pour un grand rassemblement religieux. *Father* Peter bénit donc le Seigneur de nous avoir fait arrêter aujourd'hui devant leur école.

Nous nous installons dans notre chambre d'un soir et profitons ensuite d'une bonne douche qui consiste en un grand seau d'eau froide. Je me sens comme régénéré : l'eau froide vient me délester de toute la poussière, toutes les courbatures, toute la sueur, et toute la fatigue accumulées pour aujourd'hui. J'enfile mon pantalon et ma chemise afin d'être présentable pour la messe. *Father* Andrew et *Father* Peter ont tous les deux revêtu leur belle aube blanche et se dirigent vers une petite pièce où attendent les fidèles. Amaury et Khanh Nguyen sont aussi prêts et nous entrons religieusement dans la pièce. Les fidèles du soir nous regardent avec des grands yeux : ils ne s'attendaient pas du tout à voir débarquer ici des étrangers ! Nous nous installons avec discrétion à l'arrière de la pièce. La petite procession commence. Une jeune femme lit des passages de la Bible avec un accent anglais tout à fait impossible à comprendre. Je regarde avec complicité Amaury et nous nous retenons tous les deux de rire. Quelques chants ici et là s'intercalent entre les lectures. Certains parents recadrent leurs enfants un peu trop distraits. *Father* Andrew appelle enfin les fidèles à venir manger le corps du Christ qui se présente sous la forme d'une hostie.

Une fois la courte messe terminée, le repas est servi. Nous nous installons en compagnie de tous les pères autour d'une table ronde au milieu de laquelle se trouve un plateau sur lequel on peut faire tourner les plats. Pour ce soir, ce sera du poisson, un curry de légumes, des chappattis et du riz. *Father* Peter nous interroge concernant la suite de notre route et s'inquiète pour nous quand je lui dis que nous allons traverser le Népal :

— Ça grimpe sec là-bas ! Le Népal ce n'est que des montagnes. Je ne sais pas comment vous allez faire...

— Nous commençons à avoir des bonnes jambes, *Father* Peter ! Ne vous inquiétez pas trop pour nous.

— Que Dieu vous bénisse mes enfants.

Le dîner terminé, nous nous excusons auprès des pères et demandons la permission d'aller nous coucher. La journée, encore une fois, a été interminable et tous les trois, nous tenons à peine debout.

La nuit ne va pas être de tout repos. Les moustiques sont bien présents et nous n'avons pas de moustiquaire. Notre seule arme pour nous défendre : un énorme ventilateur en fer qui souffle plus fort qu'un vent annonçant l'orage. Au moins, les moustiques n'oseront pas trop s'approcher de nos oreilles ! J'enfile mon pull et mes chaussettes et me love contre Khanh Nguyen sous la couette. La fatigue se charge ensuite de définitivement fermer mes yeux.

Le lendemain matin, le résultat est sans appel : gros mal de gorge pour Amaury et moi. Khanh Nguyen, elle, s'en est sortie sans trop de dégâts. La grande majorité des pères sont déjà partis avant l'aube pour Calcutta. Il ne reste que *Father* Peter qui prend le petit-déjeuner avec nous : des chappattis, de la sauce masala et un thé au lait. Nous savourons ce repas tous les quatre avant de devoir nous quitter. Le bon *Father* Peter nous promet de prier pour nous et notre sécurité tout le long de l'aventure. En retour, je souhaite que Dieu le bénisse et protège toute sa communauté.

La route à travers l'Uttar Pradesh reprend. Les kilomètres se suivent avec leur lot de selfies quotidiens. Nous nous retrouvons aussi plusieurs fois dans de gigantesques embouteillages où il nous faut parfois plus d'une heure pour nous en échapper. C'est le cas dans la ville de Moradabad où il nous est impossible de nous frayer un chemin parmi les tuk-tuks, les vaches sacrées, les motos et tous les enfants qui rentrent de l'école. Rien ne bouge. J'en profite pour prendre des photos ; Amaury pour discuter avec un homme de confession musulmane. Il y a toujours une sorte d'euphorie d'appartenir à ce joyeux chaos. Grâce à nos vélos, nous parvenons finalement à nous faufiler, nous échapper et à passer le pont qui enjambe la rivière Ramganga. Du haut du pont, des centaines de buffles s'immergent dans l'eau de la rivière ou se roulent dans la boue. C'est si impressionnant à voir.

Que dire d'autre de ces quatre jours de Delhi au Népal, si ce n'est que je suis agréablement surpris par le respect que nous portent la majorité des Indiens que nous croisons. Après avoir écumé les blogs avant d'arriver en Inde, je m'attendais à un harcèlement de tous les jours, à devoir protéger Khanh Nguyen en permanence. Mais il n'en a rien été. L'Uttar Pradesh, en revanche, par sa densité de population, ses bruits, sa pollution, ses sollicitations en permanence pompent toute notre énergie et puise dans nos réserves. Il est impossible sur la route d'avoir une minute à soi. Les camions et les voitures klaxonnent en permanence : c'est leur façon à eux de dire qu'ils sont bien là... en permanence. En soirée, j'ai donc souvent les tympans qui sifflent. Les hôtels que nous trouvons pour la nuit deviennent alors des sortes de refuges desquels nous ne sortons pas sauf pour acheter ce qui constituera notre dîner.

Après plus de trois jours de route et plus de 350 kilomètres, nous sommes enfin à la frontière avec le Népal, notre treizième pays ! Nous reviendrons en Inde au Nord-Est, c'est normalement prévu, avant de rejoindre le Myanmar.

Chapitre 20

Népal : entre l'Himalaya, les tigres et le Bouddha

Compteur Kilométrique : 8 354 à 9 594 km

Pour le Népal, il est possible de faire son visa à la frontière moyennant cinquante dollars américains. À mesure que nous approchons du poste-frontière l'ambiance est de plus en plus détendue et silencieuse. Le nombre de vélos augmente aussi considérablement jusqu'à devenir une véritable petite armée qui prend tout l'espace. Les klaxons et les maux de tête nord-indiens peuvent enfin se dissiper.

Nous traversons un pont interminable qui enjambe la tumultueuse rivière Sharda qui puise toute son eau à travers les roches de l'Himalaya. Un joyeux bouchon se forme à l'extrémité du pont. Les gardes-frontières indiens ont fermé les barrières pour laisser circuler ceux, en face, qui souhaitent se rendre en Inde depuis le Népal. Je regarde tout autour de moi s'agglutiner les vélos dont certains essayent de s'intercaler entre Khanh Nguyen et Amaury. On s'impatiente, on rouspète, à mesure que le temps passe et que le soleil se durcit. Le flot de voitures, de motos et de vélos en contre-sens se tarit peu à peu. Un homme tout maigre sur son fébrile vélo en fer ferme la marche dans le sens Népal-Inde. La barrière s'abaisse alors de son côté et celle du nôtre, Inde-Népal, se relève. Chacun s'agite, tente d'avaler les quelques centimètres de bitume qui se présentent à ses pieds, le tout sans trop jouer des épaules avec les voisins.

Nous passons sous la barrière. La route, enfin, peut s'élargir tout comme notre espace vital. Le tampon de sortie pour l'Inde s'obtient dans une minuscule maison en bois qui ne ressemble en rien à un poste d'immigration. Une dame nous accueille dans une minuscule pièce à l'ombre où il fait si frais. Elle tamponne rapidement nos passeports, griffonne quelque chose sur une feuille de papier et nous prie de bien vouloir continuer vers le Népal.

Une courte minute sur nos vélos se passe sans apercevoir aucun poste-frontière népalais. L'avons-nous dépassé ? Où est-il ? Un homme accourt derrière nous et nous montre avec des gestes amples le poste de frontière pour les étrangers. Il est presque impossible de le voir depuis le chemin qui se prolonge vers le Népal. À l'intérieur du poste-frontière, trois officiers prennent leur café au lait et nous offrent un large sourire lorsque nous passons le pas de la porte. Deux d'entre eux s'occupent de nos passeports tandis que le troisième tente de nous offrir des services divers et variés : tour organisé, hôtel, transport... Il a un visage et une attitude qui trahissent son amour de l'argent et de la tromperie. Je lui réponds sans grand enthousiasme et montre que nous ne sommes aucunement intéressés. Voyant qu'il n'y aura pas grand-chose à nous retirer, il me tend quand même un prospectus et sort fumer une cigarette. Les deux officiers viennent d'en finir avec nos passeports : nous leur tendons nos dollars tout beaux tout neufs ce qui déclenche le bruit lourd du tampon qui s'abat sur les pages vierges de nos passeports. À nous le Népal !

Les premiers kilomètres que nous pédalons dans un nouveau pays ont toujours cette saveur des découvertes, des premières fois. Nos sens se délaissent des odeurs et des saveurs du pays que nous venons de laisser pour s'imprégner de celles de celui où nous entrons. Le contraste avec l'Inde est saisissant : tout est plus paisible, plus reposant et propre. Les femmes que nous croisons nous impressionnent par leur hauteur de taille ainsi que toutes les couleurs qu'elles arborent. Sur la route, il y a quelques camions mais ce sont surtout les vélos qui dominent en nombre. Je prends plaisir à prendre leur aspiration puis à les dépasser. Parfois, ce sont des écoliers ou un couple avec la femme assise sur le porte-bagage, parfois un vieux monsieur. Pour la première fois du voyage, le vélo semble le moyen de transport le plus utilisé dans le pays que nous traversons !

Les Népalais paraissent aussi beaucoup plus timides et réservés que nos amis indiens. Ils nous font rarement signe et ne viennent jamais nous adresser la parole. Ce n'est pas vraiment un problème pour nous sachant l'overdose de rencontres et de *selfies* que nous avons eus en Inde. Nous pouvons donc profiter pleinement de nos pauses et des paysages népalais. Notre première découverte culinaire : le *Dal Bhat*. Il se présente sous la forme d'un plateau rond en métal sur lequel on dispose du riz blanc, des lentilles, du curry et des légumes. Nous sommes heureux de découvrir ces nouvelles saveurs... mais nous sommes loin de nous douter que nous allons les retrouver presque quotidiennement pendant un mois au Népal ! Alors, comme je ne le sais pas encore, j'en profite. Khanh Nguyen et Amaury savourent aussi ce nouveau plat.

En termes de tracé, nous choisissons pour commencer de prendre la route *numéro 1* qui épouse le *Terai* : c'est la partie au Sud du Népal et la moins montagneuse. On y trouve de nombreuses réserves naturelles et c'est un peu le grenier du Népal en riz, en légumes et en fruits

Ce qui nous impressionne, c'est que la route passe à travers des réserves naturelles où se trouvent des éléphants, des biches, des crocodiles, des milliers d'oiseaux et même... des tigres. De nombreux panneaux alertent les conducteurs concernant la présence des tigres. Cela ne nous rassure pas beaucoup et bien souvent nous pédalons sur cette route *numéro 1* sans personne autour... Je crains de voir débouler de nulle part un tigre affamé qui se jetterait sur celui en queue de notre petit groupe ! Je vois Khanh Nguyen et Amaury qui scrutent les moindres mouvements qui proviennent des denses forêts. Je me place alors derrière eux et tourne régulièrement la tête pour m'assurer que rien ne surgisse par-derrière. De nombreux singes ici et là s'accrochent aux branches ou tentent de s'approcher de nous en quête de nourriture ou de divertissement.

La route serpente parmi les parcs nationaux et des zones « tampon » hors des parcs si bien que nous ne savons pas toujours si nous pédalons toujours dans un parc ou non. La nuit approchant, nous décidons de camper près d'un fleuve pour ce soir. Il y a un village à proximité ce qui semble vouloir dire que les animaux sauvages ne viennent pas trop s'aventurer dans les parages. Est-ce un bon calcul ou quelque chose de tout à fait inconscient ? Nous ne nous posons pas vraiment la question et installons nos tentes : celle pour les mariés et celle pour le célibataire ! Avant que le soleil ne se couche nous nous baignons dans l'eau fraîche du fleuve. Je me baigne d'abord en compagnie de mon frère puis c'est au tour de Khanh Nguyen. Malgré l'humidité, il y a très peu de moustiques ce qui nous permet de rester jusqu'à tard en-dehors de la tente ainsi que d'avoir tout le temps de cuisiner notre dîner : des pâtes sauce masala et des légumes du marché. Une fois le repas terminé, nous faisons bien en sorte de tout bien empaqueter et cachons tout aliment ou gâteau dans le branchage d'un arbre pour éviter d'attirer des singes ou un prédateur trop près de nos tentes. Avant d'aller rejoindre nos appartements, je regarde Amaury et je lui lance :

— Je suis tellement content que tu nous aies rejoints Amaury ! Tu ne sais pas à quel point tu apportes quelque chose à notre voyage.

— Je voulais vraiment vous accompagner sur une partie du trajet. C'était important pour moi.

— Tu donnes encore plus de signification et de sens à ce que nous sommes en train de faire. Mon tout premier grand voyage et ses quatre mille kilomètres en Europe, c'était avec toi.

La nuit devient tout à fait obscure et il est temps d'aller se coucher. Je prends la main de Khanh Nguyen dans la mienne, m'apaise et m'endors. Rien ne viendra perturber notre lourd sommeil si ce n'est quelques oiseaux qui ont une furieuse envie de s'exprimer.

Au petit jour, j'ouvre le zip de notre tente et observe les quelques oiseaux et vaches qui viennent s'abreuver au fleuve. Le taux d'humidité est si élevé que toute la paroi de notre tente est littéralement trempée ; celle d'Amaury également. Il faudra faire une pause à l'heure du déjeuner afin de sécher nos tentes au soleil. La nourriture que j'avais dissimulée la veille aux singes est toujours bien là. Nous plions bagage et reprenons la route *numéro 1*.

Nous commençons notre journée par le parc national de Bardiya qui lui aussi comporte son lot de tigres, d'éléphants et de crocodiles. Du haut d'un grand pont qui enjambe le grand fleuve Babai, nous faisons une courte pause pour admirer la vue.

— Vraiment magnifique ! Regardez la couleur de l'eau, s'émerveille Khanh Nguyen.

— On aurait dû camper ici hier soir ! Le cadre est parfait, répond Amaury.

— Tu es bien sûr ? Regarde là ! Et là ! lui lance Khanh Nguyen tout en montrant du doigt un énorme crocodile qui sèche au soleil.

Et il n'est pas le seul. Plusieurs l'imitent sur les deux rives du fleuve Babai. Un avec une gueule tout en long vient même à proximité de notre petit groupe et nous laisse admirer sa magnifique mâchoire allongée. Sa peau luit au soleil. Il est heureusement à bonne distance et situé en contrebas. Je repense alors à notre nuit de la veille et me dis que nous aurions tout à fait pu avoir comme colocataires des crocodiles. Je prends cette vision comme un avertissement et il nous faudra faire bien plus attention la prochaine fois. Un militaire népalais vient nous chasser poliment du pont. Il est interdit de stationner trop longtemps, même avec un vélo.

La route reprend parmi la jungle et les villages. Chaque maison est toujours bien tenue avec un jardin, des fleurs ainsi que des animaux : vaches,

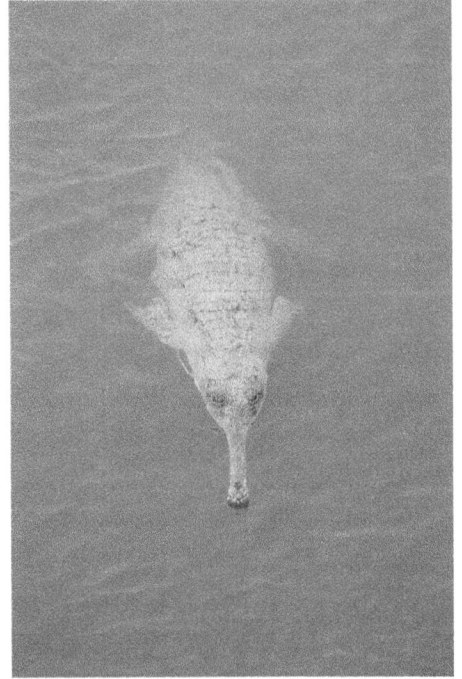

Réserves naturelles népalaises avec et leurs tigres et leurs crocodiles, Népal

poules, chiens et chats. Aujourd'hui est un jour particulier : c'est le début du festival de Diwali. Nous avions vu la préparation de ce festival alors que nous pédalions en Inde. Voici venu le temps des célébrations. À mesure que nous avançons, nous croisons plusieurs groupes, principalement composés d'adolescents et de jeunes adultes, tous sur leur trente-et-un et qui vont de maison en maison.

À chaque maison ils entament une danse et entonnent des chants. Les musiciens se placent au centre et la jeunesse népalaise danse en cercle autour d'eux. Les multiples couleurs et motifs qui virevoltent sont du plus bel effet. Très régulièrement, nous sommes invités à nous joindre à la ronde et à participer à la fête. Nous devons avoir l'air bien misérables avec notre accoutrement et notre sueur de voyageurs comparés à tous ces Népalais et leurs si beaux vêtements ! Les chants et les danses sont rythmés et communiquent une réelle joie de vivre. Passé quelques minutes à tourner autour des musiciens, le groupe s'arrête soudain et chacun se met à danser comme il le souhaite. Khanh Nguyen, Amaury et moi sommes de mauvais danseurs. Nous épuisons rapidement les trois ou quatre pas de danse que nous connaissons ! Mais danser parmi la jeunesse népalaise est une expérience vivante. Ce qui compte, c'est de donner toute l'énergie que nous avons et rien d'autre. Qu'importe que nos pas de danse ne soient pas au niveau ; personne n'est ici pour nous juger. Nous nous donnons tellement que la sueur abonde encore plus avant de remonter en selle. Les danses se terminent généralement par de multiples photos avec tous nos partenaires. Chacun affiche un large sourire puis nous remercie d'avoir participé à Diwali avec lui : « *Happy Diwali my friends* ! »[1]

Je suis content de pouvoir me rapprocher un peu plus des Népalais, et même de pouvoir échanger quelques mots avec eux. Ils gardent en temps normal une certaine distance polie et retenue qui nous cantonne trop souvent au rôle d'observateur plus que de voyageur.

Nous décidons de passer la nuit dans une petite maison d'hôte à trois dollars la nuit par personne. Nos hôtes nous accueillent avec des colliers de

---

1 « Joyeux Diwali mes amis ! »

fleurs orangées et nous invitent également à nous joindre aux célébrations du soir. La musique devient plus techno et psychédélique. Certains jeunes très alcoolisés se démènent, se défoulent et se déhanchent dans des mouvements complètement hystériques et désarticulés. Cette fois-ci, la fatigue de tous les kilomètres pédalés aidant, nous nous sentons un peu en-dehors de leurs rites. Assez tôt dans la soirée, nous nous excusons et allons nous coucher dans nos modestes chambres à trois dollars la nuit.

~

Les premiers vrais reliefs népalais se dessinent à mesure que nous nous rapprochons de Lumbini. Amaury avec son gros niveau de vélo et son équipement léger a plus de facilités que nous dans les montées. Avec toutes nos sacoches qui semblent vouloir nous retenir de toutes leurs forces vers l'arrière, nous grimpons à un rythme régulier mais à vitesse réduite. Amaury, lui, semble littéralement voler. Plusieurs fois, nous le laissons s'échapper pour ne le rejoindre que quelques minutes plus tard au sommet de la montée alors qu'il nous attend bien tranquillement assis sur un banc de pierre ou sous un arbre.

L'humidité est difficile à supporter pour Khanh Nguyen et moi. Nous étions habitués au temps sec, notamment en Iran. Chaque montée s'accompagne désormais de l'inévitable et omniprésente sueur. Elle prend vite beaucoup de place pour imbiber tout notre dos et notre visage. Les gouttes perlent ensuite et abandonnent le navire à mesure que nous grimpons. Il devient beaucoup plus difficile de profiter des lieux et des gens lorsqu'un petit ruisseau coule le long de votre colonne vertébrale pour ensuite rejoindre l'estuaire formé par vos deux fesses ! La douche devient alors pour nous l'un des buts essentiels de la journée. Il devient impensable de dormir sous la tente sans en prendre une. Sinon, la peau colle et toutes les poussières viennent allègrement s'y déposer.

La route continue cependant et Lumbini se rapproche. Lumbini c'est un endroit qui compte beaucoup pour les bouddhistes et en particulier

Célébrations de Diwali, Népal

pour Khanh Nguyen. Sa famille, notamment sa mère, croit beaucoup en Bouddha. Lorsque nous lui avons annoncé que nous passerions par le Népal, Lumbini est très vite devenu une étape obligatoire. Lumbini, c'est là où serait né le Bouddha, Siddhartha Gautama, en 623 avant JC. Il s'y trouve aussi une personnalité hors du commun, une légende, mais elle bien vivante. Elle est très difficile à rencontrer et à apercevoir. Cette légende se nomme Thây Huyên Dîêu : l'un des moines les plus respectés au Vietnam et dans le monde bouddhiste.

Il y a encore trente ans, Lumbini n'était qu'un endroit abandonné et délaissé. Par sa vision et sa force de conviction, Huyên Dîêu, alors jeune moine vietnamien, fit en sorte de convaincre le roi du Népal en 1993 de lui accorder le droit de construire une pagode à proximité du lieu de naissance de Bouddha. Avec au départ des ressources très limitées et peu de soutien, Huyên Dîêu parvint tout de même à mettre sur pied la pagode. Au fil des années, il réussit à mettre de son côté toute la communauté locale ainsi que de nombreux pays qui acceptèrent de construire leur propre pagode sur le site de Lumbini. La France en fait notamment partie. Lumbini est aujourd'hui devenu un site de pèlerinage incontournable où des bouddhistes du monde entier viennent découvrir le lieu de naissance du grand Siddhartha Gautama.

Alors que nous nous dirigerons vers Lumbini nous espérons au plus profond de nous-mêmes pouvoir rencontrer la légende vietnamienne. Nous avons peu de certitudes : de très rares visiteurs ont pu le rencontrer. Huyên Dîêu se fait discret, voyageur, insaisissable. De nombreux pèlerins sont venus dans l'espoir de le rencontrer, ont passé plusieurs jours voire semaines à Lumbini et n'ont même pas aperçu l'ombre de son ombre. Le coup de pédale indécis, nous nous rapprochons inexorablement du lieu de naissance du Bouddha alors que le soleil tend à se coucher laissant filtrer et s'évaporer de belles couleurs roses et orangées. Nous rentrons sur le site de Lumbini qui est démarqué par de larges douves. Je fais signe au gardien que nous sommes attendus à la pagode vietnamienne. Il nous laisse rentrer et nous indique le chemin à suivre. Les derniers reflets du soleil se réfléchissent au sommet des pagodes et des stupas recouverts de feuilles d'or. Nous pédalons devant la pagode chinoise puis bifurquons devant la pagode française pour enfin arriver en face de l'imposante pagode vietnamienne de Huyên Diêu.

Le lieu semble très paisible, presque vide. Un gardien népalais nous ouvre l'imposante porte de fer et s'en va immédiatement prévenir le maître des lieux. Nous installons nos vélos à proximité d'un magnifique jardin où se côtoient les fleurs et les roseaux. J'espère si fort que ce sera Huyên Diêu qui apparaîtra au coin de la pagode. Des bruits de pas se font entendre puis une ombre fait son apparition. Un jeune moine se présente alors à nous. Ses traits et son allure ne sont pas ceux d'un moine expérimenté et plein de sagesse. L'accueil est plutôt froid, détaché. Khanh Nguyen lui explique en vietnamien qui nous sommes, notre trajet et notre projet. Il consent avec mollesse à nous laisser passer une nuit dans une chambre attenante à la pagode. Khanh Nguyen le remercie et lui demande si le vénérable Huyên Diêu est là actuellement.

— Non, je ne pense pas, réplique sèchement le jeune moine. Il est en voyage.

— Ha, très bien, merci pour votre accueil, lui répond Khanh Nguyen la voix teintée de déception.

Le jeune moine disparaît avec nonchalance dans ses appartements. Nous espérions un accueil légèrement plus chaleureux. Nous convenons tous les trois de repartir tôt le lendemain alors que rentre sur scène un nouveau personnage : Lanh. Il se présente à nous avec un grand sourire qui contraste tellement avec le jeune moine et nous propose de prendre le thé. C'est un jeune étudiant vietnamien qui propose ses services bénévolement à la pagode. Durant plusieurs semaines, il s'occupe de la décoration de plusieurs salles dans la pagode : meubles, lumières, peintures.

Je vois le visage de Khanh Nguyen s'illuminer alors qu'elle s'exprime dans sa langue natale. Cela fait si longtemps - depuis la République Tchèque - que nous n'avons pas croisé l'un de ses compatriotes. Lanh est aussi de Saigon et sa bonne humeur me réconforte. Il s'enthousiasme lorsque nous partageons avec lui des anecdotes de notre voyage. Pour le dîner, il nous accompagne dans un restaurant où se rendent beaucoup de moines de toutes les nationalités : thaïlandais, chinois, birmans... Au menu du soir : des *momos* qui consistent en des raviolis à la vapeur avec de la sauce masala.

Et puis arrive inévitablement sur la table le sujet concernant Huyên Diêu.

— Nous sommes vraiment déçus de ne pas pouvoir le rencontrer. Il est en voyage apparemment, commence Khanh Nguyen.

— Oui... Mais il est déjà de retour au Népal ! Et il se pourrait bien qu'il arrive tard dans la nuit à Lumbini, lui répond Lanh.

— Oh mais c'est formidable ! Nous allons peut-être pouvoir le rencontrer alors ! s'exclame Khanh Nguyen.

— Il sera très heureux de vous rencontrer je pense et de discuter avec vous concernant votre voyage, termine Lanh.

Un grand sourire se lit alors sur nos visages. Pour Amaury, c'est peut-être moins significatif, mais pour Khanh Nguyen et moi ce serait un magnifique cadeau de la vie. Et demain, c'est aussi mon anniversaire, celui de mes trente ans. Le dîner terminé, Amaury se dirige vers sa chambre, nous vers la nôtre. À la seule pensée de notre possible rencontre avec Huyên Diêu, nous avons beaucoup de mal à nous endormir. La fatigue prend néanmoins le dessus et je m'endors auprès de Khanh Nguyen qui a ses deux yeux déjà bien fermés.

Le lendemain matin, le jour de mes trente ans, tout se déroule à peu près comme dans un film. Je sors de notre chambre, la lumière du soleil passe à travers les branches des grands arbres. Le gong de la pagode retentit plusieurs fois. De magnifiques grues Antigone viennent se poser dans le petit étang situé en face de la pagode. Leur tête est recouverte d'un beau rouge vif. Ce sont des oiseaux majestueux avec leurs interminables pattes. Et puis, du haut de la pagode une voix se met à chanter des prières bouddhistes. Le son est mélodieux et entre en résonance avec le chant des grues Antigone. Serait-ce Huyên Diêu ?

Khanh Nguyen puis Amaury me rejoignent dans le jardin et s'installent à mes côtés autour d'une petite table en bois. Nous restons tous les trois silencieux alors que le chant qui nous parvient des hauteurs continue ainsi que celui des grues. Lanh se joint alors à nous et nous chuchote : « C'est le vénérable Huyên Diêu ». Le chant se termine et des bruits de pas se font entendre dans l'escalier. Quelques secondes se passent et nous apparaît enfin Huyên Diêu ! Il est d'apparence très simple, mais dégage une vraie force et une réelle aura. Il est vêtu d'un habit de moine de couleur taupe, a le crâne rasé et porte des lunettes rondes. Des petites rides assez profondes sillonnent ici et là son visage.

— Bonjour, comment-allez-vous ? s'adresse à nous Huyên Diêu dans un français parfait.

— Bonjour Thây[1], nous sommes si heureux de vous rencontrer ! Et vous parlez si bien le français. Comment c'est possible ? lui réponds-je.

— J'ai étudié en France dans ma jeunesse : à la Sorbonne. J'en garde un souvenir tout à fait merveilleux. Ce que vous faites, votre voyage à vélo, c'est remarquable, vous devez écrire un livre et inspirer la jeunesse.

— Merci beaucoup Thây, je suis simplement mon rêve. Ce que vous avez réalisé ici est d'un tout autre niveau.

— Beaucoup de gens disaient que j'étais « fou » quand je suis arrivé pour la première fois ici. Il n'y avait rien : des marais et des moustiques seulement. Les personnes qui croyaient en mon projet se comptaient sur les doigts d'une main. Et puis, à force de travail et de conviction, les choses ont peu à peu évolué pour devenir ce qu'elles sont aujourd'hui. Ça n'a pas été facile : nous avions peu de moyens au départ et puis ensuite, il y a eu la guerre de 1996 à 2006.

— Le site de Lumbini est devenu remarquable. Et il y a tellement de pagodes étrangères. C'est une vraie réussite !

— Merci Thibault, vous êtes les bienvenus ici. Restez quelques jours. Je vous montrerai les alentours et j'ai cru comprendre qu'aujourd'hui c'était votre anniversaire.

— Merci Thây pour votre grand sens de l'accueil. Nous allons rester un peu de temps alors.

---

1 Mot vietnamien pour s'adresser aux moines. Marque de respect.

Thây Huyên Diêu m'impressionne par sa grande simplicité dans son attitude et ses paroles. Il se met à notre niveau et présente simplement, sans fausse modestie, sa vie et son œuvre. Toutes proportions gardées, ses paroles rentrent en résonance avec notre aventure. Peu de personnes croyaient en nous, surtout dans la capacité de Khanh Nguyen de pouvoir le faire. Certains même sur les réseaux sociaux disaient que nous étions des escrocs : que cette récolte de fonds pour les enfants des rues du Vietnam était en réalité destinée à finir bien au fond de nos poches. Et puis à force d'épreuves, de kilomètres, de persévérance, nous voilà ici à Lumbini au Népal, sept mois après, à discuter avec Huyên Diêu. Notre voyage prend alors une réelle dimension mystique, spirituelle. Il y a sept mois, je ne pouvais pas imaginer qu'il nous emmènerait si loin, si haut.

Les deux jours que nous passons avec Huyên Diêu et Lanh resteront à jamais gravés dans nos mémoires. Le jeune moine qui nous a accueilli la veille si froidement fait tout pour soigneusement nous éviter. Il ne nous adressera pas la parole durant ces deux jours. Nous ne cherchons pas vraiment à interpréter son attitude et profitons de notre temps passé avec le maître des lieux. Huyên Diêu nous fait visiter en tuk-tuk le site de Lumbini avec toutes ses pagodes, chacune avec son style propre. Chaque visite s'accompagne toujours de nos discussions sur la vie, le voyage, la France, le Vietnam, la religion. Je prends plaisir à parler de ces sujets avec un homme qui incarne dans sa vie ce qu'il défend, ce qu'il prône. Une philosophie se doit d'être incarnée sinon elle tourne à vide. Le soir de mon anniversaire, Huyên Diêu a même préparé pour moi un gâteau à la crème ! Nous célébrons mes trente printemps tous ensemble et en toute simplicité dans le petit jardin de la pagode.

Huyên Diêu nous enseigne aussi à prendre le temps, à observer les grues Antigone qui viennent se poser dans le petit étang. Il a été un grand artisan de la protection de ces fabuleux oiseaux sur le site de Lumbini. Il les connaît toutes ainsi que les multiples significations de leurs chants, de leurs vols et de leurs témoignages d'amour pour leur progéniture. Nous nous prenons alors au jeu et observons, ressentons, le magnifique spectacle de la

Rencontre avec Thây Huyên Diêu à Lumbini, Népal

nature qui se déploie lentement devant nos yeux.

La veille de repartir, je sens que cette rencontre unique avec Huyên Diêu s'est aménagé un bel espace dans mon corps, dans mon cœur. Elle fait partie de ce genre de rencontres qui influent grandement sur le cours votre vie, qui se démultiplient en d'infinies conséquences, variations et couleurs.

Le lendemain matin, il est temps de dire adieu à Huyên Diêu, Lanh, la pagode et les belles grues Antigone. Huyên Diêu nous souhaite alors tout le meilleur pour la suite de notre voyage. Il nous offre deux de ses livres que nous comptons bien transporter jusqu'à Saigon. Et ce n'est pas fini : il nous remet ensuite une enveloppe qui contient une somme importante destinée à notre collecte de fonds. Avec Khanh Nguyen, nous le remercions avec toute la sincérité et les forces dont nous sommes capables. Huyên Diêu se joint à nous pour une dernière photo et nous dit ensuite : « Bon voyage Khanh Nguyen, Thibault et Amaury. Nos chemins, je l'espère, se recroiseront. Si vous rencontrez le moindre problème durant les jours qui vous restent au Népal, contactez-moi sur mon téléphone. »

Amaury enfourche son vélo. Khanh Nguyen grimpe sur Monster. Je saute sur le dos Tank. Nous franchissons une dernière fois le portail de la pagode. Je jette un ultime coup d'œil à Huyên Diêu et aux grues Antigone. Et nous voilà repartis sur les routes népalaises avec la sensation que notre voyage, nos vies, ont peut-être pris un nouveau cours.

La route et toute sa poussière sont de retour. Notre objectif pour les prochains jours : la ville de Pokhara où Amaury nous quittera pour rentrer en bus à Delhi en Inde. Les cent-cinquante kilomètres qu'ils nous restent pour arriver à cette ville touristique ne sont pas dans les meilleures conditions. Les nids de poule, les flaques, la boue et les camions se multiplient. Nous perdons beaucoup de temps et d'énergie à nous frayer un chemin à travers ce petit chaos. Pour couronner le tout, la route qui mène à Pokhara ne fait que grimper. Et elle grimpe sec à certains endroits. Tous nos efforts sont néanmoins récompensés par des points de vue imprenables sur les rizières, les montagnes et des cascades qui viennent se fracasser sur la roche.

Il faut dire que notre cap est plein nord direction les chaînes de l'Himalaya. Des sommets enneigés commencent à faire leur apparition loin, très loin, à l'horizon. Les températures se rafraîchissent à mesure que nous grimpons le colosse Himalaya. Je profite tant que je peux des derniers jours avec mon petit frère qui a tout d'un grand. Notre trio de quelques semaines a merveilleusement bien fonctionné et j'ai comme une petite boule au ventre à me dire que lui et sa longue barbe, bientôt, ne nous accompagneront plus jusqu'au Vietnam. Comme avec Fanny en Géorgie, Amaury a apporté avec lui toute son énergie sur notre route de l'Inde au Népal. La dynamique à trois est si différente de celle à deux. Un autre équilibre se forme. Je ne sais pas vraiment celui que je préfère : celui à deux avec Khanh Nguyen ou celui à trois avec un *frère* ou une *sœur* de route.

Notre petit trio fait escale dans la ville de Tansen qui forme comme un courageux bastion parmi les montagnes. Pour arriver au centre de Tansen, il faut prendre une rue qui ressemble plus à un mur d'escalade qu'autre chose. Elle semble monter au plus vite vers les hauteurs et refroidirait les cyclistes les plus téméraires. Mais après de longs mois sur la route, nos muscles semblent sans réelles limites. Chacun prend de l'élan et change au plus vite ses vitesses pour atteindre le plus petit pignon. Il faut les voir les habitants de Tansen, complètement effarés d'apercevoir trois cyclistes chargés comme des mulets dans cette petite rue piétonne. Khanh Nguyen lâche rapidement et met pied à terre. Elle finira à pied. Avec Amaury, nous nous livrons alors une petite compétition de coqs de basse-cour pour savoir qui arrivera en haut le premier. Deux Népalaises se mettent à nous encourager et à nous applaudir alors que nous passons devant leur petit magasin. La montée est redoutable : mes jambes me brûlent et j'ai l'impression que Tank va exploser sous toute la pression et la force que je lui imprime. Amaury tire la langue mais reste à ma hauteur. Coup de bluff ? J'en remets une couche et le voilà qui craque totalement. Je savoure ma petite et ridicule victoire alors que j'atteins le sommet de Tansen. Amaury arrive aussi essoufflé que moi quelques secondes plus tard. Khanh Nguyen, elle, est beaucoup plus loin. Je laisse Tank contre un mur et me précipite vers elle pour l'aider à franchir l'ultime épreuve du jour. Le point de vue depuis le haut de la rue est si haut, à tel point que je me demande encore comment j'ai fait pour rester sur mon vélo jusqu'au sommet.

Les kilomètres et les jours passent jusqu'à ce que nous arrivions enfin à Pokhara, située à mille-quatre-cents mètres d'altitude. C'est une ville prisée des touristes et cela nous fait du bien de retrouver une petite touche « occidentale ». Depuis Delhi, nous avons été en immersion et sans interruption parmi la culture et la nourriture locales. Après plus d'un mois, je commençais à saturer de la sauce *masala*, du *dalh baht*... Pouvoir goûter une bonne crêpe bretonne avec son cidre et avaler en dessert un *apple crumble* accompagné d'un cappuccino devient alors un vrai privilège et un petit plaisir coupable. Nous trouvons même un restaurant vietnamien à proximité. Nous profitons enfin d'un hôtel avec un panorama mémorable sur les chaînes de montagnes dont la vue est si dégagée le matin.

Avant qu'Amaury ne prenne son bus et ses trente-six heures de trajet pour Delhi, nous devons lui trouver un acquéreur pour son vélo. Nous faisons le tour des magasins de la ville qui nous proposent tous un prix insuffisant. C'est finalement le propriétaire de notre hôtel qui le rachète à 70 % du prix qu'Amaury avait payé à Delhi. Son vélo a remarquablement bien tenu durant tous ces kilomètres de Delhi à Pokhara. Il n'a présenté aucun problème technique ni aucune crevaison : un parfait compagnon de route.

Une ultime soirée avec Amaury et c'est déjà l'heure pour lui de prendre son bus direction Delhi et où l'attend son avion de retour pour la France. Entre Clemenceau on ne montre pas trop ses émotions, surtout en public. Je le serre dans mes bras, l'embrasse bien fort, mais n'en fais pas des

En route vers Pokhara, Népal

couches ; lui non plus. Khanh Nguyen le sert fort dans ses bras. Chacun bénit ses propres dieux de lui avoir permis de passer ces si magnifiques semaines à trois.

Alors qu'Amaury s'éloigne, nous revoilà, encore une fois, tous les deux. Le *duo vers l'inconnu* est de retour ! Nous ne le savons pas encore, mais ce sera le cas jusqu'au Laos. Nous allons reprendre nos habitudes de vieux couple baroudeur ! Deux choix s'offrent à nous : repasser rapidement en Inde et traverser la région de Bihar ou continuer plein est toujours au Népal afin de rejoindre le Bengale Occidental en Inde. La région de Bihar est l'une des plus pauvres de l'Inde et est malheureusement connue pour ses violences. Très vite, nous choisissons de continuer à profiter du calme népalais plutôt que de nous replonger dans le chaos indien.

Notre route sera : Barathpur, Hetauda puis la longue route *numéro 1* jusqu'à la ville de Siliguri qui marquera notre retour en Inde. Nous retrouvons vite notre dynamique à deux : lever, préparation du petit-déjeuner, réglage des vélos et mise en place des sacoches. Quelques heures après avoir quitté Pokhara, je fais le choix de suivre une piste qui suit une rivière du nom de Seti Gandhaki plutôt que de suivre la route nationale. Il nous faudra au moins un jour pour arriver au bout de cette piste et rejoindre, je l'espère, un pont qui nous permettra d'accéder à la ville de Bharatpur. Nous faisons le stock nécessaire en nourriture : riz, pâtes, œufs, légumes, fruits et gâteaux.

La route au départ bitumée disparaît très vite pour laisser place à une piste tantôt ensablée tantôt caillouteuse qui longe la rivière. Nous croisons peu de monde : de rares motos et quelques habitants qui vivent dans des modestes maisons de bois avec un toit en taule et qui surplombent la rivière. Très vite, Khanh Nguyen a du mal à avancer. Ses pneus sautent sur les cailloux et je vois qu'elle perd beaucoup d'énergie. Nous multiplions les pauses et après plusieurs heures, je lui propose de nous arrêter pour aujourd'hui. Elle accepte immédiatement.

Je repère un endroit un peu excentré par rapport à la piste : une sorte de plage avec ses gros galets blancs et gris qui épouse la courbe en « S » de la rivière Seti Gandhaki. L'eau est d'un beau *bleu paon* et s'écoule lentement. Je m'assure pendant de longues minutes qu'il ne peut se trouver ici de crocodile comme ceux que nous avions rencontrés auparavant. Pas de mouvement suspect : c'est bon. Nous ouvrons nos sacoches et posons nos tapis de sol sur les galets. Khanh Nguyen s'étend de tout son long, ferme ses yeux, et sombre immédiatement dans un profond sommeil, une sorte de torpeur. Ce n'est la première fois que ça lui arrive et je comprends simplement qu'elle est au bout physiquement, qu'elle a besoin de repos.

Alors qu'elle dort et reprend des forces, je commence à installer la tente et à préparer le repas. Le silence est si pur ici : simplement le vent et le bruit de l'eau qui s'écoule. Alors que je cuisine, trois enfants remontent le long de la rivière. Ils ont tout au plus dix ans et tentent de faire des ricochets. Ils sont pieds nus et portent de vagues copies de maillots de football aux couleurs du FC Barcelone, du Paris Saint-Germain et d'Arsenal. Ils mettent du temps à nous repérer lorsque finalement le plus grand d'entre eux fait signe à ses deux camarades qu'il y a la présence de deux êtres bizarres au loin. Je continue de cuisiner mine de rien et ils continuent de s'approcher lentement vers nous, entre curiosité et crainte. Je les salue, me touche le torse avec la main droite en disant « Thibault », ce à quoi je n'obtiens pas de réponse. Ils sont intrigués par notre réchaud qui fonctionne à l'essence. Je prends le temps, leur en explique le fonctionnement. Puis, pour continuer à les distraire, je leur montre nos vélos, le filtre à eau, notre tente...

Khanh Nguyen se réveille alors avec ce genre de regard un peu perdu et interloqué de se retrouver ici-là à ce moment donné. Elle sourit à son tour à nos trois petits amis.

— Comment tu te sens mon amour ?

— Beaucoup mieux, je n'avais plus du tout de batterie, d'énergie. Mais maintenant ça va !

— Tu peux surveiller le riz qui cuit ? Je vais prendre un bain dans la rivière. Ne t'inquiète pas pour les trois enfants, ils sont curieux, c'est tout. Et je sens que cet endroit n'est pas dangereux. Même s'ils signalent notre présence à leur village, personne ne viendra nous rendre visite pendant la nuit.

Je laisse Khanh Nguyen et nos trois compères s'occuper du dîner et me baigne dans l'eau si fraîche et si propre de la rivière. Toujours pas de crocodile à l'horizon ! Une fois terminé et séché, c'est au tour de Khanh Nguyen de se laver. Je fais en sorte de bien garder l'attention des trois petits népalais alors que je suis en train de cuire quelques légumes et des œufs. Ils ne semblent pas attirés plus que cela par ma cuisine ! Derrière eux, je vois Khanh Nguyen qui se faufile dans la tente pour se changer. Notre tente avec sa bâche blanche, passe complètement inaperçue parmi les nombreux galets de la même couleur.

Le dîner est prêt ! Pour garder l'attention de nos amis, je lance un concours de ricochet. Ils sont tous les trois d'un bon niveau, surtout le plus grand avec son maillot du FC Barcelone. Alors que je ramasse mon prochain caillou, une voix féminine retentit depuis la forêt. Les trois petits amis lèvent la tête, se regardent et s'élancent vers la forêt sans nous dire au revoir. Il va bientôt faire nuit et c'est sûrement leur mère qui les a appelés à dîner. Je les vois se dépêcher parmi les galets puis disparaître dans l'épaisse forêt.

Nous profitons de notre dîner rien que pour les tous deux, au son du vent et des clapotis de la rivière. Un homme un peu plus loin semble pêcher, mais ne nous prête aucune attention. À la tombée de la nuit, nous faisons la vaisselle, nous nous brossons les dents et nous nous installons dans notre petit hôtel à dix mille étoiles à la mesure du ciel qui s'offre à nous. Khanh Nguyen place sa tête sur mon torse. Je place mon bras autour de son cou. Très vite, nous nous endormons au son de la rivière, perdus quelque part au Népal.

⌒

Le soleil chauffe la paroi de notre tente et nous signifie qu'il est l'heure de nous réveiller. La nuit fut paisible et tout notre matériel ainsi que nos vélos sont encore là. Nous avions peu de doutes à ce sujet, mais c'est toujours un réconfort certain de se réveiller au beau milieu de la nature et que rien ne se soit envolé.

Traversée du pont de singe, Népal

Nuit au bord de la rivière Seti Gandaki, Népal

Après avoir pris le petit-déjeuner et avoir tout chargé sur Tank et Monster, nous reprenons la longue piste qui doit nous mener, en théorie, vers un pont. Les premières heures de pédalage sont toujours aussi solitaires puis nous croisons un village avec plusieurs dizaines de maisons, ce qui est bon signe. Au bout du bout de la piste, se trouve une sorte de pont de singe suspendu bien au-dessus de la rivière. Il est seulement possible de le traverser à pied ou en poussant son vélo. Nous croisons des Népalaises toutes chargées qui doivent revenir d'un grand marché de l'autre côté du pont de singe. La traversée se fait sans encombre et nous laisse le temps d'admirer une dernière fois la Seti Gandhaki qui nous a si bien bercés la nuit dernière. Au bout du pont, nous débouchons sur une route principale qui nous autorise à poursuivre notre voyage.

Durant la semaine qui nous reste pour rejoindre l'Inde du Nord-Est, nous aurons peu de moments marquants, peu de rencontres. Les kilomètres s'enchaînent tout droit vers l'est jour après jour sans grande saveur. À l'Est rien de nouveau. Nous traversons encore des parcs nationaux, croisons des singes, avalons des *momos*, mais le cœur n'y est plus tout à fait. Nos chapeaux coniques *Non La* ne suscitent plus beaucoup d'intérêt. Nous sommes désormais en Asie et ce type de couvre-chef devient quelque chose d'usuel. Il est grand temps pour nous de quitter le Népal pour donner un nouveau souffle à notre aventure ! Nous passons notre dernière nuit népalaise sous la tente bien cachés par des arbres et des hautes herbes.

Chapitre 21

Inde du Nord-Est : des câlins et une intoxication alimentaire

Compteur Kilométrique : 9 594 à 10 902km

L'Inde du Nord-Est et l'état du Bengale Occidental se présentent enfin devant nous. Un gigantesque pont nous permet de traverser le fleuve Mechi. Comme à la frontière népalaise, c'est encore une vraie aventure pour trouver le petit poste d'immigration afin d'obtenir notre tampon d'entrée. Plusieurs soldats nous indiquent la mauvaise direction si bien que nous rentrons en Inde sans tampon... Plutôt perméable cette frontière comparée à la frontière hongroise ! Nous devons rebrousser chemin pour finalement trouver le poste d'immigration. Alors que l'officier s'occupe de nos passeports, je demande si d'autres cyclistes sont passés par ici récemment. Un couple de Néerlandais nous précède de quelques jours. À nous d'essayer de les rattraper !

L'Inde du Nord-Est, ce n'est pas du tout cette Inde « Bollywood » que l'on fantasme ou que l'on s'imagine. Sept états, les « *Seven Sisters States* » regroupent de nombreux peuples qui parlent des langues tibéto-birmanes. On compte deux-cent-vingt langages différents dans ces *Sisters States* ! Les cultures, les visages de tous ces peuples sont beaucoup plus proches des peuples d'Asie du Sud-Est que d'un Indien de Delhi ou de Mumbai. Il faut dire que ces diverses ethnies furent rattachées à l'Inde sous la période britannique. Durant la période de colonisation et en particulier après l'indépendance de l'Inde en 1947, de multiples mouvements séparatistes se sont développés. Il y a eu de la violence, beaucoup de violence. Il en résulte une forte présence militaire indienne et ses innombrables *checkpoints*. Nous allons l'expérimenter durant ces centaines de kilomètres jusqu'à la frontière birmane : nous allons retrouver les treillis, les bérets et les kalachnikovs.

~

La première des sept sœurs que nous rencontrons sur notre route, c'est l'État d'Assam. Ce sont les rizières qui dominent ici, et elles sont magnifiques en cette saison avec leurs reflets jaunes et verts. L'atmosphère est bien plus calme et sereine que lors de notre trajet de Delhi au Népal. Les gens que nous croisons nous saluent et nous sourient, mais ne nous harcèlent pas pour une photo ou un *selfie*. Les possibilités de ne pas suivre la route principale sont presque infinies : petit chemin qui serpente entre les rivières, route ombragée par des arbres centenaires, traversée d'une rivière sur une frêle barque en bois... Nous commençons à prendre plaisir à pédaler en terre d'Assam.

Autre élément qui est vraiment le bienvenu : il y a de nombreux hôtes de la communauté *Warmshowers* tout le long de notre parcours en Inde du Nord-Est. La grande majorité des messages que nous envoyons reçoivent une réponse positive. C'est comme cela que nous faisons la rencontre de Rahul qui nous accueille dans la ville d'Alipurduar. Il vit dans une belle maison avec sa mère, sa femme et son fils. Rahul est de nature très curieuse et dès notre arrivée, il nous lance une batterie de questions sur la France, le Vietnam et notre parcours. Alipurduar c'est un peu l'étape obligatoire vers la Birmanie, et comme il est le seul hôte *Warmshowers* de la ville, il en a vu défiler des cyclistes longue distance : d'Europe, des États-Unis, d'Amérique du Sud, de Corée du Sud... mais du Vietnam c'est la première fois.

« Khanh Nguyen, décris-moi ton pays : sa nourriture, son climat, son économie, son régime politique. Je suis curieux tu sais, lance Rahul. » Khanh Nguyen prend son temps pour expliquer en détail à Rahul de quoi est fait son beau pays, ce à quoi renchérit Rahul par encore plus de questions. Au premier étage de la maison de Rahul, se trouve une grande pièce dans laquelle nous installons notre tente. Nous avons un accès direct à une petite salle-de-bain, ce qui est désormais pour nous synonyme de grand luxe ! Après une douche froide, la femme de Rahul nous invite à descendre pour le dîner. Elle a préparé des *chappattis*, des brocolis et des pois-chiche avec leur délicieuse sauce curry : un régal ! Et puis ce soir c'est le festival annuel de la ville d'Alipurduar en l'honneur d'une divinité hindoue. Rahul nous propose d'y aller, ce que nous acceptons tout de suite malgré une certaine fatigue. Il y a plusieurs milliers de personnes à ce festival où se mêlent les stands de nourriture, de vêtements, de bijoux et d'attractions en tout genre. Une grande tente abrite aussi des concerts et des danses. J'aime me mêler à la foule, observer les familles qui déambulent ici et là, comprendre ce qui unit pour un soir toutes ces âmes.

Comme nous sommes les seuls étrangers de la soirée, la télé locale a vite fait de nous repérer. S'en suit une interview en anglais assez insolite. L'accent indien de la journaliste est très prononcé ce qui rend la compréhension de ses questions difficile. Les « R » et les « L » se mélangent, se confondent. Je tente d'attraper un mot ici ou là et me hasarde à des réponses banales et sans relief avec mon accent français. J'espère que les téléspectateurs comprendront quelque chose à l'interview ! Le directeur nous offre ensuite deux écharpes typiques de la région d'Assam avec leurs carreaux rouges et blancs. Nous posons pour la photo officielle puis après deux ou trois tours parmi les stands, nous décidons de rentrer avec toute la famille de Rahul en tuk-tuk. Ce soir, il me faut environ treize secondes pour m'endormir tant la fatigue a pris le pouvoir sur mon corps.

Le lendemain matin, après un petit-déjeuner en compagnie de Rahul, de multiples remerciements et une photo tous ensemble, nous continuons vers l'est en direction du village de Gossaigaon.

Je ne sais pas trop ce qui nous attend à Gossaigaon, mais je suis pressé d'y arriver. Tout a commencé il y a quelques jours, lorsqu'Hassanul m'a appelé sur mon téléphone. Je l'ai contacté via le site *Warmshowers* et il m'a appelé immédiatement. Hassanul est un jeune professeur dans une école privée de Gossaigaon : *St. Anthony's English Medium High School*. Il souhaite nous accueillir, mais est actuellement à Calcutta, à plus de sept cents kilomètres : sa mère est gravement malade et son opération est pour bientôt. Hassanul nous propose la chose suivante : « Le père David, le Directeur de l'école, peut vous accueillir. Ce serait super si vous pouviez présenter votre aventure à tous les enfants de l'école. Je suis sûr que ce sera un moment magnifique pour eux et pour vous. Priez pour ma mère et ma famille. »

L'occasion est trop belle pour Khanh Nguyen et moi de pouvoir présenter les dix mille kilomètres déjà parcourus devant des enfants et des adolescents. Nous acceptons tout de suite et préparons tous les soirs notre présentation à mesure que nous nous rapprochons de Gossaigaon. L'école est située à proximité de la grande route. Je m'attendais à découvrir une modeste école, mais ce sont d'imposants bâtiments sur plusieurs étages qui se présentent devant nous et en leur milieu : une église. Aujourd'hui, c'est dimanche et l'école est dépeuplée de ses élèves. Nous descendons de Monster et Tank pour les pousser jusque devant l'église. Une sœur toute fine nous accueille et nous guide vers le père David.

Le père David se présente à nous en toute simplicité et s'assure que nous n'avons besoin de rien. Il est habillé d'une belle chemise blanche. Il nous propose du thé au lait et des biscuits alors que nous lui racontons toutes nos histoires.

—Demain, ce seront environ six cents élèves qui viendront vous écouter. Je suis sûr que votre histoire va grandement les inspirer ! lance le père David.

— Merci mon père, réponds-je. Nous traversons le monde à vélo exactement pour vivre ce genre de moment. Et puis de pouvoir parler en anglais avec tout le monde aide grandement à la discussion.

— Ici, l'anglais est la langue pour communiquer. Nos élèves parlent chacun le dialecte de la communauté à laquelle ils appartiennent. Avec l'anglais, ils peuvent communiquer tous ensemble, faire corps.

— J'entends de la musique dans l'église. Qu'est-ce que vous préparez ?

— Nous préparons un grand concert la semaine prochaine ! Il y aura des chants en anglais et des jeunes de chaque communauté préparent aussi des chants dans leur propre langue. Allez les rencontrer !

Une fois notre tasse de thé terminée, nous nous dirigeons vers l'église. Un groupe d'une cinquantaine d'élèves accompagnés d'une batterie, d'une basse et d'une guitare électrique est en pleine répétition. Avec Khanh Nguyen, nous les saluons et nous nous installons aussi discrètement que nous pouvons. Le groupe de jeunes entame un chant Bodo. Les Bodos sont une ethnie importante dans l'état d'Assam. Les paroles du chant sont magnifiques par leur sonorité et leur rythme. Les jeunes qui les chantent aussi à travers la diversité de leurs visages et toute l'énergie qu'ils déploient. Une des sœurs nous tend même un petit livret avec les chants écrits en phonétique et nous essayons de les accompagner maladroitement. Tout le monde nous regarde avec un air curieux et bienveillant alors que les chants s'enchaînent.

Le temps passe si vite que c'est déjà l'heure du dîner. Il est rapide et efficace, toujours en compagnie du père David qui prend rapidement congé de nous. Une des sœurs, *Sister* Rosalyne, nous mène alors vers une belle chambre où tout est en bois. Je passe un certain temps avec Khanh Nguyen à terminer notre présentation : il faut sélectionner parmi des milliers de souvenirs, de photos, ce que nous voulons dire et transmettre à tous ces petits êtres. Les yeux rouges de fatigue nous allons nous coucher au son du silence de la nuit et du va-et-vient du ventilateur, bien protégés tous les deux sous une moustiquaire.

Le lendemain, nous nous présentons au petit-déjeuner : riz, poisson, chappattis et beurre de cacahuète... Notre aventure est toujours sous le signe de l'adaptation permanente ! À mesure que les minutes passent, une clameur issue de la cour de l'école parvient progressivement à nos oreilles. Je fais quelques mètres pour sortir du bâtiment et découvre des milliers d'enfants, là, devant moi. Le début des cours va bientôt sonner et une multitude d'élèves courent et jouent dans tous les sens. Ils portent tous un élégant uniforme rouge et blanc : pantalon et blazer pour les garçons ; jupe, chemise, collants et cheveux attachés pour les filles. C'est impressionnant à voir et un peu intimidant de se dire que nous allons devoir captiver tout ce petit monde pendant plus d'une heure ! Une voix retentit dans les haut-parleurs et soudain, tous les élèves se ruent pour se placer en rang. Une fois le calme revenu, des prières et des chants en l'honneur de la Vierge Marie retentissent dans la cour.

Le père David, qui aujourd'hui porte sa plus belle aube blanche, nous fait signe de nous installer dans la salle. Nous montons Tank et Monster sur la scène, préparons le rétroprojecteur, vérifions que les micros marchent correctement. Puis, tous les élèves, comme les vagues rouges et blanches successives d'une grande marée entrent dans la grande pièce et viennent s'asseoir par terre tous parfaitement alignés. J'accroche certains regards ici et là. Puis, le père David nous présente à notre grand public qui est admirable de calme et d'attention. Les centaines de petites mains nous applaudissent et il est temps pour nous de monter sur scène, la scène de l'école *Saint Anthony* de Gossaigaon.

Après une petite présentation de qui nous sommes et pour détendre l'atmosphère, je me lance dans un jeu de mots plutôt hasardeux : « Notre destination finale, c'est Saigon... *We go to Saigon*... Et ici, nous sommes à Gossaigaon... Go Saigon ! » Je m'attends à faire un bide monumental mais le jeu de mots passe finalement bien auprès de notre belle audience ! Les élèves rient de bon cœur et répètent : « Haha, Go Saigon, Gossaigaon ! ». Ouf... le jeu de mots est passé. Khanh Nguyen se met à rire aussi. Je suis au moins sûr qu'ils se rappelleront pour longtemps de Saigon maintenant.

Nous passons de longues minutes à leur présenter Monster et Tank, certains moments forts du voyage : les belles forêts européennes, la neige en Suisse, Maria et Vojtech en République Tchèque, les nuits sous la tente en Bulgarie, le désert en Iran, Reza et les Qashqai, Persépolis, la Mosquée Rose de Chiraz, Delhi, le Népal... Je ne suis pas tout à fait sûr que tous ces lieux signifient quelque chose pour eux, s'ils se rendent compte, si ça les intéresse vraiment. De revenir vers tous ces moments, toutes ces images, est quelque chose de tout à fait vertigineux pour moi. La maison semble si loin, je me sens tout à coup si vieux. Comme si j'avais déjà trop vécu pour un seul homme, que je pouvais déjà fermer boutique, que j'avais déjà brûlé tout mon quota d'intensité de vie. Circulez, il n'y a plus rien à voir. En cet instant, ma famille me manque. Mes amis aussi. À quoi bon vivre ce genre de choses si loin des siens ? Quel est le sens de tout cela finalement ?

Alors que Khanh Nguyen parle aux centaines d'enfants de l'Iran, je balaie du regard notre public rouge et blanc. La grande majorité d'entre eux sont captivés. Certains réagissent à la moindre phrase, comme s'ils entraient en résonance avec tout ce que nous disions. Je me dis alors en mon for intérieur que si nous réunissons à inspirer ne serait-ce que l'un de ces enfants à un jour suivre son propre rêve alors nous aurons tout gagné. Il est là le sens.

Une fois notre présentation terminée, les bras se lèvent et les questions se multiplient. On nous demande comment nous faisons pour avoir assez d'eau et de nourriture, si nous avons peur quand nous dormons sous la tente, quel pays nous avons préféré... Après une dizaine de questions, le père David y met fin et propose de prendre une photo tous ensemble. Tous les élèves applaudissent de longs instants et viennent nous rejoindre sur l'estrade. Les photos sont magnifiques : une Vietnamienne, un Français, deux vélos et deux chapeaux *Non La* parmi une forêt rouge et blanche !

Et vient peut-être l'un des plus beaux moments de notre aventure. Une fois la photo prise, les centaines d'élèves se mettent en rangs devant l'estrade et monte un à un pour nous remercier. Certains nous serrent la main, mais beaucoup d'entre eux nous font un énorme câlin. Ce n'est pas ce genre de câlin à l'américaine – l'*American hug* – où chacun garde une bonne distance et qui finalement est très froid. Non, c'est un vrai câlin, un gros, où chaque élève nous enlace de toutes ses forces et parfois durant plusieurs secondes. Il est là le sens.

Nous donnons des centaines de câlins et cela dure une bonne dizaine de minutes. Chaque câlin nous grandit, nous rend plus forts. Une fois tous les câlins reçus et donnés, nous sortons de la salle, au grand air. Beaucoup d'élèves nous attendent dehors et nous demandent des autographes : sur un cahier de cours ou sur leur avant-bras ! Une petite fille attire mon attention. Elle est resplendissante avec ses rubans dans les cheveux et attend patiemment son tour derrière les grands pour avoir un autographe de Khanh Nguyen sur son cahier. C'est son tour et il faut voir son regard plein d'admiration pour ma femme. Khanh Nguyen s'agenouille pour se mettre à sa hauteur puis l'enlace. Il est là le sens.

～

Après une seconde et dernière nuit à *Saint Anthony*, nous reprenons notre inlassable route vers l'est. Les villes se succèdent : Manikpur, Barpetta, Guwahati... Les hommes et les femmes s'affairent dans les rizières en cette fin du mois de novembre. Du haut de nos deux vélos, le spectacle est donc permanent. Nous venons aussi de dépasser la barre si symbolique des 10 000 kilomètres. Nous en sommes à 10 324 dollars collectés. Le compteur

Présentation, autographes et câlins avec les élèves, Gossaigaon, Inde

de kilomètres commence à se rapprocher dangereusement de celui des dons... Nous espérons que la tendance va s'inverser ! Je reste confiant. Je suis convaincu que plus nous allons nous rapprocher du Vietnam plus l'on va parler de *Non La Project* et plus les dons arriveront.

En quittant Guwahati, nous découvrons la deuxième des sept sœurs : l'État de Meghalaya qui embrasse le Bangladesh. Les rizières laissent place aux montagnes et à la jungle. Nous partageons souvent la route avec des convois de gros camions-citerne qui font tout trembler autour de nous. Les rivières et les fleuves se traversent sur des ponts en bois fébriles qui menacent de s'effondrer sous le poids des monstres de tôle. Il nous est plutôt facile de camper dans les forêts : il y a peu de monde dans cette région et l'eau de source est abondante.

Après plusieurs jours à monter et descendre, nous rejoignons la troisième des sept sœurs : l'État de Manipur. Les militaires contrôlent encore une fois nos passeports. Il faut dire que le Manipur a subi de nombreuses violences à caractère indépendantistes qui se sont exacerbées au début du XXIe siècle. Des embuscades s'en prenant aux convois de camions-citerne ont régulièrement eu lieu. De nombreux militaires en treillis patrouillent le long des routes, mais je ne nous sens pas en insécurité pour autant. Ces conflits concernent l'État Indien et ces ethnies : pas deux voyageurs à vélo qui ne sont que de pauvres spectateurs. Nous évitons cependant de rouler la nuit et je m'assure à chaque fois que l'endroit où nous allons dormir ne présente pas de danger.

Un après-midi, alors que nous continuons de grimper parmi les montagnes et la jungle, nous décidons de faire une pause bien méritée dans un village. Une église domine le village et je propose à Khanh Nguyen de nous reposer sous son porche. Un groupe d'enfants joue à côté : les enfants se renvoient la balle et courent dans tous les sens. Notre présence ne les affecte pas plus que cela. Le coucher du soleil pour aujourd'hui, c'est à quatre heures et demie... Il nous reste donc une heure pour trouver un endroit où dormir : planter notre tente à côté de l'église semble la meilleure option. Alors que nous continuons à regarder les enfants jouer, une moto débarque avec deux hommes. Le passager à l'arrière porte en bandoulière une kalachnikov. Encore une fois, je ne perçois pas la situation comme menaçante ou dangereuse pour nous.

Le conducteur de la moto descend, nous salue et vient s'asseoir à côté de nous. Il a une trentaine d'années, des traits fins, le regard sévère, un corps assez élancé et parle très bien l'anglais. Après lui avoir expliqué qui nous sommes, il se présente à son tour :

— Bonjour les amis. Je suis Tangboy, fils du chef du village. Ici, vous êtes sur les terres des Kukis.

— Bonjour Tangboy, lui réponds-je tout en lui tendant la main. Nous ne connaissions pas les Kukis avant de te rencontrer. C'est facile à retenir comme nom !

— Où allez-vous dormir ce soir ?

— Tu penses que nous pouvons dormir dans l'église ? Nous ne savons pas où nous arrêter pour ce soir. Nous avons une tente.

— Laissez-moi voir avec mon père, le chef du village.

Tangboy passe quelques minutes au téléphone puis revient vers nous. Il nous invite chez lui ! « Ce sera plus sûr pour vous » nous dit-il sans grand enthousiasme. Il est difficile de lui décrocher un sourire à Tangboy. Nous poussons Tank et Monster jusqu'à sa maison située à une centaine de mètres de l'église. Tous les enfants du village nous suivent, touchent nos vélos et nos chapeaux *Non La*. La maison, tout en bois, dispose d'une petite cour où nous installons nos vélos. De nombreuses femmes s'affairent en cuisine et à doucher les enfants. Les poules picorent ici et là.

« Voici votre chambre pour ce soir. Ça vous convient ? » lance Tangboy. Cela nous convient parfaitement ! Nous avons un grand lit pour nous et une moustiquaire. Tangboy nous invite à prendre notre douche avant de le rejoindre pour le dîner. Avec une casserole en plastique que l'on plonge dans un grand tonneau, aussi en plastique, on s'asperge le corps, se savonne et se rince. La petite troupe d'enfants est toujours là à scruter nos moindres faits et gestes. Nos vélos les intriguent toujours autant. Le dîner préparé consiste en du riz et du poulet au curry avec quelques légumes. Tangboy nous fait part des problèmes récents de son village : une grande inondation a détruit une partie de l'école. Les enfants sont toujours là, assis

301

tout autour de nous. Je leur propose de leur montrer des photos et des vidéos du voyage sur mon ordinateur. La petite foule s'agglutine entre moi et Khanh Nguyen et regarde ces images venues de si loin. Tangboy regarde aussi, toujours sans grande réaction sur son visage. Il ordonne ensuite aux enfants de nous chanter des chansons. La vingtaine de petites têtes brunes se met à chanter des chansons en anglais et en dialecte local. Les plus grands mènent la danse tandis que les plus petits essayent de suivre le rythme et les paroles. À chaque fois qu'ils terminent une chanson, nous les applaudissons copieusement avec Khanh Nguyen. Il est déjà tard et nous commençons à tomber de fatigue. Tangboy nous dit qu'il doit aller rendre visite à sa sœur et qu'il reviendra un peu plus tard dans la soirée.

Nous nous préparons à aller nous coucher. Toujours pas de signe de Tangboy : impossible de rester éveillés plus longtemps.

Alors plongés dans un sommeil profond, quelqu'un frappe avec vigueur sur la porte de notre chambre : « Thibault, Khanh Nguyen ! C'est Tangboy, réveillez-vous ! » Je mets quelques instants à me lever et à lui ouvrir la porte. Tangboy s'assoit sur une chaise à proximité de notre lit et commence à me dire :

— Thibault, tu es comme un frère pour moi. Je voudrais vraiment avoir un souvenir de toi et que tu gardes un souvenir de moi.

— Qu'est-ce qui te ferais plaisir Tangboy, réponds-je alors que je suis toujours entre veille et éveil.

— J'aimerais beaucoup avoir ton jean noir, celui que tu portais ce soir. Je t'ai rapporté un jean qui m'appartient !

Le *blue jean* qu'il souhaite m'offrir taille très large. À coup sûr, il ne l'a jamais porté. Je ne souhaite absolument pas me séparer de mon jean noir... Il m'a accompagné sur plus de 10 000 kilomètres depuis la France... Surtout pour le troquer contre un jean beaucoup trop grand pour moi.

— Tu ne veux pas un autre de mes pantalons ? J'ai celui-ci, de couleur grise que j'ai acheté en Iran. Ou un T-shirt ?

— Essaye mon jean Thibault. Je veux que tu l'essayes, assène Tangboy tout en fronçant les sourcils.

La situation commence à être franchement bizarre tandis que Khanh

Nguyen somnole toujours. Je retire mon short et me retrouve en caleçon devant Tangboy puis enfile "son" jean... beaucoup trop grand pour moi. Je flotte littéralement dedans et lâche un petit rire en essayant de faire comprendre à Tangboy l'absurdité de la situation.

— Tu vois Tangboy, je ne pourrai jamais le mettre. Merci beaucoup pour ton cadeau, mais ce jean est beaucoup trop grand pour moi... dis-je alors que je retire le jean et me retrouve de nouveau en caleçon.

— Je veux un souvenir de toi et tu dois garder un souvenir de moi. C'est important. Je ne mettrai pas ton jean noir, ne t'inquiète pas.

— Alors pourquoi tu refuses de prendre mon pantalon gris que j'ai acheté en Iran ? Il compte aussi beaucoup pour moi. Si tu ne comptes pas le mettre, quel est la différence avec mon jean noir ?

Tangboy se renfrogne, croise les bras toujours assis sur sa chaise et ne dit plus un mot. Il est têtu comme une mule et n'accepte aucun de mes arguments : il veut mon jean noir, un point c'est tout. La situation est vraiment absurde et j'ai peur qu'elle tourne à quelque chose qui pourrait devenir dangereux. Face à son long silence, je continue à essayer d'argumenter. Il ne répond toujours pas. Cette situation, cette mauvaise blague, dure déjà depuis presque une heure... quand Khanh Nguyen craque et se lève du lit.

— Pourquoi tu n'acceptes pas son pantalon gris, Tangboy ? tente-t-elle de le convaincre avec sa voix la plus douce ? Ce pantalon compte beaucoup pour Thibault, c'est un beau cadeau.

— Thibault est comme un frère, cela me ferait tellement plaisir d'avoir son jean noir... Je ne comprends pas pourquoi il ne veut pas.

Il est décidément impossible de raisonner ce Kuki têtu ! Je repense à la kalachnikov que j'ai vue dans l'après-midi et me dis que je ne dois pas trop jouer à ce petit jeu trop longtemps avec Tangboy. Il commence à se montrer un peu menaçant et inquiétant. Après de longues et interminables minutes de délibération, je cède aux caprices de Tangboy. Il aura mon jean noir !

— Merci, merci. Je suis tellement content. Je te laisse mon *blue jean* Thibault. Merci !

303

Tangboy se comporte comme un petit garçon à qui l'on vient de céder à son caprice. Il prend mon jean noir et disparaît de la chambre en quelques secondes. Je me recouche à côté de Khanh Nguyen et nous nous disons que nous venons de vivre un moment tout à fait absurde et hors du temps. Nous nous refaisons le film plusieurs fois afin de rationaliser un tant soit peu l'attitude de Tangboy. Pour moi, c'est assez clair : il avait besoin d'un nouveau jean et voulait se débarrasser d'un pantalon trop grand pour lui. Malgré ce qui vient d'arriver, il me faut peu de temps pour me rendormir.

⁓

Le petit jour se lève et l'une des femmes de la maison nous invite à prendre le thé avec des petits gâteaux. Tangboy arrive quelques instants plus tard, l'air de rien, avec mon jean noir. Il nous demande quelle route nous allons prendre, multiplie les sujets de discussion. Tangboy nous présente ensuite à son père, le chef du village. C'est un vieux monsieur de plus de quatre-vingt-dix ans avec un énorme turban sur la tête. Je le remercie de nous avoir accueillis dans son village Kuki. Tangboy et mon jean noir viennent ensuite nous dire au revoir. « Au revoir, mon frère, revenez-nous voir un jour. »

Je laisse donc mon cher jean noir après plus de 10 000 kilomètres depuis la France dans un village Kuki de l'État du Manipur. J'espère simplement que Tangboy rencontrera sa future femme alors qu'il le porte ! Que vais-je bien pouvoir faire du jean beaucoup trop grand qu'il m'a offert en retour ? L'appel de la route se fait insistant et nous repartons, toujours en direction de la Birmanie.

Pour le déjeuner, nous nous arrêtons dans un de ces petits bouis-bouis faits de bois et de tôle au bord de la route. Les cuisiniers manipulent la nourriture et l'argent avec leurs mains puis nous servent dans des grandes assiettes en métal. Le poisson a une odeur très forte et vraiment désagréable... mais je me dis que c'est sûrement la sauce.

Après quelques heures seulement, Khanh Nguyen commence à faiblir et à se plaindre de maux de ventre. Nous sommes toujours au beau milieu des montagnes et chaque côte est un véritable chemin de croix pour elle. Suite à une longue pause pour le déjeuner et des médicaments en guise de dessert, cela va un peu mieux, mais très vite le mal reprend. La nuit sous la tente n'arrange pas les choses : le matin Khanh Nguyen se plaint de violentes crampes d'estomac. Sur ma carte, je repère un petit hôpital situé à une vingtaine de kilomètres, toujours en montée.

Ces kilomètres sont parmi les plus éprouvants de tout le voyage. Khanh Nguyen a les batteries complètement à plat et peine à avancer. Je donne toute l'énergie que j'ai pour la pousser en posant ma main droite sur son dos. Les kilomètres défilent aussi lentement qu'à travers un mauvais filtre à café et la douleur commence à être insupportable pour elle. Après de trop longs efforts, nous entrons dans le village de Nungba. Tout au sommet se trouve l'hôpital. Après plus de huit mois de voyage, c'est la première fois que nous devons entrer dans un hôpital. La ruelle en pente raide pour y arriver se présente comme une ultime épreuve. Nous ne savons pas vraiment sur quoi nous allons tomber... Je laisse Tank à l'entrée et entre dans l'hôpital. Un docteur en blouse blanche se présente à nous. Il ressemble à l'un de ces oncles typiques que l'on retrouve au Vietnam : le visage alerte et rieur ainsi qu'une réelle bonhomie qui donne le sourire à chacun de ses interlocuteurs. Il s'appelle Adim et parle un anglais impeccable. Je lui présente qui nous sommes et lui expose en quelques phrases les maux de Khanh Nguyen. « C'est une intoxication alimentaire, il lui faut beaucoup de repos et je vais lui prescrire des médicaments. Tu peux l'installer dans ma chambre, j'irai dormir dans le dortoir avec les autres membres de l'hôpital. » , me répond Adim.

Adim nous accueille avec le plus grand des soins. J'accompagne Khanh Nguyen dans sa chambre et monte tous nos bagages. Chaque marche à gravir occasionne chez Khanh Nguyen de fortes douleurs. Une fois redescendu, Adim me présente à son équipe : Tana, Lungjin et Panmei. Tana impressionne par sa taille et son visage : avec sa longue moustache, il ressemble à l'un de ces fiers cavaliers mongols qui traversent les steppes.

305

Cette belle équipe de médecins soigne, vaccine et protège toutes les minorités de la région. Il leur faut parfois marcher de longues heures dans la jungle pour atteindre les villages les plus reculés. La bonne humeur qu'ils dégagent est rare : les blagues et les éclats de rires fusent. Tana me lance :

— Vous m'impressionnez tous les deux ! Je n'oserais même pas aller de mon village à ici à vélo... Alors vous ! Vous venez de France. Vous êtes un peu fous non ?

— Et c'est un grand cavalier mongol dont les ancêtres sont allés à dos de cheval jusqu'en Europe qui me dit ça ! La longue moustache de Tana remue de plus belle alors qu'il rit de bon cœur.

— Le déjeuner est bientôt prêt ! Je veux que tu essayes des spécialités de notre tribu.

Avant de profiter du déjeuner, je repasse voir Khanh Nguyen qui dort profondément : je lui apporte de l'eau et un peu de nourriture puis redescends pour déjeuner avec notre nouvelle famille. Tana et Lungjin sont deux grands cuisiniers : ils ont préparé plusieurs plats dont du cochon sauvage. C'est délicieux !

— Frère, ici, vous êtes chez les Rongmei Naga, commence Panmei qui porte des lunettes dont les branches sont recouvertes par des cheveux bouclés. Nous avons nos propres traditions et coutumes ainsi qu'une longue histoire.

— Il y a deux jours nous avons été accueillis chez les Kuki.

Lorsque je prononce le mot Kuki, je vois que les sourcils se froncent chez certains de mes camarades.

— Frère, nous sommes très différents des Kuki : nos origines, notre culture et notre histoire nous distinguent. Chez les Rongmei Naga, chaque décision dans un village est prise par une assemblée de sages alors que chez les Kuki, le chef du village a tous les pouvoirs. Une chose qui caractérise les Kuki : ils sont très têtus !

— Je te le confirme, réponds-je à Panmei dans un éclat de rire en repensant à l'histoire de mon jean noir...

— Frère, chez nous, le sens de la famille est très élargi. Chaque membre de notre tribu est une sœur ou un frère. Ici, tous les problèmes peuvent être résolus avec l'offrande d'un cochon ou d'une vache. Un cochon si c'est un délit ; une vache si c'est un crime.

— Si je possède beaucoup de cochons et de vaches, je peux me permettre de faire beaucoup de choses alors ! »

Panmei, Lungjin, Tana et Adim explosent de rire devant la logique de ma réponse ! Je me plais beaucoup dans notre nouvelle famille d'adoption. Une fois le repas terminé, je viens passer du temps avec Khanh Nguyen. Son état se stabilise et elle souffre moins de ses maux de ventre. Je m'allonge à côté d'elle, lui passe ma main dans ses cheveux et sur son front. Très vite, elle retombe dans un épais sommeil. Je redescends et tombe sur Adim en blouse. Il vient de faire accoucher une femme du village et m'annonce cela comme s'il venait d'acheter un kilo de riz.

Le petit village de Nungba est magnifique : depuis le toit de l'hôpital, on a une vue dégagée sur la chaîne de montagnes et on se trouve au-dessus du lit cotonneux des nuages. On y voit les voitures ou les bus qui passent devant le marché et tous ces êtres en minuscule qui viennent vendre ou acheter quelque chose : tout un petit théâtre. Les températures ici sont fraîches et agréables. L'air est pur et si bon à respirer. Je me sens bien chez notre nouvelle famille et repense à un aphorisme de Nietzsche dans le Gai Savoir, l'aphorisme 253 :

« Toujours chez soi.

Un jour nous arrivons à notre but — et dès lors nous indiquons avec fierté le long voyage que nous avons dû faire pour y parvenir. En réalité nous ne remarquions pas que nous voyagions. C'était au point qu'à chaque endroit nous avions l'illusion d'être chez nous »

Nous passons trois jours en compagnie de notre nouvelle famille Rongmei Naga le temps que Khanh Nguyen récupère assez de forces pour continuer. Ils prennent soin de nous, nous choient, nous dorlotent. Chaque repas est l'occasion de parler de nos cultures respectives, d'anecdotes, de réflexions philosophiques sur ce qu'est une *bonne vie*. Une fois remise sur pied, Khanh Nguyen se joint à notre conversation. Tous nos frères l'appellent « sister ». Il faut dire qu'elle ressemble vraiment à une fille locale. Lorsque nous nous baladons tous les deux dans Nungba, les vieilles femmes du coin doivent s'adonner à tous les commérages : « Oh, où elle est allée le chercher celui-là ? Tu es sûre qu'elle est du village ? Ce n'est pas plutôt une Kuki ? » ...

Le temps passe et la confiance s'installe. Alors, chacun commence à raconter des histoires qui lui sont plus personnelles, à se livrer. Pour le respect de nos hôtes, je ne les dévoilerai pas ici. Mais à travers ces lignes, je voulais témoigner du lien si spécial qui s'est créé entre nous tous en seulement quelques jours. C'est ce qui fait toute la beauté de notre aventure. Chaque événement même défavorable - une crevaison, une intoxication alimentaire - peut se métamorphoser en quelque chose de tout à fait formidable. Notre voyage est alchimique : il transforme même le plomb en or. Les occasions de découvrir, de grandir, d'aimer sont inépuisables. Plus que la matière, c'est la manière qui compte.

Après trois jours donc, Khanh Nguyen est à peu près en capacité de repartir. Il nous reste environ cent-vingt kilomètres à parcourir avant Imphal, la dernière grande ville avant la Birmanie. Il nous faudra franchir deux ou trois cols pour arriver à Imphal. Pour notre père d'adoption, Adim, hors de question que nous repartions à vélo : « L'estomac de Khanh Nguyen est encore fragile. Elle risque de rechuter si vous reprenez rapidement la route. Prenez le bus jusqu'à Imphal. » Adim a raison... Il s'agit pour nous d'être un peu raisonnables pour une fois. Nous prendrons le bus.

Le matin du départ, nous quittons notre hôpital de Nungba, notre maison, notre famille. Ce sont encore les premières heures du matin lorsque nous descendons vers le bus avec nos vélos. Une mer de nuages se découvre sous nos pieds, là dans la vallée : quelle épiphanie ! Le bus jusqu'à Imphal nous coûte environ quinze dollars par personne. Tank et Monster seront placés sur le toit du bus. Le chauffeur, un petit jeune inexpérimenté

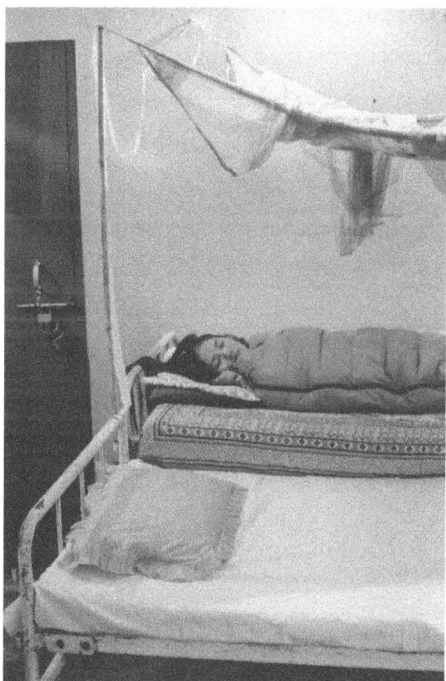

Avant, pendant et après l'intoxication alimentaire.
Avec Panmei sur la troisième photo, Manipur, Inde

malmène nos deux montures. Je lui dis de faire attention. Il installe même Tank du côté du dérailleur, ce qui est la pire des choses à faire. Je l'engueule un peu et m'occupe moi-même d'installer les vélos à l'aide de cordelettes afin qu'ils ne bougent pas.

Tous nos amis sont bien là pour nous dire au revoir : papa Adim et nos frères Rongmei Naga : Panmei, Lungjin et Tana. Nous remercions chacun avec nos mots le destin et cette intoxication alimentaire d'avoir provoqué cette magnifique rencontre. Tana, ce beau cavalier mongol, nous offre même un collier typique des Rongmei Naga avec ses couleurs jaune, noire et blanche. Le jeune chauffeur tourne sa clé, le moteur vrombit et c'est l'heure d'y aller. Avec Khanh Nguyen, nous faisons des signes de main jusqu'à ne plus voir du tout nos amis.

Dans le bus, nous sommes accompagnés de cinq autres personnes : trois hommes et deux femmes. La route est criblée de trous et les virages se multiplient. Après quelques minutes seulement, l'une des passagères se met à vomir. À chaque fois que le bus roule sur un nid poule, je prie pour Tank et Monster afin qu'ils s'en sortent tous les deux sans trop de dégâts. Le jeune chauffeur prend tous les risques du monde lors de chaque dépassement dans les virages et sans aucune visibilité. Nous passons un col puis l'autre... Quand je regarde le relief, je suis content de ne pas avoir infligé cela à Khanh Nguyen. Les heures, les virages et les checkpoints de militaires s'enchaînent. À environ trente kilomètres d'Imphal, notre bus s'arrête : tout le monde doit descendre. Le chauffeur nous explique qu'aujourd'hui il s'arrête ici et que c'est non négociable. Je regarde les autres passagers qui semblent se résigner... Je ne vais pas laisser passer ça : le contrat c'était de nous conduire jusqu'à Imphal. Khanh Nguyen est encore faible et il va falloir qu'elle pédale trente kilomètres ? Je pousse le chauffeur à nous conduire plus loin. Il refuse. Je refuse alors de payer : il doit tout nous rembourser ou nous conduire à Imphal. Son patron, la tête pleine de cicatrices débarque alors. Plutôt que d'envenimer les choses, je lui explique calmement notre situation... Il refuse toujours de nous conduire à Imphal et accepte, en grand seigneur, de nous faire payer un seul ticket au lieu de deux. Cela ne me convient pas vraiment, mais je me vois mal continuer à argumenter avec ces types. Le chauffeur me rend avec dédain quinze dollars sans même me regarder.

Le but, désormais, est que Khanh Nguyen puisse pédaler jusqu'à Imphal. Heureusement, la route redevient plate sur la trentaine de kilomètres à parcourir. Nous avons quitté les montagnes pour rejoindre une grande vallée où se trouve la capitale du Manipur. En moins de deux heures, nous sommes en mesure de rejoindre Imphal sans que ses maux de ventre ne reviennent.

$\sim$

À Imphal, nous faisons le plein de forces pour la suite. Nous en profitons aussi pour changer la chaîne de Monster qui commence à faiblir. La dernière fois que nous l'avions changée, c'était en Iran, à Ispahan. Pour Tank, tout va bien : sa chaîne, je l'espère, pourra tenir jusqu'au Vietnam.

Autre achat vital : un nouveau jean noir que je trouve dans un marché local. Faute de place dans mes sacoches, je laisse au vendeur le jean taille XXL que m'avait offert Tangboy, le fils du chef du village Kuki. Comme ce dernier a mon numéro de téléphone, je demande à Khanh Nguyen de me prendre en photo le temps que je porte le cadeau de Tangboy. J'ai l'air d'un Charlie Chaplin des temps modernes au rabais ! Ainsi, s'il me demande un jour : « Thibault, mon frère, portes-tu mon cadeau ? », je pourrais lui montrer des photos de moi avec son jean. J'éviterais ainsi l'incident diplomatique qui enclencherait sûrement une guerre dévastatrice avec la tribu des Kukis !

Après quelques jours à Imphal, Khanh Nguyen se sent prête à repartir. Il nous faut un peu plus de cent kilomètres à travers de la moyenne montagne pour rejoindre la frontière avec la Birmanie qui se situe au niveau de la ville de Moreh. Plutôt que de passer la nuit dans un hôtel miteux de Moreh, nous choisissons de passer une dernière une nuit en Inde sous la tente, dans les montagnes. Le matin, nous croisons encore un groupe de militaire qui apparaît comme par magie parmi les buissons et les hautes herbes.

L'Inde du Nord-Est aura été une véritable découverte avec des rencontres si fortes. Jamais dans ma vie je n'aurais pensé un jour passer dans cette belle région qui est en-dehors des radars du tourisme de masse. Avant de descendre vers Moreh et la frontière avec la Birmanie, je repense une dernière fois à ces centaines d'écoliers de Gossaigaon et leurs câlins, à Tangboy et mon jean noir, à Nungba et notre famille Rongmei Naga. Nous avons finalement connu notre premier passage à l'hôpital. J'espère qu'il n'y en aura pas d'autre. Le plus grand de tous les dangers reste un accident de la route : un conducteur de semi-remorque qui ne nous voit pas et c'est fini. Je touche mon collier offert par les Rongmei Naga en guise de protection. Après plus de huit mois sur les routes, nous allons enfin revenir en Asie du Sud-Est. Le Vietnam semble si proche sur la carte... mais il reste encore 5 000 kilomètres pour arriver à Saigon. C'est un peu comme aller de la Vendée à la Bulgarie...

Chapitre 22

Myanmar : cache-cache avec la police entre les pagodes et les stupas

Compteur Kilométrique : 10 902 à 12 237km

Le passage entre l'Inde et le Myanmar se fait par la ville de Moreh. Elle est connue pour ses multiples trafics et son marché noir. Nous ne nous y attardons pas. Aucun problème au poste-frontière : les agents d'immigration ne prennent même pas la peine de passer aux rayons X tous nos bagages. Une fois dans la ville de Tamuh, nous reprenons notre petit rituel d'arrivée dans un nouveau pays : échange de monnaie pour des devises locales, achat d'une carte SIM, premier repas et découverte des saveurs nationales. Le Myanmar est un pays qui m'a toujours fasciné par sa culture et son peuple. C'est un pays vraiment à part et pour plusieurs raisons.

Une grande majorité de Birmans appliquent sur leur visage de la poudre de thanaka : elle s'obtient à partir de l'écorce d'un arbre. Elle est de couleur blanc cassé voire jaunâtre. Les hommes et les femmes la disposent sur leur visage pour ses vertus cosmétiques, contre le soleil et pour son esthétisme. Chacun marque sa différence, sa singularité, en y appliquant les motifs et les courbes de son choix. Certains dessinent d'adorables petits cercles sur les joues, d'autres de longues rainures grâce à une feuille de Banyan. Quelle élégance ! Il faut aussi faire attention aux vêtements que l'on porte et toujours être propre. J'espère que nous n'aurons pas trop l'air de pouilleux avec nos vêtements tout poussiéreux et notre transpiration devant les majestueux Birmans.

Le Myanmar, c'est aussi un pays où le Bouddhisme est tout à fait central. Chaque village compte plusieurs pagodes et stupas. La prière et tous les festivals rythment la journée des Birmans. Les moines – hommes et femmes – sont omniprésents. Chaque matin, nous pouvons les voir marcher en formant de longues files indiennes le long des routes en quête d'offrandes. Il faut aussi beaucoup d'argent pour construire toutes ces pagodes : nous croisons régulièrement des sortes de stands le long des routes et situés à proximité de la construction d'une pagode où des femmes demandent des

Premiers kilomètres birmans, Tamuh, Myanmar

offrandes aux passants. Elles ne manquent pas de nous saluer à chaque fois que nous leur passons devant !

Plus que des spécificités culturelles, ce qui va constituer le plus grand défi pour nous, ce sont les règles concernant les touristes. Les Birmans ont l'interdiction formelle d'accueillir chez eux des étrangers. Il est donc illégal de demander à une pagode ou une église de nous héberger pour la nuit. Il n'est possible de dormir que dans des hôtels qui disposent d'une licence pour accueillir des touristes. Je regarde notre carte du Myanmar et je me rends vite compte que, parfois, deux hôtels qui disposent d'une telle licence peuvent être situés à plus de cent-cinquante kilomètres de distance l'un de l'autre... Enfin, pour compliquer encore plus les choses, il est formellement interdit de camper. Les anecdotes de voyageurs ne manquent pas sur les blogs concernant leur rencontre avec la police locale : nuit au poste, tente confisquée voire séjour en prison pour certains ! Khanh Nguyen me dit alors et avec raison : « Ce qui va nous prendre beaucoup d'énergie, c'est de trouver un endroit où dormir tous les soirs ! » Elle ne s'imagine pas à quel point elle a raison.

Nos premières journées birmanes nous refont découvrir les saveurs des toutes premières fois : les paysages, les locaux qui vivent tout autour de nous, les arbres et leurs ombres, les animaux... Même le vent semble nous murmurer aux oreilles des sonorités nouvelles. Nous pédalons sans effort sur de belles routes et presque sans voitures ou camions. La majorité des enfants que nous croisons nous lancent des « hello » ou des « bye-bye » pour nous saluer. Nous expérimentons aussi une grande générosité à notre égard : je me vois offrir plusieurs fois des fruits ou du thé. Une fois même, dans un modeste restaurant, un jeune Birman déjeune silencieusement à côté de nous. Il nous demande brièvement d'où nous venons et finit son plat. Alors qu'il est déjà prêt à repartir sur sa moto, il nous annonce : « Je vous invite pour le déjeuner ! Profitez bien de notre pays ! » Il part

318

alors plein gaz sans que ni Khanh Nguyen ni moi n'ayons le temps de le remercier ou de le rattraper. Pédaler en Birmanie durant la journée se fait donc dans la bonne humeur et un relâchement total. À aucun moment nous ne sommes inquiétés pour notre sécurité. Nous sommes donc pleinement disponibles pour de belles rencontres et pour observer le merveilleux spectacle des pagodes et des hommes qui se déploie à mesure que nous avançons. Il y a définitivement quelque chose de spécial en terres birmanes qui distingue ce pays de tous les autres.

Alors que nous pédalons direction plein sud, une silhouette se profile à l'horizon de l'autre côté de la petite route. C'est un vélo ! Nous avons le soleil en pleine face et il est difficile de distinguer si c'est un local ou un voyageur longue distance. Nous nous arrêtons avec Khanh Nguyen afin d'attendre que le vélo arrive à notre niveau. C'est bien un voyageur longue distance, et d'un certain âge ! Il a deux sacoches à l'arrière de son vélo, mais sans les deux sacoches à l'avant comme sur Tank et Monster. L'homme s'arrête devant nous et commence la conversation :

— Bonjour les amis, où allez-vous ? Je m'appelle Frank et vous ?

— Bonjour Frank ! Moi, c'est Thibault et voici Khanh Nguyen ! Je suis français et elle est vietnamienne. Nous sommes mariés et c'est un peu notre voyage de noces, réponds-je à Frank le souffle encore court.

— Je viens des Pays-Bas. J'ai atterri à Hanoi au Vietnam et je me rends à Delhi en Inde. Et vous ?

— Nous sommes partis de France et nous comptons arriver à Saigon, aussi au Vietnam !

— Ha mais c'est magnifique ! Vous allez voir le Myanmar, c'est génial. Ça monte raide parfois...

— Et au niveau des endroits où dormir tu as des conseils ? Ça a l'air compliqué...

— Je voyage sans tente donc je dois trouver tous les soirs un hôtel. Une fois, j'ai dû prendre un taxi car la nuit tombait et il m'était impossible d'arriver par moi-même à l'hôtel où je voulais passer la nuit... Sinon, faites comme un couple que j'ai croisé il y a une semaine environ : vous attendez la tombée de la nuit et vous plantez votre tente derrière les buissons à l'abri des regards ! Il vous faudra plier bagages tôt le matin, répond Frank avec comme un air de défi dans les yeux.

— On va essayer alors ! Pour ce qui t'attend, ce sera plus facile niveau logement en Inde du Nord-Est. Tu peux toujours compter sur l'hospitalité des locaux ainsi que l'accueil des églises.

— Et, si ce n'est pas trop indiscret, quel âge avez-vous ? demande poliment Khanh Nguyen.

— J'ai... soixante-dix ans !

— Respect ! s'exclame Khanh Nguyen.

Frank a encore une longue distance à parcourir pour aujourd'hui. Une photo de prise avec nous et le voilà reparti. J'espère qu'à soixante-dix ans et plus, nous serons un peu comme Frank : toujours à explorer de nouvelles parties du monde à vélo. Beaucoup de fois, nous avons croisé des gens que la peur de l'inconnu, de l'échec et du danger se laissent sournoisement persuader par eux-mêmes qu'ils sont condamnés à une vie dans les clous, sans rebondissement et sans panache. Plusieurs fois durant le voyage, j'ai entendu : « J'aimerais tellement faire quelque chose comme vous... mais je suis trop vieux maintenant. Ah, si j'étais encore jeune... » Ces personnes, qui prononcent ces phrases qui ressemblent à d'autant de petites morts n'avaient pas plus de soixante-dix ans comme Frank mais parfois cinquante ou quarante ans... Que s'est-il passé au fil du temps pour qu'elles s'interdisent de croire ne serait-ce une seconde en leurs rêves ? L'âme humaine par la diversité de ses postures, de ses ambitions et de ses renoncements me surprendra toujours. Il me faudra plus d'une vie pour en comprendre les plus subtiles mécaniques. Un vrai travail de moraliste digne de La Rochefoucauld[1].

L'après-midi commence à tendre sur sa fin et il nous faut trouver un endroit où dormir. Le Nord-Ouest du Myanmar accueille une importante

1 Moraliste français

320

communauté chrétienne. À proximité de la ville de Khampat, je décide alors de tenter ma chance auprès d'une église de confession baptiste. J'ai bien à l'esprit que la police va sûrement essayer de nous déloger, mais je compte sur la chance du débutant... Une gentille dame qui s'occupe de décorer l'église avec des guirlandes - c'est bientôt Noël - m'indique une maison de bois où habite le pasteur. Arrivés à la maison, c'est sa femme qui nous ouvre et qui appelle son mari qui se trouve quelque part dans le quartier.

Deux minutes passent et le voilà qui arrive : la cinquantaine avec une belle moustache bien taillée. Tout sourire, je lui demande si nous pouvons passer la nuit quelque part... Il semble embarrassé et me dit qu'il doit voir avec ses supérieurs : « Il n'y pas d'hôtel pour étrangers dans la ville, je devrais donc pouvoir vous accueillir, nous dit-il confiant » Après un bref appel en birman il se tourne vers nous : « C'est bon ! Vous pouvez dormir ici ce soir. La seule consigne, c'est que vous ne devez pas sortir une fois la nuit tombée . » Sans vraiment comprendre tout à fait cette consigne, nous le remercions tout de suite pour son hospitalité. Nous pouvons nous doucher à l'extérieur et dormir dans un petit bureau de la paroisse où travaillent des bénévoles durant la journée. Pourtant, je ne me sens jamais véritablement à l'aise. J'ai toujours la désagréable sensation que la police va sortir de nulle part à une heure tardive. J'ai du mal à m'endormir ce soir contrairement à Khanh Nguyen à qui je cache mon angoisse depuis de longues heures.

Le lendemain matin, j'ouvre bien grand mes deux yeux bleus : la police n'est finalement pas venue ! C'est toujours ça de pris. Je remercie plusieurs fois le pasteur et sa famille de nous avoir accueillis dans de si bonnes conditions. La découverte du Myanmar continue. Les premiers reliefs arrivent ainsi que l'inévitable transpiration infinie qui va avec. La journée et ses quatre-vingts kilomètres s'écoule sans grand rebondissement. Quelques heures avant la tombée de la nuit se pose la même question : où allons-nous bien pouvoir dormir ? Sur *Google Maps*, je repère une pagode assez isolée de la route principale. Si personne du village ne nous voit, cela peut se tenter. Il faut savoir que la police dispose d'informateurs un peu partout : dans chaque ville, chaque village, chaque coin de terrain peut se trouver un informateur, un mouchard. Moins on nous voit, mieux c'est.

Ça y est, il faut tourner à droite puis prendre un chemin de terre jusqu'à la pagode. La rue est déserte : nous fonçons ! J'arrive le premier dans une grande cour devant une gigantesque pagode qui fait bien deux-cents mètres de long. Il ne s'y trouve que deux jeunes moines bouddhistes, le crâne rasé et portant une robe d'un très bel orange. Ils ne parlent pas anglais. Je leur prépare alors sur mon téléphone une courte traduction qui présente qui nous sommes et si nous pouvons passer une nuit ici. Le plus grand des deux nous répond un grand « *Yes* » puis nous somme de cacher nos vélos derrière les escaliers. Je comprends immédiatement que c'est pour ne pas attirer l'attention de l'un des petits mouchards du village.

Il nous fait ensuite signe de monter à l'étage où est assis sur une chaise en bois un moine beaucoup plus âgé et assez corpulent. Il a une voix grave et autoritaire mais teintée de bienveillance pour nous. C'est lui, à coup sûr, le moine principal de cette pagode. J'essaye de faire un peu la conversation via mon téléphone. Ça l'amuse. Il offre ensuite à Khanh Nguyen un paquet de gâteaux et nous indique que nous pouvons le laisser. Le plus jeune des moines nous conduit alors à l'intérieur même de la gigantesque pagode. Sa surface est immense et la pagode est vraiment superbe par sa simplicité et le bois noble qui la compose. Le petit moine nous installe derrière deux grands paravents puis nous tend deux tapis de sol et des oreillers. Pour la douche : c'est-dehors. Khanh Nguyen, de peur de mettre à mal la pudeur des moines, remplit un grand seau d'eau et va se laver dans les toilettes, à l'abri des regards.

Nous nous reposons ensuite derrière les paravents une petite heure le temps que le soleil se couche. La police va-t-elle débarquer ce soir ? J'ai bon espoir que non. Nous avons été très discrets. Le vieux moine semble aussi quelqu'un qui jouit d'une certaine autorité naturelle. La police locale doit sûrement le respecter.

Le soleil va bientôt se coucher et le grand ciel plus tout à fait bleu se remplit d'un bel orange tangerine et ses reflets mandarines. Les deux jeunes moines se réunissent alors devant la statue du Bouddha au centre de la pagode ; le vieux moine se place devant eux, aussi face au Bouddha. Khanh Nguyen me fait signe de nous installer derrière eux pour se joindre

Nuit à la pagode, Myanmar

La silencieuse campagne birmane, Myanmar

à leurs prières. À l'intérieur de la salle immense : seulement les trois moines et nous. Ce moment est peut-être l'un des plus beaux, les plus mystiques de toute notre aventure. Les trois moines chantent mélodieusement en boucle des prières qui se projettent dans toute la pagode et dont les échos raisonnent comme par enchantement. Je ferme les yeux et me laisse emporter par l'entêtante mélodie. Les chants durent quelques minutes ou quelques heures. J'en perds à peu près la notion du temps. Chacun se prosterne ensuite trois fois. Enfin, le plus jeune des moines se place à côté du gong et le percute cinq fois à différents endroits. Chacune de ses percussions propose une tonalité différente qui rentre en harmonie avec les autres. Cela suppose une grande maîtrise pour dire et exprimer tant avec si peu. Une fois la dernière note jouée, les cinq notes forment comme une éphémère et éternelle fusion entre elles, se dissipent lentement et laissent place à un long silence. Le silence est tellement beau et profond qu'on a l'impression que c'est le jeune moine qui le joue.

Je ferme toujours les yeux. J'entends les trois moines qui se lèvent et qui quittent la salle. J'ouvre mes yeux en même temps que ceux de Khanh Nguyen : nous nous regardons sans rien dire, bien convaincus que nous avons vécu quelque chose d'hors du temps, des frivolités et des tourments des hommes.

Nous passons quelques heures seuls dans la pagode jusqu'à ce que les deux jeunes moines reviennent et aillent se coucher dans un coin de la salle. Je m'assoupis serein, sans crainte. La police ne viendra pas ce soir : Bouddha nous accueille chez lui.

<center>~~~</center>

Vers quatre heures du matin, du bruit se fait entendre dans la pagode. Les moines sont là ainsi que quelques fidèles. C'est la prière du matin à laquelle nous venons participer tout de suite, toujours somnolents. Une fois la prière terminée, le vieux moine nous indique ensuite de nous rendre dans la salle à manger. Une table a été dressée rien que pour nous. Il s'y trouve une dizaine de plats végétariens accompagnés de riz. Chaque plat est savoureux et délicieusement préparé : aubergines, patate douce, liserons d'eau. Le vieux moine petit-déjeune sur une autre table située près de la nôtre. Nous profitons de la variété et des saveurs des plats en silence. Dormir au Myanmar semble finalement être moins un parcours du combattant que ce que je m'imaginais. Nous saluons respectueusement nos trois hôtes d'un soir qui restera gravé en nous pour toujours.

Nous continuons de suivre la route principale qui doit nous mener vers la majestueuse Bagan. Des buffles et des chèvres ici et là ; des tamariniers et des jacquiers aussi. Après quatre-vingt-dix kilomètres environ pour aujourd'hui, nous commençons à prendre confiance pour trouver facilement un endroit où passer la nuit. Même technique : je repère une pagode à l'écart sur la carte et nous nous dirigeons le plus discrètement possible vers elle.

La pagode est encore plus splendide que celle d'hier et avec un imposant stupa qui resplendit d'or. Il y a aussi plus de moines ainsi que... des habitants du village qui déambulent dans l'enceinte de la pagode. Même début de scénario : un jeune moine nous accueille et nous fais monter à l'étage vers son maître. Le maître est plutôt jeune : aucune ride ne pointe sur son visage. Il accepte notre requête pour ce soir. Il prend cependant une photo de nos deux passeports qu'il envoie sur son portable à l'un de ses contacts. Je le remercie du fond du cœur de nous accueillir. Deux petits moines s'affairent ensuite pour préparer notre chambre dans une pièce au premier étage : ils passent le balai, apportent des matelas, des édredons et deux couvertures. Une douche est aussi disponible à l'étage. Nous sommes vraiment bénis. Une fois la douche salvatrice prise, nous redescendons pour visiter les environs.

Un groupe de femmes, toutes avec du thanaka sur le visage, prépare des fleurs pour décorer les différents recoins de la pagode. Alors que nous faisons le tour de l'imposant stupa, un homme en longyi[1] nous salue et se propose de nous prendre en photo en compagnie de toutes ces jolies

---

1 Habit traditionnel birman

femmes et leurs innombrables bouquets fleurs. La proposition est si rare que j'accepte immédiatement. L'homme, un peu plus grand que moi, me sourit avec ses dents pleines de la couleur si rouge et caractéristique du bétel qu'il mâche à longueur de journée. Une fois les photos prises tous ensemble, Khanh Nguyen remonte dans notre chambre. Je prends un dernier cliché et commence à remonter à mon tour.

Très vite, je me rends compte que je suis suivi. Il y a quatre hommes en longyi accompagnés de celui qui jouait à être notre ami. En une fraction de nano seconde je comprends immédiatement qu'ils sont de la police. Je fais mine de rien et rentre calmement dans la chambre. Khanh Nguyen est assise et me voit entrer. Je lui lance : « c'est la police ». Elle se donne alors une contenance avant de voir les hommes en longyi débarquer dans notre chambre. Je m'assois à côté d'elle sur le tapis alors que les hommes en longyi[1] entrent dans la pièce. Tous les cinq, ils s'assoient bien en face de nous sans nous dire un seul mot. S'en suit une étrange minute où nous les regardons dans le blanc des yeux sans trop savoir quoi faire. Aucun d'eux ne parle manifestement anglais. Le plus jeune, qui a les cheveux gominés, se met alors à me mimer un passeport. Je m'exécute et lui tends mes papiers ainsi que ceux de Khanh Nguyen.

Les cinq policiers passent du temps à inspecter méticuleusement chaque page de nos passeports, à passer et repasser comme si des inscriptions secrètes allaient soudainement se révéler à leurs yeux. Le temps se déroule très lentement alors que chacun se terre dans son propre silence. Je commence à me sentir gêné pour les moines qui nous accueillent de leur imposer cette descente de police. L'attente devient tout à fait insoutenable lorsqu'une jeune femme fait son entrée dans la chambre. Elle parle un anglais hésitant mais compréhensible :

— Vous ne pouvez pas rester ici ce soir, c'est trop dangereux...

— Vous voulez dire que la pagode est un endroit dangereux ? lui demande-je tout en feignant de jouer un peu à l'idiot.

—Non...

— Vous voulez dire alors que nous sommes dangereux ?

— Non...

— Je ne comprends pas bien alors pourquoi *c'est dangereux*...

— C'est que selon les lois de notre pays vous ne pouvez pas rester ici. C'est pour votre sécurité. Vous devez dormir dans un hôtel pour étrangers.

— Il fait déjà nuit et le prochain hôtel pour étranger est à Gangaw... à plus de cinquante kilomètres. Il nous est tout à fait impossible d'y arriver ce soir à vélo... Rouler de nuit est trop... *dangereux.*

— Ces messieurs les policiers me disent qu'ils ont prévu une petite camionnette pour vous conduire à Gangaw. Elle devrait arriver dans vingt minutes.

— Très bien alors... consens-je avec dépit.

Le jeune moine qui dirige la pagode entre à son tour. Il discute quelques instants avec les policiers. Par le ton de sa voix et ses gestes, je comprends qu'il essaye de les convaincre de nous laisser ici pour ce soir. Le jeune coq avec ses cheveux gominés semble déterminer à ne pas céder. Après quelques aller-retours de négociation, le moine sort de la pièce. C'est perdu pour nous. Fin de partie. Je me lève, Khanh Nguyen aussi. Nous commençons à plier bagages alors que dehors, l'obscurité règne.

Quelques instants se passent et la camionnette fait son entrée dans la cour de la pagode. Les cinq policiers nous aident à descendre nos bagages et à tout monter dans la camionnette. J'aide Khanh Nguyen à grimper et me place ensuite à côté d'elle. La nuit va être fraîche, nous enfilons nos manteaux. Sur le balcon au premier étage, le jeune moine est comme spectateur de notre départ précipité. Je lui fais au revoir de la main et essaye, tant que je peux, de m'excuser par mon regard et mon attitude de tout le dérangement causé par notre faute. Il me salue à son tour et esquisse un sourire bienveillant.

Le jeune policier gominé et l'un de ses acolytes s'assoient derrière avec nous. Il fait sûrement *son travail,* mais je ne peux pas m'empêcher d'essayer d'avoir le moindre contact cordial avec lui. Le chauffeur de la camionnette allume le moteur. Nous sommes partis dans la nuit noire birmane vers Gangaw et ses cinquante kilomètres. Le vent frais s'engouffre à l'arrière du véhicule à mesure que nous prenons les virages. Khanh Nguyen se blottit tout contre moi alors que j'essaye de prendre la position la moins inconfortable possible. Le policier gominé passe plusieurs appels. Il me montre son téléphone où s'affiche un hôtel situé dans la ville de Gangaw : le *Gangaw hotel*. Je n'ai vraiment pas envie de lui faire plaisir et je suis sûr qu'il va toucher une commission sur notre nuit de ce soir, alors je lui indique un autre hôtel où je veux que nous dormions : le *Gangaw Aung Si Hein Motel*. Il fait la moue et se renfrogne. Il me remonte son téléphone avec le *Gangaw hotel*. Je refuse encore et insiste encore une fois pour le *Gangaw Aung Si Hein Motel*. Il éteint son portable et ne m'adresse plus la parole durant tout le reste du trajet.

Après plus d'une heure à tenter de conserver le peu d'énergie qu'il nous reste, nous arrivons enfin au *Gangaw Aung Si Hein Motel*. Les trois policiers nous accompagnent à la réception. La nuit ici c'est quinze dollars et c'est non négociable. J'accepte tout de suite et donne nos passeports. Avec deux policiers, je vais chercher Tank, Monster et tous nos bagages. J'attache nos deux montures sous les escaliers et rejoins Khanh Nguyen dans l'ascenseur. J'esquisse un bref au revoir aux deux policiers qui m'ont aidé pour les bagages et ignore royalement le jeune gominé.

Nous poussons la porte de la chambre et nous nous affalons sur notre grand lit. Au moins ici, nous pouvons nous enlacer et retrouver notre intimité de couple. C'était les *montagnes russes* émotionnelles aujourd'hui ! Je n'ai plus la moindre étincelle d'énergie en moi. Ce petit jeu avec la police me pompe une énergie phénoménale et l'expérience d'aujourd'hui me dissuade d'avoir la moindre tentation de recommencer durant les prochains jours. Notre convoi spécial a eu au moins le mérite de nous avancer de cinquante kilomètres... Nous ne sommes plus qu'à deux cents kilomètres du Royaume de Bagan et ses milliers de pagodes où nous attend une petite surprise.

Le sommeil et la nuit peuvent enfin jouer leur partition au *Gangaw Aung Si Hein Motel*. Une chose est presque sûre : la police ne débarquera pas au beau milieu de la nuit.

Gangaw se réveille doucement et nous aussi. Nous descendons prendre le petit-déjeuner dans un boui-boui à côté de l'hôtel. Alors que nous buvons notre thé au lait, la paranoïa nous envahit peu à peu. Avec Khanh Nguyen, nous avons désormais l'impression d'être observés en permanence par des policiers ou des indics. « Et lui, tu penses pas que c'est un flic avec son journal ? Et lui, avec ses lunettes et son café ? » s'amuse Khanh Nguyen.

Notre petite routine journalière reprend ses droits : contrôle de la pression des pneus de Tank et Monster, installation des sacoches, crème solaire, remplissage des gourdes et c'est reparti. La route qui nous mène à Bagan n'est pas des plus faciles. Les ingénieurs birmans ici ne s'embêtent pas à construire des routes qui serpentent tout autour du sommet. Ici, la route va droit au but, tendue vers son objectif. Les pourcentages de montée qui en résultent sont infernaux - parfois plus de 25 % - d'autant plus quand le soleil de midi nous tape frénétiquement sur le crâne. Chaque ascension se fait dans la douleur et à coup de litres d'eau bus d'une seule traite. À plusieurs reprises je termine en premier loin devant Khanh Nguyen, délaisse Tank au sommet et accours vers elle pour la pousser à bout de bras. Les descentes, souvent abruptes et cabossées, n'apportent aucun réconfort ou répit.

Deux ou trois jours se passent ainsi à endurer la douleur, la chaleur et la sueur. Mais au bout, il y a Bagan, le royaume aux mille pagodes.

Après de trop longs efforts qui laisseront des traces durant longtemps dans nos tissus, notre chair, nous quittons enfin ces montagnes. Nous rejoignons une grande plaine qui doit nous mener vers la ville de Pale, dernière étape avant Bagan. Ici, les charrettes sont tirées par des bœufs, le rythme de la vie est comme ralenti et un peu hors du temps.

Ce soir, ce sera encore un hôtel, cette fois à vingt-mille kyats[1] la nuit. Nous devons nous reposer et je n'ai vraiment pas envie de jouer à cache-cache avec nos amis les policiers. C'est une sorte de *guesthouse* familiale avec des chambres correctes. La propriétaire est une femme d'une certaine

---

1 Environ quinze dollars USD

corpulence et qui, malgré son rire omniprésent, est assez antipathique. Nous dormirons au premier étage ce soir. Le temps de prendre une douche qui me déleste de toute ma poussière, je descends en premier devant Khanh Nguyen les escaliers en bois. Il fait sombre désormais et la lumière n'a pas encore été allumée à l'accueil où se trouvent deux adolescents chargés du *room service*.

J'entends tout à coup un grand fracas et un cri. Je me retourne tout en anticipant déjà ce que je risque de voir... C'est Khanh Nguyen : elle est par terre, plaquée de tout son long au sol. Elle a raté la dernière marche des escaliers et est violemment tombée. Je me précipite vers elle pour m'assurer que tout va bien... Ça ne va pas. Elle se plaint de sa cheville. Les deux adolescents au comptoir se marrent... littéralement... sans même venir nous aider. Je leur lance mon regard le plus noir possible : « Elle tombe et vous rigolez... C'est quoi ça ? » Ils semblent s'excuser et accourent chercher de l'aide. Khanh Nguyen se tord de douleur, je la fais asseoir sur le banc.

Je regarde la marche de laquelle elle est tombée et je me rends compte qu'elle de couleur différente des autres mais est exactement de la même couleur que le sol.... Bref, c'est l'escalier le moins bien pensé du monde. Alors que je retire sa chaussure puis sa chaussette, un Birman qui descend aussi les escaliers manque aussi la marche et se rattrape comme il peut à la rambarde. Ce n'est sûrement pas le premier et assurément pas le dernier à qui cela arrive.

C'est la cheville de Khanh Nguyen qui est touchée... est-elle cassée, fêlée, ou seulement foulée ? Je commence à me projeter les pires scénarios dans ma tête. Et si c'était la fin du voyage ? Sur la route, tout peut arriver... un accident avec une voiture, un type qui vous tire dessus avec sa kalachnikov, une intoxication alimentaire fatale, des freins qui lâchent... mais s'arrêter à cause d'une marche bancale ce serait la pire des fins. Alors, pour conjurer mes peurs, je contrebalance avec un optimise outrancier : « Ça va aller, c'est rien... On va voir... Tu ne veux pas essayer de marcher un peu ? » Khanh Nguyen a aussi envie d'y croire. Elle se relève et marche péniblement : elle boitille. Nous avalons une soupe de pâtes avec du poulet dans un petit restaurant situé à dix mètres de l'hôtel. La situation ne s'améliore pas vraiment : sa cheville a un peu enflé. Je la raccompagne à notre chambre et file acheter de la glace et de la crème apaisante. Lorsque je reviens avec les précieux produits, Khanh Nguyen est allongée sur le lit. Je prends toutes les précautions du monde pour lui appliquer d'abord la glace durant de longs moments puis la crème et le bandage.

Cette nuit, je dors mal, affreusement mal. Et si c'était fini ? Je regarde avec inquiétude Khanh Nguyen qui dort plutôt paisiblement, elle. Le lendemain matin, nous retirons le bandage avec anxiété... La cheville a bien doublé de volume ! Et si c'était bien fini ? Je descends et demande si l'un des adolescents peut la conduire à moto au petit hôpital situé à un kilomètre. Je les suivrai à vélo. Nous parcourons alors la rue principale de Pale vers le petit hôpital de campagne. Heureusement, une infirmière parle anglais et inspecte Khanh Nguyen. Elle propose tout de suite de faire une radio. Beaucoup de Birmans sont tout autour de nous et doivent se demander ce que nous faisons ici...

Quelques minutes plus tard, un docteur avec sa bouche toute rouge à force de mâcher du bétel, s'avance vers nous avec la radio de la cheville de Khanh Nguyen. Nous l'écoutons, fébriles : « Il n'y a rien de cassé, elle est juste foulée. Vous devez vous reposer au moins dix jours. » Le verdict est tombé. Nous sommes ballottés entre le soulagement que rien ne soit cassé et l'obligation de nous arrêter pour minimum dix jours. Le visa touriste birman ne nous donne droit qu'à vingt-huit jours sur le territoire : nous en avons déjà brûlé sept et il va falloir ne pas bouger pendant dix jours... Je remercie le docteur et les infirmières pour leur accueil et leurs soins.

De retour à l'hôtel, nous décidons de prendre le bus le lendemain matin pour Bagan, située à cent-vingt kilomètres. Je fais tout ce que je peux afin que Khanh Nguyen sollicite aussi peu que possible sa douloureuse cheville. En partant, j'essaye de faire comprendre à la propriétaire qu'elle devrait fortement changer la couleur de sa dernière marche. Elle glousse encore et ne me répond pas.

∼

Depuis la fenêtre du bus, les paysages défilent. La nature y est splendide notamment avec ses majestueux palmiers à sucre : sortes de grandes tiges avec au bout ses multiples inflorescences. Et puis, très vite nous traversons le mythique Irrawaddy qui se forme dans les montagnes de l'Himalaya pour ensuite abreuver les plaines birmanes du Nord au Sud du pays.

Passé le long pont qui enjambe l'Irrawaddy, nous entrons finalement dans le royaume de Bagan. Bagan a été la capitale du premier empire birman du IXe au XIIe siècle et a rayonné dans toute la région. Elle comporte encore des milliers de temples, de stupas dont une grande partie est encore remarquablement bien conservée, le tout sur un territoire immense. Il y séjourne aussi parmi les plus belles statues de Bouddha au monde. Il y a donc pire que Bagan pour ces dix jours de convalescence forcée !

Le bus n'a pas l'autorisation de rentrer sur le site historique de Bagan. Il nous laisse donc à l'entrée avec nos vélos et tout le matériel. Khanh Nguyen m'assure qu'elle est en mesure de faire les deux kilomètres qu'il nous reste à faire avant d'arriver à l'hôtel. Comme toujours, j'admire sa persévérance et sa résistance face au mal et à la douleur. Les deux kilomètres se font au ralenti, mais heureusement sans cri de douleur. L'hôtel où nous allons rester une semaine est tenu par une grande famille birmane où chaque membre de la famille a une tâche bien précise. Il est calme et bien placé à proximité des temples les plus beaux du site.

Et puis comme je l'avais dit quelques pages plus haut, une petite surprise nous attend à Bagan et devrait arriver d'ici quelques jours. Il faut dire que depuis plusieurs semaines notre notoriété est allée crescendo, en particulier au Vietnam. Un grand journal papier à diffusion nationale a parlé de nous puis très vite plein d'autres si bien que la télévision a aussi fait un reportage sur nous. Nous sommes passés au journal télévisé sur une chaîne équivalente à TF1. Les Vietnamiens commencent à aimer notre histoire et sa petite mythologie : celle d'un couple franco-vietnamien qui pédale pour son voyage de noces de la France au Vietnam avec ses deux chapeaux vietnamiens *Non La* et qui, cerise sur le gâteau, lève des fonds pour une association, ici au Vietnam.

Il y a quelques semaines, VTV1, la chaîne la plus regardée au Vietnam, nous a contactés pour venir faire un documentaire sur nous ! Avec Khanh

Nguyen, nous avons dit oui immédiatement. L'occasion était trop belle de toucher un large public et de pouvoir faire monter significativement la cagnotte pour les enfants de *Poussières de Vie*. Nous avons proposé à VTV1 de venir nous rencontrer à Bagan : le cadre a le mérite d'être superbe pour avoir de belles images. Cela fait bizarre de nous dire qu'une équipe de télévision prend l'avion pour venir au Myanmar rien que pour nous... Mais tout ça, c'était avant que Khanh Nguyen ne se foule la cheville. Quand c'est arrivé, nous avons longuement hésité avant de tout annuler... Et puis non, ce serait trop bête. Khanh Nguyen m'assure qu'elle est en mesure de pédaler sur une courte distance si besoin. L'idée est de faire quelques plans avec les temples de Bagan tout autour de nous et de pouvoir faire une belle interview assis sur les ruines. Nous maintenons le documentaire avec VTV1 !

Avant l'arrivée des caméras quelques jours plus tard, nous profitons du site hors du temps de Bagan. Il est si vaste qu'il est facile de se retrouver totalement seul parmi les ruines et d'avoir l'impression d'être le tout premier à pénétrer dans un temple où se trouve un Bouddha vieux de plusieurs siècles. La journée se doit de commencer tôt : avant le lever de soleil et ses dizaines de montgolfières qui s'envolent. C'est toujours un instant magique de voir ces énormes ballons survoler les temples. Il suffit ensuite de se perdre sur l'un de ces petits sentiers ensablés et de découvrir au hasard de véritables perles architecturales tout en côtoyant les si beaux Birmans qui viennent aussi découvrir leur patrimoine. La journée passe si vite parmi les temples et les stupas. Et puis, il faut ensuite se dépêcher de trouver un point en hauteur pour admirer le coucher de soleil. Une fois trouvé, il ne reste qu'à se laisser porter par la magie des lieux : admirer la belle course du soleil qui se reflète sur les dômes des temples et révèle leurs infinies variations de couleurs tout en laissant passer devant soi les troupeaux de vaches qui rentrent avant la tombée de la nuit et qui laissent derrière eux un bel écran de poussière qui donne aux lieux une dimension toujours plus solennelle et majestueuse.

D'être ici avec Khanh Nguyen vaut tout l'or, l'argent et le cuivre du monde. Comme pour Persépolis en Iran, d'avoir fait tout ce chemin à vélo pour y arriver procure un sentiment d'accomplissement inégalable. Encore une fois, je sens que ma vie entre dans une autre dimension. J'accepte pleinement la mort qui m'attend demain ou dans soixante ans. Je la fais mienne. Je ne vais pas chercher, comme beaucoup, à l'éviter voire la nier. Elle arrivera quand bon lui souhaitera et je l'attendrai comme on attend une vieille amie. Le soleil a déjà pris congé des temples de Bagan. La nuit a repris ses droits. Il est temps de rentrer.

L'équipe de VTV1 nous donne rendez-vous dans un restaurant de Bagan. Ils viennent d'arriver ce matin : aujourd'hui, c'est repérage et demain nous avons toute la journée pour faire le reportage. Ils sont trois hommes : un caméraman, un ingénieur son et Lam, le présentateur vedette de l'émission. Lam avec ses lunettes rondes nous met tout de suite à l'aise par sa disponibilité et sa simplicité. Il demande à Khanh Nguyen comment va sa cheville et lui assure que c'est à elle de voir si demain elle veut pédaler ou non. Si elle ne veut pas, nous improviserons ! Khanh Nguyen lui répond avec assurance que ça ira et que nous pouvons tout à fait filmer quelques séquences. Après un copieux déjeuner offert par Lam, nous convenons de tous nous retrouver le lendemain à cinq heures du matin pour le lever du soleil.

Le réveil sonne à quatre heures du matin, le temps pour nous d'harnacher Tank et Monster. Nous partons enveloppés du silence de la nuit et des choses. Nos ombres se faufilent parmi les temples et le stupas de Bagan. Ils sont là, rien que pour nous. Khanh Nguyen ne se plaint pas de sa cheville et avance à son rythme. Nous bifurquons afin de prendre un sentier qui mène vers un groupement de plusieurs temples. L'équipe de télé arrive une vingtaine de minutes plus tard.

Dès les premiers rayons de soleil, nous multiplions les plans et les séquences entourés des temples. De droite à gauche puis de gauche à droite. Pour un autre plan, le caméraman se place à l'arrière d'un scooter électrique et nous filme en action sur nos vélos. Je me dis que cela fera de belles images, un beau souvenir pour nous et nos futurs enfants... Lam s'assoit ensuite avec nous et prend son temps pour nous poser de multiples questions sur nous,

Bagan, ses vaches, ses couchers de soleil et VTV1

sur notre voyage tout en insistant beaucoup sur la dimension caritative de notre démarche. Nous partageons nos plus beaux souvenirs, nos moments de doutes aussi. Je parle déjà avec de la nostalgie de l'Iran, de la Géorgie et de l'Inde du Nord-Est. Nous ne sommes plus si loin du Vietnam. Est-ce que j'ai vraiment envie d'arriver, de finir ? Je commence à me faire du souci pour l'après. Comment revenir à une vie *normale*, avoir un loyer à payer et un salaire à gagner ? Comment ne plus savourer ces rencontres et ces paysages quotidiens ? Comment rester au même endroit plusieurs mois, bien cloué au sol ? Je me reprends et me dis qu'il faut bien rentrer un jour. Un peu comme l'*Odyssée* d'Ulysse, le voyage n'a véritablement de sens que s'il a un but, un point final. Dans le cas contraire, ce serait l'errance. Et de l'errance naîtra la folie.

Je garde toutes ces réflexions et ces instincts bien au fond de moi et ne les partage ni avec Lam ni avec Khanh Nguyen. La journée avec VTV1 se passe admirablement bien : l'équipe ne force pas les choses et nous met dans les meilleures conditions pour obtenir de belles images. « L'émission sera diffusée dans un mois environ » nous annonce Lam au moment de nous quitter avec ses deux collègues. Leur avion pour Rangoun est demain matin. Nous nous disons au revoir et espérons nous retrouver sur leur plateau de télévision à Hanoi, la capitale du Vietnam.

Nous profitons de Bagan encore quelques jours le temps pour Khanh Nguyen de récupérer convenablement de sa cheville foulée. Cela va bientôt faire une semaine depuis l'accident et nous ne pouvons plus vraiment tenir en place... Il faudrait attendre au moins dix jours comme l'a recommandé le docteur à Pale. L'appel de la route se fait toujours plus fort. Elle me propose de pédaler une journée et de voir comment tournent les choses. Il nous reste quand même plus de huit-cents kilomètres avant la Thaïlande et moins de dix jours de visa... Il va s'agir de ne pas trop traîner en chemin.

Les premières étapes se passent bien. Nous sommes désormais fin décembre et les températures sont raisonnablement agréables pour pédaler. Disons que nous ne suons qu'après vingt minutes de vélo au lieu de deux minutes habituellement dans cette région... Le profil redevient montagneux et le terrain devient très sec. Il n'y a pas une goutte d'eau ici. Nous prenons des bouteilles d'eau en plus, au cas où, malgré les jarres pleines d'eau disposées le long des routes. C'est aussi une spécificité birmane ces jarres : on y trouve de l'eau claire à l'intérieur à disposition des locaux qui travaillent dans les champs et des voyageurs. L'intoxication alimentaire de Khanh Nguyen toujours en tête, nous évitons cependant d'y poser nos lèvres...

La cheville de Khanh Nguyen tient toujours. C'est seulement en fin de journée qu'elle commence à ressentir une fatigue qui s'estompe ensuite durant la nuit. J'ai bon espoir que cette blessure ne sera bientôt qu'un lointain souvenir. Nous continuons à avancer plein sud vers la Thaïlande et la ville frontière de Mae Sot.

Aujourd'hui, c'est la veille du Jour de l'an. Pour ce soir, j'ai repéré une *guesthouse* qui accepte les étrangers et se situe dans la ville de Takton. C'est la seule de la ville que nous traversons : pas le choix. Nous déposons nos vélos devant et je me dirige vers l'accueil tandis que Khanh Nguyen garde un œil sur Monster et Tank. Je salue la jeune femme à l'accueil et lui demande en anglais :

— Combien coûte une chambre pour deux personnes et pour une nuit ?

—C'est 50 000 kyats[1]...

— 50 000 kyats ! Mais c'est presque trois fois plus cher qu'ailleurs !

— Il nous reste peu de chambres et c'est notre prix pour ce soir...

— Il est impossible de faire une petite remise ?

— Non, c'est 50 000 kyats.

Devant cette impossibilité de négocier, je lui marmonne un bref au revoir et ressors. C'est la dure loi de l'offre et de la demande. C'est le seul

1 Environ trente-six dollars USD

hôtel dans un diamètre de cinquante kilomètres... Ils peuvent appliquer le prix de leur choix. Je fais part du prix à Khanh Nguyen qui le refuse aussi catégoriquement. Que nous reste-t-il comme options ? Demander à une pagode de nous accueillir ? Il est déjà trop tard et les chances que ça marche sont si faibles. Il ne nous reste plus qu'à dormir dans notre bonne vieille tente.

Nous prenons notre temps à Takton en attendant que la nuit reprenne tout à fait ses droits. Nous savourons un copieux dîner avec du riz, du bœuf bouilli et des grandes feuilles de salade. Il est temps d'y aller. Sur *Google Maps,* j'ai repéré une grande étendue sans habitations à proximité de Takton. Cela vaut le coup d'essayer ! Nous pédalons deux kilomètres après être sortis de la ville et prenons un chemin qui s'éloigne rapidement de la route principale. Il y a des champs tout autour de nous et, effective-ment, pas une seule maison. De rares motos dont les phares illuminent les environs parcourent le chemin. Alors, nous attendons le bon moment pour quitter celui-ci et nous fondre dans le décor. Toujours dans la crainte d'être dénoncés à la police du coin, il nous faut être les plus invisibles possible.

Nous quittons avec précipitation le chemin et nous nous abritons derrière un grand arbre qui nous cache parfaitement de la route. L'endroit n'est certainement pas parfait pour y installer notre tente, mais il fera l'affaire le temps d'attendre une heure ou deux afin d'être plongés dans la nuit noire et de s'assurer que les lieux sont sûrs. Nous couchons Tank et Monster près de nous et laissons filer le temps. Nos rares chuchotements viennent rompre le silence qui peut être aussi interrompu par une vieille moto ou un tracteur qui rentre des champs. L'endroit a l'air d' être parfait pour ce soir... Personne ne semble nous chercher.

Une ou deux heures plus tard, je fais signe à Khanh Nguyen que nous allons nous réfugier derrière une grande meule de foin que les agriculteurs ont dû constituer aujourd'hui. C'est une bonne planque pour ce soir. Nous poussons les vélos jusqu'à elle et commençons à déballer notre matériel et installer notre tente. Tout est prêt lorsqu'un gigantesque faisceau lumineux apparaît au loin. Il me fait penser aux lumières aveuglantes projetées par des miradors dans les mauvais films d'évasion. Le faisceau de lumière semble chercher quelque chose dans un champ un peu plus loin. Il balaie l'espace de droite à gauche... Je chuchote avec une certaine peur à Khanh Nguyen : « On nous a dénoncés et la police nous cherche ! Ils vont forcément nous trouver et voir notre tente ! »

Une, deux et enfin trois lumières sillonnent sans cesse les champs. Il faut tout remettre dans les sacoches et vite. S'ils voient notre tente, nous risquons très gros... Nous rangeons tout frénétiquement. La nuit est si noire que j'ai peur de perdre des choses. En moins de trois minutes, c'est plié. Tout est rangé et nous sommes prêts à nous échapper. Khanh Nguyen voit que je suis dans un état de stress pas possible. Je suis en sueur et me comporte comme une bête traquée. Elle tente de me raisonner : « Thibault, respire un grand coup. Ils ne nous cherchent pas. Attendons ici et s'ils nous voient nous dirons que nous nous sommes perdus... » Elle m'enlace et je tente de reprendre une respiration normale. Les halos de lumière s'éloignent de nous.

Nous attendons encore, toujours abrités derrière la meule de foin. Le calme revient ; les lumières disparaissent. Il est déjà si tard et nous sommes tous les deux exténués. Pour la seconde fois, nous déballons tous les bagages et dressons la tente. Je m'apprête à me glisser dans la tente lorsque les halos de lumière reviennent. Cette fois-ci, ils sont partout : devant, derrière et de plus en plus proches de nous. Je m'écrie « On remballe tout ! Vite ! » Je démâte la tente, Khanh Nguyen range toutes nos affaires. Les lumières continuent de balayer la zone. Dès que l'une d'entre elles arrive pour se poser sur nous, je me jette à terre ou derrière la meule de foin. Tout est prêt sur les vélos : nous devons nous enfuir d'ici ! Nous poussons nos montures dans la nuit, faisant bien attention qu'aucune lumière ne se dirige vers nous. Je sais que nous allons tomber sur la police... mais ils ne pourront rien nous reprocher. Je peux tout à fait prétexter que nous nous rendons à l'hôtel à 50 000 kyats de Takton...

Nous refaisons notre apparition sur le chemin. Une lumière au loin nous fait face. Nous sommes au beau milieu du *Voyage au bout de la nuit* de Céline lorsque le narrateur se perd durant la nuit sur un champ de bataille durant la Première Guerre mondiale. Je me donne une certaine contenance et Khanh Nguyen m'emboîte le pas. Je m'attends à tomber sur un policier ou un militaire armé... mais sous la lampe frontale se trouve un homme avec ses vêtements, ses bottes de pluie et un filet... En une fraction de seconde, je réalise ma bêtise, mon erreur. Ce ne sont pas des policiers qui nous cherchaient dans les champs depuis des heures... mais des fermiers qui chassent la nuit des batraciens ou des rongeurs ! Ils utilisent leur lampe frontale pour repérer leurs proies. Je me sens si bête et soulagé à la fois. La fatigue et la paranoïa ne font pas bon ménage. Dans tous les cas, il nous fallait changer d'emplacement. Ces fermiers nous auraient sûrement repérés durant la nuit.

Nous nous remettons en selle. Lorsque nous croisons les fermiers et leurs faisceaux de lumière, ils nous regardent, hébétés et vraiment surpris de nous voir débarquer de nulle part. La route principale se redéploie devant nous et nous la suivons sur un bon kilomètre le tant de repérer en endroit propice où installer - pour la troisième fois - notre tente... Un peu plus loin dans les champs se trouve un bosquet entouré de hautes herbes. Aucune présence humaine ou chemin aux alentours : c'est sûr, il fera l'affaire. Nous reprenons notre chorégraphie une troisième fois. Accablé par la fatigue, chacun de nous se glisse dans son duvet. Nous nous ressassons les événements et les rebondissements d'aujourd'hui et nous endormons l'un contre l'autre.

J'ai mis mon alarme avant le lever du soleil afin d'être sûr de ne pas se faire repérer par des locaux. La nuit ne fut pas si reposante et je sens que certains de mes muscles sont un peu endoloris. Khanh Nguyen se plaint un peu de sa cheville mais, selon elle, ça devrait aller.

C'est le dernier jour de l'année aujourd'hui et il nous faut marquer le coup. Deux choix s'offrent à nous : Napyidaw et ses soixante kilomètres ou Tangu et ses cent-quarante kilomètres. Napyidaw c'est la récente capitale du Myanmar. C'est une ville sortie de nulle part pour y installer l'administra-

Direction plein Sud, Myanmar

tion birmane. Napyidaw est désormais connue des voyageurs pour être une ville fantôme complètement disproportionnée avec de larges autoroutes où ne circule absolument personne. Il y aussi de gigantesques hôtels totalement vides... Difficile de faire plus glauque pour un soir de trente-et-un décembre ! La route est plate, nous avons vent de dos : avec Khanh Nguyen, nous décidons de pédaler jusqu'à Tangu qui semble beaucoup plus désirable. Si nous y arrivons, ce sera la plus longue distance que nous ayons parcourue depuis le début du voyage.

Le vent est en notre faveur et il nous pousse de toutes ses forces. Les kilomètres défilent rapidement. Nous dépassons facilement les vingt kilomètres par heure de moyenne... Avant l'heure du déjeuner, nous passons l'effroyable Napyidaw et continuons le long de la route *numéro un* vers Tangu. La journée se passe relativement bien et nous ne manquons pas de nous arrêter pour boire ou manger les quelques fruits qu'il nous reste. Il est environ seize heures lorsque nous approchons de Tangu. Nous venons de battre notre record de kilomètres en une seule journée : cent-quarante ! À un moment, je me retourne et vois Khanh Nguyen qui peine à avancer. Elle n'en peut littéralement plus. La journée d'hier, la difficile nuit sous la tente et notre interminable journée ont consommé ses moindres réserves d'énergie. Il ne reste que quelques kilomètres avant Tangu et son hôtel. Je donne aussi toute l'énergie qu'il me reste pour la pousser dans le dos et l'accompagner dans cette épreuve finale.

L'hôtel se présente enfin devant nous. Il est magnifique et sa propriétaire nous offre un prix plus que correct. Enfin un endroit propice pour fêter dignement le Nouvel an ! Nous sommes cuits. Je monte péniblement les sacoches alors que Khanh Nguyen prend sa douche, douche que nous avions bien entendu sautée hier. Je m'affale sur le lit. La porte de la salle de bain s'ouvre. Khanh Nguyen en sort en boîtant. Je regarde sa cheville endolorie : elle a bien triplé de volume depuis ce matin !

Nous avons beaucoup trop forcé durant ces derniers jours. Nous avons été déraisonnables et voilà le résultat... Je me sens si mal pour elle. J'aimerais pouvoir prendre toute sa douleur. Les doutes quant à la suite du voyage me reviennent au visage comme un boomerang. Je l'aide à s'allonger sur le lit et vais chercher un grand bac de glace à l'accueil. Nous irons voir un docteur demain matin. Il est déjà cinq heures de l'après-midi et je pourrais m'endormir sur-le-champ. Je sors acheter le dîner de ce soir ainsi que deux grandes bouteilles de bière histoire de marquer le coup. Je remonte dans la chambre pour célébrer notre dernier dîner de l'année avec Khanh Nguyen. Nous nous endormons à dix-huit heures trente... Plongé dans un lourd sommeil, j'entends tout à coup des cris de joie et un grand feu d'artifice qui pétarade dans le ciel. Il est minuit et c'est le restaurant de l'hôtel qui fête le Nouvel an. Khanh Nguyen s'est aussi réveillée en sursaut. Nous nous replongeons dans nos rêves sans effort malgré le bruit et les crépitements.

C'est le premier jour de l'année et quoi de mieux pour la commencer que de rendre visite au docteur ? Le verdict du docteur de Tangu est le même que celui de Pale : il faut se reposer au minimum dix jours. Tout est à recommencer. Cette fois-ci, il s'agit de ne plus jouer les inconscients, les aventuriers téméraires. Notre visa arrivant à expiration dans quelques jours, nous n'avons plus le choix. Il va falloir prendre le bus jusqu'à la frontière avec la Thaïlande.

La propriétaire de l'hôtel nous aide gentiment à réserver un bus pour nous quatre - je vous rappelle que Tank et Monster sont des êtres vivants à part entière ! Le voyage se fait en deux étapes : Hpa An et ses pains de sucre puis Mae Sot à la frontière. Le chauffeur du bus pour divertir les passagers diffuse des chansons de karaoké accompagnées de clips vidéo aussi kitchs que possible. Les chansons me rentrent peu à peu dans la tête et ne me quitteront pas pendant plusieurs jours...

Après de trop longues heures sur des routes cabossées, voilà enfin la Thaïlande. Nous quittons le Myanmar sur une note particulière et avec de grands doutes pour la suite du voyage... allons-nous pouvoir recommencer à pédaler un jour ? Le Myanmar a été une portion du voyage finalement très difficile et éprouvante. En grande partie à cause de la cheville foulée de Khanh Nguyen, mais aussi de ces si nombreuses nuits à chercher un endroit où dormir sans se faire déloger par la police. Si nous revenons un jour au Myanmar, ce ne sera certainement pas à vélo...

J'utilise les tout derniers crédits de mon forfait birman pour consulter les dons reçus pour *Poussières de Vie* : nous en sommes à 11 300 dollars USD pour 12 237 kilomètres parcourus. Nous sommes donc en retard... et de beaucoup. J'espère que notre plus grande exposition dans les médias vietnamiens pourra faire augmenter rapidement les dons. Plus de crédit sur mon téléphone. Le chauffeur nous somme de descendre du bus et de nous diriger vers le poste-frontière qui va nous ouvrir les portes de l'ancien royaume de Siam.

Chapitre 23

Thaïlande & Laos :
si proches et si loin du but

Compteur Kilométrique : 12 237 à 14 010km

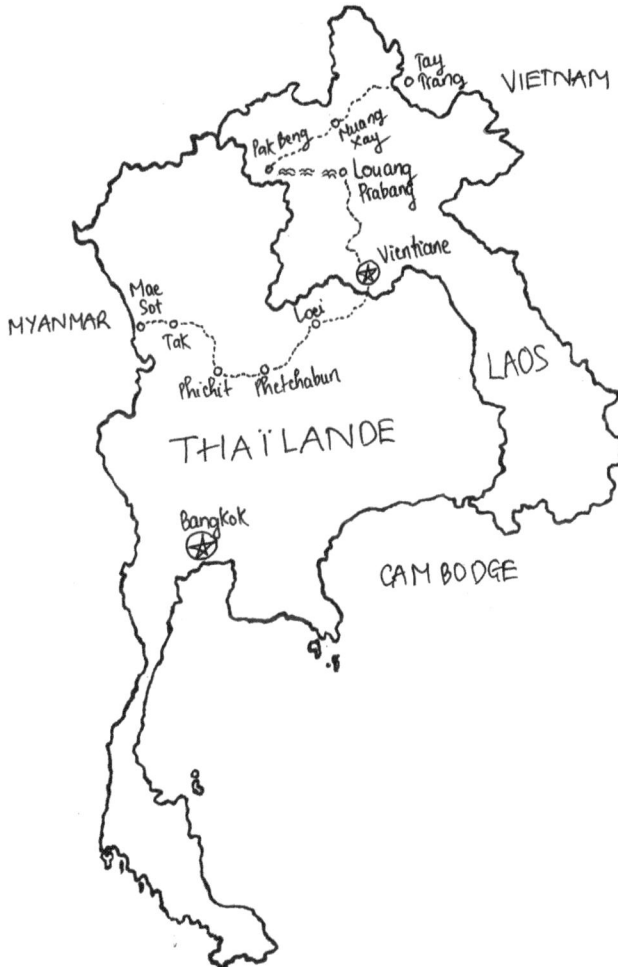

Le passage de frontière se fait sur un pont qui enjambe le fleuve Moei, frontière naturelle entre la Thaïlande et le Myanmar. Il y a une file spéciale pour les étrangers vers laquelle un agent de l'Immigration nous dirige. Alors que nous faisons la queue, un autre agent débarque et agrippe Khanh Nguyen par le bras pour lui demander de sortir... Il croit qu'elle est Thaïlandaise et qu'elle doit donc faire la queue avec ses compatriotes. Elle sort alors son passeport vietnamien. Il s'excuse platement et la laisse finalement tranquille. Décidément, depuis l'Inde du Nord-Est, tout le monde la prend pour une locale !

Il nous faut pédaler quelques kilomètres, toujours au ralenti afin de protéger la cheville foulée de Khanh Nguyen, pour arriver dans la ville de Mae Sot. La Thaïlande se démarque tout de suite du Myanmar par ses routes parfaitement asphaltées, toutes ses voitures dont la carrosserie luit au soleil et ses Seven-Eleven[1] tous les cinq cents mètres. C'est sûrement le pays le plus *développé* que nous traversons depuis nos kilomètres européens.

À Mae Sot nous attend Ton, un membre de la communauté *Warmshower*. Par mail, je lui ai fait part de notre situation et de la cheville de Khanh Nguyen. Ton a fait preuve d'une très grande hospitalité en me répondant : « Qu'elle se repose autant de jours qu'il lui faudra. » Cela fait toujours si chaud au cœur d'être accueilli de la sorte dans une ville dont on ne connaissait même pas l'existence il y a une semaine. Ton est un Néerlandais qui est venu s'installer à Mae Sot il y a plusieurs dizaines d'années. Il est un grand fan des voyages à vélo et gagne sa vie en tant que professeur d'anglais. Ton nous accueille dans une très belle maison de type colonial et nous mène dans une chambre rien que pour tous les deux. Il fait frais à l'intérieur et les environs sont si calmes. Ton vit seul, mais aime

1 Enseigne de commerces de proximité particulièrement présente en Amérique du Nord et en Asie

accueillir dans sa maison des volontaires ou des voyageurs de passage.

Les journées de récupération vont se succéder à Mae Sot en compagnie de Ton et aussi avec d'autres voyageurs accueillis chez lui, notamment Laura et Pierre qui sont deux Français à vélo qui sillonnent aussi le monde. Nous profitons de tout ce temps disponible pour appeler notre famille, nos amis. Toute ma petite famille se porte bien, mais les nouvelles ne sont pas vraiment rassurantes pour mon grand-père maternel, Apollon ou *Bon Papa*. Sa santé se dégrade rapidement et il ne peut presque plus communiquer avec autrui. Je me sens totalement impuissant face à sa longue et difficile descente. Partir si loin et si longtemps aux confins du monde comporte ces grands renoncements que l'on ne peut pas toujours éviter. Khanh Nguyen me rassure, me sert dans ses bras. Ça va un peu mieux.

La fameuse cheville de Khanh Nguyen aussi va un peu mieux. De jour en jour, sa situation s'améliore. Les douleurs disparaissent totalement et elle peut très rapidement la bouger dans tous les sens sans aucune crainte. Pour les repas, nous allons tous les jours dans un modeste restaurant végétarien qui propose des plats variés et souvent épicés. Ton nous raconte ses histoires et ses voyages, notamment au Myanmar. Le sujet de discussion concernant l'interminable quête pour trouver un endroit où passer la nuit dans ce pays est inépuisable !

Arrive enfin le jour où Khanh Nguyen se sent prête à repartir. Nous faisons un long tour à vélo dans les rues de Mae Sot pour bien nous assurer que les douleurs ne vont pas revenir. Le lendemain, au petit matin, nous quittons Ton et Mae Sot. Nous nous sentons si redevables à Ton de nous avoir accueillis si longtemps chez lui.

Nous comptons ne pas trop nous éterniser en Thaïlande. Le Laos et sa capitale, Vientiane, ne sont qu'à un peu plus de six cents kilomètres, ce qui devrait nous prendre environ une semaine.

Tank et Monster sont contents de reprendre du service ! Ils

Chez Ton, Mae Sot, Thaïlande

De retour sur la route, Thaïlande

Des milliers de pagodes et de Bouddhas, Thaïlande

fonctionnent toujours parfaitement et sont admirables d'endurance. Les premiers reliefs arrivent rapidement et, comme au Myanmar, les côtes sont redoutables. La route s'élève facilement à plus de 20 %... ce qui nous pompe toute notre énergie et notre eau sachant que durant l'après-midi les températures avoisinent les quarante degrés Celsius. À part un Anglais, Christian et sa femme thaïlandaise, Thip, qui nous accueillent chez eux, nous ne faisons pratiquement aucune rencontre vraiment marquante. J'ai l'impression de retraverser des régions en Allemagne ou en Bulgarie où personne ne vient nous voir ou ne semble disposer à discuter avec nous.

Nous traversons souvent des paysages très secs, sans verdure et sans habitation qui portent encore les stigmates d'importants feux de forêts. Un élément vient un peu nous réconforter durant cette longue traversée à deux mais si solitaire : les temples thaïlandais. La Thaïlande, comme le Myanmar, est un pays très bouddhiste. On y compte plus de trois-cent-mille moines et des milliers de temples qui se trouvent partout. Alors, dès que l'après-midi touche à sa fin, nous nous dirigeons vers le premier temple qui se trouve sur notre chemin. Nous déposons nos vélos à l'entrée et rentrons à pied dans l'enceinte du temple. Je vais ensuite à la rencontre du premier moine que je vois et lui demande, via mon smartphone, si nous pouvons passer la nuit ici. Durant une semaine, toutes nos demandes ont trouvé une réponse positive !

Chaque moine nous accueille immédiatement et nous indique un emplacement où nous pouvons installer notre tente pour la nuit. C'est si bon de savoir que nous ne craignons pas de nous faire déloger par la police comme au Myanmar... En une semaine, nous expérimentons des nuits très différentes chez les moines. Certains nous offrent des boissons, des gâteaux ou nous invitent pour le petit-déjeuner. D'autres nous indiquent uniquement où dormir puis disparaissent totalement jusqu'au lendemain matin. Une fois même, c'est une *bhikkhuni*[1] qui nous invite à dormir à proximité de son temple. Les femmes ne peuvent devenir moine que depuis

1 Femme ordonnée moine dans la religion bouddhiste

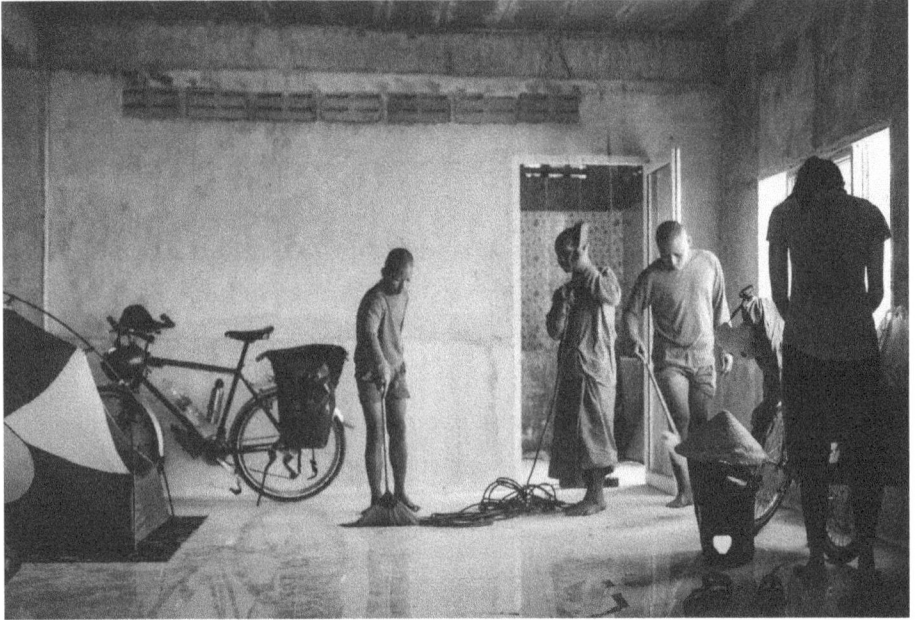

La Thaïlande et ses moines bouddhistes

2003 en Thaïlande. C'est un sujet encore très clivant au royaume de Siam. Certains considèrent qu'une femme ne peut pas devenir moine.

La femme qui nous invite pour ce soir, Ratana, est très élancée et s'est rasée les cheveux. Elle illumine le temple par sa bonne humeur et ses rires. Elle porte de longs habits de couleur blanche et se partage les tâches au temple avec d'autres moines qui sont eux des hommes et vêtus de couleur orange. Avant le coucher de soleil, tous les moines suivent une ritournelle particulière : le balayage des feuilles mortes. Il faut balayer méticuleusement la moindre feuille morte et ce sur toute la surface du temple. Je me joins à nos hôtes d'un soir et balaie avec eux. J'ai ma petite surface rien qu'à moi que je dois rendre parfaite. Plus qu'une tâche, une chose à faire et refaire, balayer les feuilles jour après jour porte en soi une dimension presque mystique.

La grande Ratana nous explique qu'il existe une histoire d'un maître bouddhiste qui enseigne un savoir fondamental à son jeune disciple alors que ce dernier le voit ramasser les feuilles. Le jeune novice accourt vers le maître :

— Maître ! Maître ! Vous ne devriez pas faire ça. Je balaierai la cour demain...

— Tu ne devrais pas dire ça, répond le maître en toute simplicité. Si je ramasse une feuille morte, alors il y en aura une en moins sur le sol. Ce sera plus propre que si je ne fais rien.

— Je comprends maître. Mais il y a tellement de feuilles qui tombent au sol. Au moment où vous en ramassez une, cent autres tombent sur le sol...

— Les feuilles ne tombent pas seulement sur le sol. Elles tombent aussi dans notre âme. Je ramasse celles qui sont dans mon âme et peut-être parviendrais-je, un jour, à toutes les ramasser.

À ma petite échelle, j'interprète l'histoire de Ratana comme la nécessité de faire tous les jours un travail sur soi, un effort pour conjurer le mal plutôt que de se décourager devant l'ampleur du travail à accomplir. Il faut commencer par soi, avoir cette rigueur avec soi-même. Je vois notre grande aventure à vélo comme quelque chose de similaire : nous avons la rigueur de pédaler tous les jours et un jour, éventuellement, nous arriverons à destination. Encore aujourd'hui, je remercie Ratana et tous les moines pour cette petite vérité.

Plus qu'un endroit sûr où passer la nuit, dormir dans un temple nous donne aussi la garantie de pouvoir prendre une douche tous les soirs. Chaque temple dispose d'un point d'eau. Prendre une douche après une longue journée à transpirer et à lutter contre l'humidité ambiante est le plus grand des luxes. Passé le coucher de soleil, les moines sont généralement de retour dans leur chambre. Nous restons donc souvent seuls de longs moments à contempler le temple et ses environs. Chaque temple a une architecture et une composition qui lui sont propres. Notre tente nous attend patiemment jusqu'à ce que la fatigue prenne le dessus. Nous nous endormons alors parmi un ciel composé des plus belles étoiles.

C'est ce que je retiendrai de la Thaïlande : ses temples et ses moines ainsi que la petite vérité de Ratana. Il faut accepter de pédaler tous les jours, de recommencer encore et encore, même si les paysages et les gens ne rentrent pas forcément en résonnance avec vous. Il ne faut pas se décourager. La grande nouvelle, c'est que Khanh Nguyen ne ressent plus aucune douleur au niveau de sa cheville. Désormais, dès que se présente une marche douteuse, je la préviens tout de même et lui dis : « fais attention ».

Nous quittons finalement la Thaïlande pour entrer au Laos, notre dix-septième et dernier pays avant le Vietnam. Je retrouve avec joie le Mékong, fleuve mythique de l'Asie du Sud-Est qui prend sa source en Chine et s'écoule à travers le Laos, le Cambodge et le Vietnam. Khanh Nguyen me dit avec justesse : « Si on se laissait couler le long du Mékong, on arriverait directement au Vietnam ! »

Nous passons l'interminable *Pont de l'amitié* entre la Thaïlande et le Laos. De multiples panneaux indiquent qu'il est interdit de circuler à vélo, mais aucun policier ne nous fait signe de nous arrêter alors nous continuons plutôt que de parcourir plusieurs kilomètres à pied. Se faire tamponner nos passeports est une brève formalité. Nous venons de faire nos tout premiers kilomètres au Laos, lorsque Khanh Nguyen me crie : « Thibault ! Je n'arrive plus à changer de vitesse... » Je l'attends quelques secondes et monte sur son brave vélo, Monster, pour comprendre ce qu'il se passe. En effet, son *shifter* de vitesses s'est cassé. Impossible de le réparer : il faut le changer. Elle se retrouve obligée de pédaler sur la plus basse des vitesses sans pouvoir en changer, ce qui n'est vraiment pas pratique dès qu'il y a un peu de relief. Heureusement, les quelques kilomètres pour rejoindre Vientiane sont plats comme la Belgique.

Vientiane, la capitale du Laos se présente devant nous. Nous avons encore une fois la chance d'être accueillis. Cette fois-ci, ce sont Mayr et Marie-Do, un couple installé de longue date au Laos, qui nous hébergent. Avec leurs enfants, ils vivent dans une magnifique maison de Vientiane où ils laissent à notre disposition une chambre d'amis. Marie-Do est artiste et réalise des laques somptueuses. Mayr n'est malheureusement pas là. Il est aussi en voyage à vélo dans l'Ouest du Laos. Nous profitons de Vientiane pour recharger nos batteries, changer le *shifter* de vitesse de Monster et planifier la suite du voyage. Le but va être de rejoindre d'abord Luang Prabang dans les montagnes au Nord puis de rentrer au Vietnam par la frontière proche de Dien Bien Phu. Un peu plus de huit cents kilomètres et de gros reliefs nous attendent. Cela va être l'une des parties les plus physique du voyage. Nous nous sentons tous les deux prêts.

Durant ces quelques nuits à Vientiane, c'est aussi le temps des célébrations du Nouvel an lunaire : le Têt ! C'est le premier Têt que Khanh Nguyen ne passe pas avec sa famille alors pour marquer le coup elle s'habille en habit traditionnel : en Ao Dai qu'elle a transporté tout le long dans ses sacoches depuis la France. Elle est magnifique et a cette classe naturelle qui la distingue de toutes les autres filles. Mais plus que les célébrations, ce qui commence à occuper les esprits, c'est un mystérieux virus apparu dans la région de Wuhan en Chine : on le dénomme le Coronavirus ou Covid-19. Les cas semblent se propager rapidement. Le Laos a une grande frontière en commun avec la Chine ce qui peut soulever quelques inquiétudes.

Khanh Nguyen prend rapidement peur avec ce genre de nouvelles. Je suis plutôt du genre à tempérer et dire que tout va bien se passer. Je lui dis qu'il ne faut pas s'inquiéter et que je me rappelle du virus du SRAS au début des années 2000 avec moins de mille personnes qui en sont mortes dans le monde... Nous verrons bien ce qu'il va se passer. C'est aussi le Nouvel an en Chine et de très nombreux Chinois sont présents au Laos pour leurs vacances. La majorité des voitures qui parcourent les routes ont des plaques d'immatriculation chinoises... Il faut dire aussi que le Laos est sous une influence très forte de la Chine, tant économique que politique. Nous allons en avoir la confirmation durant les prochaines semaines.

Prêts à en découdre avec les montagnes laotiennes, nous quittons Marie-Do, ses enfants et Vientiane de bon matin. Nous immortalisons la barre des 13 000 kilomètres franchis devant le Patxuai, l'Arc de Triomphe de Vientiane.

Les quelques jours que nous devons pédaler pour rejoindre les premières difficultés, au nord de Vang Vieng, sont sans réel intérêt. Nous sommes vite déçus par la nourriture laotienne : souvent peu savoureuse et assez chère par rapport aux toutes petites quantités servies. Le long de la route, il y a régulièrement des travaux pour une nouvelle ligne de train à haute vitesse financée par la Chine. Tous les panneaux sont écrits en chinois et tous les employés que nous croisons viennent de l'Empire du Milieu.

Nous avons la chance d'être acceptés pour la nuit dans plusieurs temples bouddhistes qui ont le même niveau d'hospitalité que nos chers temples thaïlandais. Nous avançons bien. Un jour, alors que nous nous reposons le long d'une rivière, nous voyons passer un couple de voyageurs longue distance à vélo. Ils vont dans la même direction que nous, mais sont beaucoup plus rapides... Je n'ai même pas le temps de crier pour les arrêter qu'ils sont déjà hors de portée.

Peu d'intérêt, disais-je : Vang Vieng, par exemple, est plus un repère de *backpackers*[1] alcoolisés et un endroit pour faire la fête qu'un village paisible. Les pains de sucre qui l'entourent rattrapent heureusement un peu les choses. Nous décidons de ne même pas nous arrêter à Vang Vieng et de continuer vers le Nord du Laos en suivant la route *numéro treize*. Les paysages commencent à devenir tout à fait somptueux alors que nous prenons de l'altitude. Les montagnes s'élèvent de manière abrupte et de grands cours d'eau ruissellent ici et là. Nos jambes chauffent à mesure que nous grimpons. Au sommet d'une montée, nous en profitons pour acheter un sac d'oranges. Les deux cyclistes de la veille refont alors leur apparition ! Je leur fais des grands signes et, cette fois, ils s'arrêtent à notre niveau. Ils s'appellent Steven et Annie : un couple de Parisiens qui sont partis à peu près en même temps que nous pour rejoindre l'Asie du Sud-Est. Steven a une longue barbe de voyageur et un corps très fin ; Annie a manifestement des origines asiatiques et possède un beau et franc sourire. Le courant passe tout de suite très bien entre nos deux duos et nous décidons de pédaler ensemble pour les prochains jours.

La route *numéro treize* a été construite sous la direction d'ingénieurs français lorsque le Laos était sous protectorat de la France... et ça se voit. Contrairement aux *montagnes russes* birmanes et thaïlandaises, la route épouse les flancs de la montagne comme si elle voulait les accompagner.

La route serpente avec élégance le long des imposants massifs et ses pourcentages sont donc tout à fait acceptables : les montées sont régulières. Grimper les cols se fait sans grande douleur et à son propre rythme. Steven a le meilleur niveau du groupe et voyage léger : il s'envole loin devant jusqu'à ce que nous le perdions totalement de vue. Nous formons donc un petit peloton avec Annie et Khanh Nguyen tout discutant de tout et de rien :

—Vous êtes partis en même temps que nous... C'est marrant de ne se croiser seulement que presque un an après, dis-je pour lancer la conversation avec Annie.

1 Voyageurs à sac à dos

—Oui ! Nous avons peut-être pris des chemins différents. Nous sommes passés par la Turquie, l'Iran, Oman... me répond Annie entre deux expirations.

— Et vous en avez pensé quoi de l'Iran ? Nous, c'est notre pays coup de cœur, relance Khanh Nguyen.

— C'était sympa mais les Iraniens sont trop... collants. Toujours à nous suivre, nous coller, nous inviter. On a préféré la Turquie ! Les gens sont adorables là-bas.

— Collants les Iraniens ? Ils sont juste super accueillants et respectueux en même temps, je trouve. Si tu veux des locaux vraiment collants je te conseille le Nord de l'Inde, dis-je pour conclure la conversation tout en accélérant en donnant quelques rapides coups de pédale.

Le ressenti d'un pays à un autre varie tellement en fonction de la personnalité du voyageur, son âge mais aussi des expériences et des rencontres aléatoires qu'il fait. Cela ne sert à rien d'épiloguer. Il faut juste accepter la diversité des voyageurs, de leurs expériences et de leurs points de vue. Je n'aime tout de même pas que l'on touche à mes chers amis iraniens. C'est le Mustafa en moi qui se réveille !

L'après-midi touche à sa fin alors que nous approchons du village de Kasi et ses régions montagneuses. Le Nord du Laos abrite de nombreuses minorités ethniques avec leur propre langue et leurs coutumes. Leurs petits villages se trouvent tout le long de la route et il y a en majorité de jeunes enfants qui nous saluent et crient tous ensemble « *Bye-bye* !!! » Dans le village que nous traversons, c'est l'heure de la douche ! Chaque famille se rend à la fontaine avec sa serviette, ses tongs et son savon. L'occasion est trop belle de prendre une douche avant de bivouaquer ! Annie ne semble pas intéressée et doit de toutes les manières retrouver Steven. Avant de partir loin devant, Steven nous a donné des coordonnés GPS où se trouverait un endroit propice où camper ce soir. Annie nous propose alors de se retrouver là-bas pour camper tous ensemble.

Avec Khanh Nguyen, nous nous arrêtons près de la fontaine où se douchent tous les membres du village, chacun son tour. Nous sortons notre

Les pains de sucre de Vang Vieng, Laos

Pause syndicale, Laos

serviette, le savon et nos vêtements propres pour ce soir. Les enfants et les femmes qui nous entourent ne semblent pas intimidés par notre présence. Ils sont plus amusés par la situation qu'autre chose. Une femme vient de terminer de se rincer les cheveux et c'est enfin mon tour... Je me déshabille aussi vite que possible et me voilà en caleçon devant tout le village. J'entends glousser ici et là. L'eau est fraîche et je me savonne, me shampouine et me rince aussi vite que je peux. C'est au tour de Khanh Nguyen, qui, elle, doit laver ses longs cheveux ! L'opération prend quelques minutes. Plusieurs jeunes mamans attendent patiemment leur tour. Khanh Nguyen a fini ! Nous nous séchons aussi vite que nous pouvons avant de prendre froid et nous nous dépêchons de repartir car la nuit est presque là.

La sensation de repartir sur son vélo, tout beau tout propre, les cheveux au vent parmi ces paysages somptueux et avec la femme de sa vie vaut tout l'or, les bitcoins et le pétrole du monde. Les derniers rayons de soleil illuminent les pains de sucre laotiens et puis il y a ce silence. Simplement le vent, le bruit de nos roues sur l'asphalte et c'est tout. Le point de rendez-vous avec Steven et Annie devrait être pour bientôt si je m'en tiens à mon téléphone... Nous arrivons sur le point exact, mais aucune trace de nos deux compères. Nous crions chacun notre tour « Steven !!! Annie !!! Steven !!! »... aucune réponse. Il n'y a pas de réseau ici : impossible de les joindre. Ils ont dû s'installer plus loin. Nous continuons à descendre le long de la montagne. Toujours pas de Steven et d'Annie. Je perds espoir de les retrouver pour ce soir et dis à Khanh Nguyen : « On devrait s'arrêter, je pense, il y un genre de refuge en bois là, derrière, c'est parfait pour ce soir. »

Une soirée et nuit classiques vont alors se dérouler : riz et légumes cuits avec notre réchaud, brossage de dents et sommeil réparateur sous notre tente. Et le silence, toujours le silence et ses quelques oiseaux.

Nous nous réveillons parmi la brume matinale et repartons à la conquête des sommets laotiens. Personne sur la route. Nous profitons du premier village que nous croisons pour prendre le petit-déjeuner et faire le plein de provisions pour la suite.

Alors que je bois un café en cannette absolument infâme, j'ai le plaisir de voir Steven qui apparaît sur la route que nous venons de prendre. Il est surpris nous retrouver et nous demande :

— Où avez-vous dormi finalement ?

— On vous a cherché longtemps ! On criait vos prénoms dans toute la montagne...

— On ne vous a pas entendu ! L'emplacement était situé un peu plus haut que la route. C'était près d'une école en construction. Pas mal pour dormir, mais le matin il y avait un type et son fusil... Il gardait juste le chantier, dit avec soulagement Steven.

— On a dormi un peu plus bas... Pas très loin de vous finalement ! Et Annie ?

— Elle arrive !

En discutant avec Steven, je me rends compte qu'il n'y a pas qu'une seule façon de pédaler le monde en couple. Je ne me vois pas abandonner du regard plus d'une minute Khanh Nguyen. S'il se passe quoi que ce soit, je dois pouvoir intervenir, rapidement comme un bon garde du corps. Mais Steven et Annie semblent tous les deux plus autonomes : Steven part en solo devant et laisse souvent Annie loin, très loin derrière. Annie pédale à son rythme, avec de la musique ou une émission de radio dans les oreilles. Steven l'attend alors bien sagement et parfois pendant une heure au sommet de la montagne. Et s'il arrivait quelque chose à Annie entre-temps ?

Notre quatuor se reforme pour le temps d'une journée. Il y a toujours autant d'enfants et leurs vibrants « bye-bye » au bord de la route. Nous ne manquons pas de leur répondre à chaque fois. Autre fait marquant : nous croisons beaucoup de cyclistes longue distance qui arrivent en face de nous : des Français, des Néerlandais, un Chinois... Nous croisons en deux jours plus de cyclistes qu'en presque un an sur les routes ! Chaque rencontre est l'occasion de faire une pause, de discuter d'où l'on vient et où l'on va.

En fin de journée, nous décidons de nous arrêter dans une maison d'hôtes à dix dollars la nuit. Steven et Annie veulent rallier plus rapidement Luang Prabang et nous quittent pour continuer à pédaler un peu plus longtemps. Nous nous promettons de nous retrouver là-bas, dans l'un des endroits les plus beaux au monde.

Notre chambre pour ce soir est construite dans une sorte de préfabriqué sans aucune isolation avec les chambres attenantes. Le moindre mouvement, le plus petit chuchotement se fait entendre. Trois ou quatre filles partagent une chambre à gauche de la nôtre. Le propriétaire - un monsieur chinois - nous autorise à faire entrer Tank et Monster dans la chambre. Les draps sont sales. Nous avons heureusement nos duvets et nos oreillers au fond de nos sacoches... Je regarde les nouvelles pour aujourd'hui sur mon portable : le coronavirus continue à se propager. On parle de nouveaux cas dans d'autres pays, mais pas encore au Laos. Était-ce une bonne idée de dormir ici ? Des clients – tous des hommes - arrivent et ils sont aussi chinois... Après un rapide dîner, nous revenons dans notre chambre. Les hommes sont en compagnie des femmes de tout à l'heure, en courte tenue, dans une grande salle à côté de l'accueil. Nous sommes tombés dans une sorte de joyeux bordel. La nuit risque d'être agitée... Mais après toutes nos expériences, à dormir dans toutes les conditions possibles, nous sommes prêts à l'affronter.

Durant de longues heures, ça crie, ça vocifère, ça rie, ça s'épanche. J'oscille entre le sommeil et l'éveil ; entre la fatigue et l'irritation la plus totale ; Khanh Nguyen aussi. Seul point positif : l'acte de chair ne sera pas commis dans une chambre à côté de la nôtre ce qui nous évite des sonorités insupportables. Minuit passé et les bruits cessent enfin. Il s'agit de s'endormir avant que ça ne recommence.

Il nous faut finalement deux jours supplémentaires pour rejoindre Luang Prabang. Les montagnes sont toujours aussi belles et les enfants toujours aussi nombreux. Il fait relativement frais et chaque col se conquiert sans trop de sueur et de larmes. Seul point noir : mon pneu arrière commence à avoir une faiblesse sur son flanc : il y a un trou large d'un centimètre que je colmate de l'intérieur avec un bout de caoutchouc afin de protéger la chambre à air. Il lui reste un peu moins de trois-mille kilomètres à faire. En sera-t-il capable ?

Un peu avant midi et un dernier relief, nous y voilà : Luang Prabang ! Le joyau du Laos. C'est l'ancienne capitale des rois du Laos et de leurs éléphants. Située au bord du Mékong, sa légende s'est construite au fil des siècles et des récits de voyageurs. Grâce à un travail remarquable de l'UNESCO, le joyau a conservé tout son éclat d'antan et son atmosphère si particulière. Persépolis, Bagan et enfin Luang Prabang à vélo : que demander de plus ?

Nous avons aussi la chance d'être accueillis par la famille de Tamim, un de mes amis qui habite à Vientiane. Ils tiennent un petit hôtel dans le centre de Luang Prabang et laissent à notre disposition une chambre rien que pour nous. C'est Vanh, ancienne professeure de français, qui gère de main de maître tout son petit monde. Dans un français, bien entendu parfait, elle nous félicite d'être arrivés jusqu'ici et nous invite à rester autant que nous souhaitons. Il nous faudra environ une semaine, le temps de faire mon visa pour le Vietnam au Consulat de Luang Prabang.

Les nouvelles ne sont pas bonnes sur le front du coronavirus. Les premiers cas se sont déclarés au Vietnam et nous commençons à avoir peur que les frontières ne se ferment sous notre nez. Ce serait une véritable catastrophe... parcourir le monde et se voir refuser le passage à la toute dernière frontière avant le Vietnam... Nous nous rendons de bon matin au Consulat pour faire mon visa. Le personnel de l'Immigration nous reconnaît immédiatement : « Oh, vous êtes *Non La* ! On vous a vus à la télévision ! » Un couple de Belges qui fait aussi son visa pour le Vietnam vient nous saluer. La fille du couple, commence :

— Salut ! Moi c'est Eef, et lui, c'est Stef. Nous vous suivons sur *Instagram* depuis longtemps. Nous sommes partis de la Belgique et nous aimerions arriver jusqu'à... Bali !

Le fameux Vat Xien Thong, Luang Prabang, Laos

Coucher de soleil sur le Mékong, Luang Prabang, Laos

—Bali ! Il vous reste encore du chemin ! Moi, c'est Thibault et voilà Khanh Nguyen. Quelle est votre route ?

— On va quitter Luang Prabang par le nord et rentrer au Vietnam par Dien Bien Phu...Pour la suite, on verra... Sûrement Sapa !

— Nous aussi, nous allons rentrer au Vietnam par Dien Bien Phu ! Il faut que nous pédalions ensemble !

— Oh oui ! Ce serait génial... »

Eef est gigantesque, sûrement plus d'un mètre quatre-vingt-dix... Stef est légèrement plus court et porte des lunettes rondes. Ils parlent tous les deux flamand et anglais. Leur programme est légèrement différent du nôtre : ils prendront la route *numéro 13* pour Muang Xay. Sur les conseils de cyclistes français rencontrés sur la route il y a quelques jours, nous remonterons le Mékong en bateau jusqu'au village de Pak Beng. De là, nous prendrons la route *2W* qui remonte aussi jusqu'à Muang Xay où nous aimerions retrouver nos deux amis belges ! La route *2W* est réputée plus belle et plus sauvage que la *numéro 13* et puis effectuer la remontée du Mékong en bateau, c'est quelque chose à faire !

Cinq jours d'attente sont nécessaires afin d'obtenir mon visa. Nous passons des moments inoubliables à profiter des rues de Luang Prabang, de son architecture coloniale et de ses temples bouddhistes. Le Vat Xien Thong sort du lot. Construit au XVIe siècle, il est remarquable de beauté avec ses sept toits en cascade et la richesse de ses façades, dans le style coloré et somptueux de Luang Prabang. On peut y rester des heures au Vat Xien Thong sans le quitter des yeux. Chaque soir, nous marchons le long du Mékong à observer les moindres nuances du soleil qui se couche sur les reflets des eaux du grand fleuve. Cinq jours comme si c'était cinq longues années. Le voyageur perd la notion, si fragile, du temps à Luang Prabang.

Nous retrouvons aussi Steve et Annie pour un dernier dîner avant qu'ils ne repartent vers le Sud du Laos. Le soir suivant, passons du temps avec Stef et Eef qui partiront un ou deux jours après nous. Nous nous promettons de nous retrouver à Muang Xay afin d'entrer tous ensemble au Vietnam. Nous y sommes presque...C'est la petite affaire de trois cents kilomètres seulement. J'ai du mal à réaliser comment cela va se passer.

Quelles seront mes émotions et celles de Khanh Nguyen ? Je préfère ne rien anticiper, comme d'habitude, et me laisse le droit à la surprise.

Dans l'après-midi, nous passons au Consulat du Vietnam pour récupérer mon visa, ce dernier sésame qui nous donne le droit de finir le voyage en beauté. Il est là le visa, bien collé et tamponné sur une page au milieu de mon passeport.

Tôt le matin, nous quittons Luang Prabang ainsi que Vanh et sa famille qui nous ont accueillis si gentiment pendant une semaine. Luang Prabang sommeille encore - et nous un peu aussi - alors que nous roulons à travers ses rues et ses temples. Nous devons rouler sur une dizaine de kilomètres au nord pour atteindre l'embarcadère.

Les bateaux attendent déjà en bas. Il faut descendre par des escaliers tout à fait abrupts pour pouvoir embarquer. Notre bateau pour remonter le Mékong est construit en long avec ses tables, ses sièges en bois et sa cuisine. Nous délestons Tank et Monster de tout leur matériel puis deux employés s'affairent pour les installer sur le toit du bateau. Ils sont retenus par quelques cordelettes qui, je l'espère, devraient suffire à les garder à bord avec nous. Ils ont de la chance Tank et Monster : ils ont voyagé en avion, en bus, en voiture, ont traversé la Mer Noire en bateau et maintenant remontent le Mékong ! Peu de vélos peuvent en dire autant... Le capitaine du bateau lance le moteur du navire et nous voilà partis pour le village de Pak Beng.

Le trajet dure presque une journée à contre-courant. Pendant de longues heures, nous pouvons admirer toute la beauté du Mékong et de cette région. L'environnement est assez hostile avec ses montagnes, sa jungle si bien que très peu d'habitations se trouvent le long de notre remontée. Nous croisons aussi peu de bateaux. Je me laisse peu à peu absorber par les choses. Khanh Nguyen est assise juste à côté, sa tête sur mon épaule. Le temps se dilate encore une fois. Et puis il y a le coucher du soleil juste avant notre arrivée à Pak Beng. Les montagnes rougeoient de leur plus beau rouge. Les oiseaux du soir se mettent à chanter. Et puis le bateau accoste et tout s'arrête. Tank et Monster sont toujours bien là. Le village de Pak Beng se situe bien à cinquante mètres plus haut par rapport au Mékong. Il va nous falloir tout pousser sur une pente aussi raide que le nez de Cléopâtre. Il nous faudra plusieurs aller-retours et beaucoup de sueur pour atteindre l'entrée du village. Pour cette nuit, il y a l'embarras du choix pour trouver une chambre. Nous prenons une chambre tout à fait correcte à dix dollars pour une nuit... elle aussi tout à fait correcte.

Avec un grand sourire et beaucoup de forces nous entamons nos derniers trois cents kilomètres avant le Vietnam. Il devra nous falloir deux jours pour arriver à Muang Xay où nous sommes censés retrouver nos deux amis belges : Eef et Stef. La route *2W* est incroyablement calme et paisible. Au grand maximum, nous croisons une voiture toutes les heures. Perdus entre la Thaïlande, la Chine et le Vietnam, nous avalons facilement les kilomètres. Il y a régulièrement des sortes d'abris construits en bois où nous pouvons nous reposer le temps d'une sieste ou du déjeuner. Les cours d'eau sont nombreux et plusieurs fois nous nous baignons avec les gens du village. Je commence, puis c'est le tour de Khanh Nguyen. Les enfants sont toujours amusés de nous voir partager leur ritournelle quotidienne. Il y a une curiosité mais toujours une distance qui est gardée entre eux et nous. Nous nous côtoyons sans vraiment nous rencontrer.

Après cent-quarante kilomètres, nous arrivons finalement à Muang Xay. On peut difficilement faire pire en termes de ville. C'est un carrefour routier qui mène vers la Chine toute proche. Muang Xay est bétonnée, industrialisée et absolument tout est écrit en chinois. Durant ces derniers jours, le Coronavirus occupe tout l'espace médiatique et la ville est comme dépeuplée. Il y a quelques Chinois qui tiennent encore comme ils peuvent leur magasin, mais la majorité des commerces sont fermés avec leurs grands rideaux de fer déroulés jusqu'en bas. J'appelle Eef et Stef pour savoir où ils en sont : ils sont en retard d'un jour sur le planning. Nous ne nous voyons pas passer plus d'une nuit dans cette horreur de ville et leur proposons de les rejoindre un peu plus loin sur la route : à Muang Khua. Pour cette nuit, ce sera un hôtel sordide comme on peut trouver dans ces villes secondaires chinoises. Nous osons à peine enlever nos vêtements avant de nous glisser sous les draps.

〜

Quitter Muang Xay est un soulagement. Outre l'aspect sordide de cette ville, la menace du Coronavirus se fait de plus en plus pesante. Sachant que la ville est composée à 90 % de Chinois qui transitent et commercent régulièrement avec les provinces chinoises toutes proches, mieux vaut ne pas trop s'éterniser ici.

À la sortie de Muang Xay la route redevient calme et sereine. Les montagnes et les fleuves reprennent leur droit. Tous les enfants continuent de nous saluer avec leurs fameux « bye-bye ». Je me sens mieux. Nous passons une nuit sous la tente le long de la douce rivière Nam Phak avant d'arriver à Muang Khua. Muang Khua est un village somnolant situé à la rencontre du fleuve Nam Ou et de la rivière Nam Phak. Un impressionnant pont suspendu relie les deux parties du village. C'est de l'autre côté que nous trouvons une chambre pour la nuit et avec une vue imprenable sur le pont et la rivière. Eef et Stef arrivent finalement un jour plus tard et nous retrouvent de l'autre côté du pont. Ils semblent tous les deux en grande forme. Nous tombons tous d'accord pour repartir le lendemain matin vers le Vietnam. Il reste seulement cent kilomètres pour arriver à la frontière...

Les derniers cent kilomètres pour le Vietnam ne sont pas les plus simples avec d'importants reliefs à franchir. Nous croisons aussi nos premières voitures qui possèdent une plaque d'immatriculation vietnamienne ! Je commence à sentir la réalité vietnamienne qui devient presque tangible. Un autre indice se dresse sur notre route : une borne rouge et blanche sur laquelle il y a écrit : « Hanoi », la capitale du Vietnam ! Et au-dessus il y a écrit « 512 KM ». Nous ne sommes définitivement plus très loin... Eef et Stef roulent à notre rythme, grimpent et descendent les montagnes avec nous. Nous pourrions passer la frontière aujourd'hui, mais nos visas vietnamiens ne sont valides que le lendemain... Il va nous falloir passer la nuit quelque

Avec Eef et Stef avant de passer la frontière, Laos

part à proximité de la frontière.

Trouver un endroit pour cette nuit est difficile. Nous sommes en altitude et les falaises escarpées laissent peu de place pour un endroit propice où poser sa tente. Après de longs kilomètres de recherche, je repère une échelle en bois qui mène à un endroit surélevé. Il est impossible de voir ce qui s'y passe depuis la route. Je crie à Khanh Nguyen, Eef et Stef de s'arrêter et je vais voir en éclaireur si l'endroit peut convenir pour ce soir. Je monte l'échelle en bois et découvre un endroit parfait pour camper : c'est plat, il y a peu de pierres et des buissons nous abritent de la route. Personne ne pourra nous repérer ici. Du haut de mon royaume, je fais signe à tout le monde que c'est bon. Monter les vélos et toutes nos sacoches à bout de bras vaut la peine. L'endroit convient à tout le monde. Ce sera donc notre dernière nuit avant le Vietnam après dix mois passés sur les routes. Cela me semble tout à fait irréel... nous y sommes presque !

Nous passons notre dernière soirée hors du Vietnam avec nos deux amis belges : chacun raconte ses histoires, ses anecdotes de voyage, sa vie d'avant et sa possible vie d'après. Le soleil est presque couché lorsque chaque duo rentre dans sa tente. Je m'allonge à côté de Khanh Nguyen, ma femme, ma belle moitié avec qui je vis mon rêve. Je lui murmure :

— Tu ressens quoi tout au fond de toi ? Demain, on sera au Vietnam !

— Je ne sais pas trop. J'ai l'impression qu'avec tous nos passages dans les médias, dans les journaux, à la télé, on ne va pas pouvoir pédaler tranquillement... Que notre voyage n'en sera plus vraiment un. Et puis ma famille est encore loin de nous... Il nous faut pédaler encore presque deux-mille kilomètres pour arriver à Saigon. C'est encore loin... dit Khanh Nguyen en me fuyant un peu des yeux.

— Mais c'est super justement que plein de gens nous attendent sur tout notre parcours du Nord au Sud du Vietnam, réponds-je à Khanh Nguyen en lui prenant la main ! Il va y avoir plein de belles personnes à rencontrer je suis sûr. Ça veut dire qu'on a fait quelque chose de différent, qui sort du commun... Et tu vas voir, très vite on sera de retour chez ta famille.

— Je préférais pédaler de façon anonyme, rien que tous les deux, On n'a pas besoin de crier sur tous les toits ce que qu'on est en train de faire...

— Je suis d'accord avec toi. Mais c'est aussi ce qui nous a fait tenir tout le long. Sans les réseaux sociaux, sans les médias, on n'aurait pas pu rencontrer Amin en Iran par exemple. On n'aurait pas reçu tous ces messages de soutien qui nous ont fait tellement de bien dans les moments si difficiles. On aurait abandonné de manière anonyme oui, sans que personne ne le sache. Et puis comment récolter des dons sans un minimum de notoriété ? Sans *Facebook*, *Instagram* et les médias la cagnotte serait restée proche de zéro.

— C'est vrai... je sais... C'est juste que j'aimerais garder cette intimité qu'on a tous les deux. Que l'on redevienne des choses *confidentielles*.

— Le voyage se terminera et on retombera dans l'anonymat le plus total, tu verras. Il restera juste ces souvenirs, ces grands souvenirs passés ensemble de la France au Vietnam. De chez moi à chez toi. »

Après ces quelques mots échangés lors de notre dernière nuit en-dehors du Vietnam chacun s'endort bien vite. J'entends Eef et Stef dans la tente d'à côté qui se retournent et cherchent chacun une position afin de pouvoir bien dormir cette nuit. Puis, c'est le grand silence.

Notre compteur kilométrique, lui, en est à 14 000 kilomètres pour 13 384 dollars collectés. Le compteur de dons entame enfin sa remontée sur celui des kilomètres ! J'espère plus que tout que nous arriverons à atteindre ces 16 000 dollars pour les enfants de *Poussières de Vie*.

Chapitre 24

Nord du Vietnam :

retour parmi les rizières et le Coronavirus

Compteur Kilométrique : 14 010 à 15 013 km

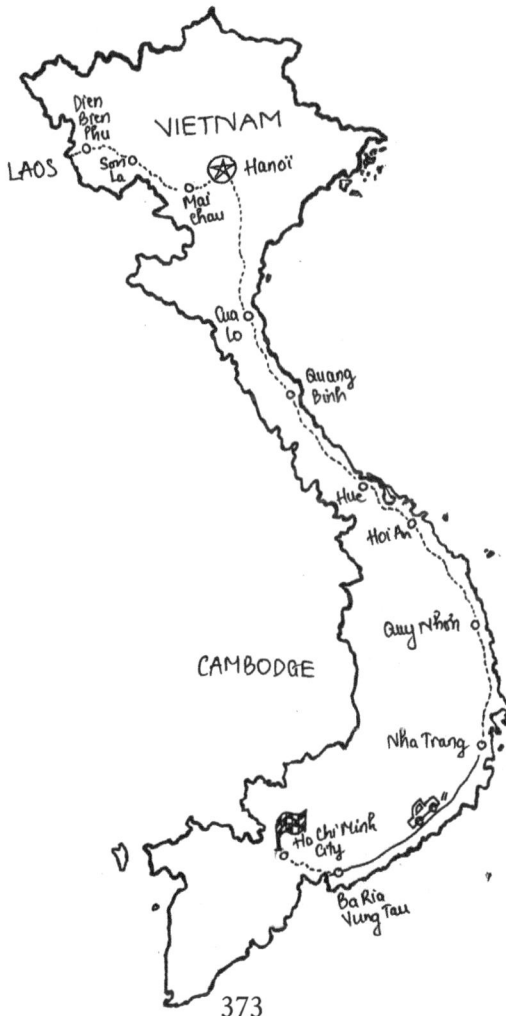

Le petit jour se lève une dernière fois pour nous en-dehors du Vietnam. Lorsque je dors sous la tente, je ne sais pas pourquoi, mais c'est toujours un soulagement de se réveiller en vie à côté de Khanh Nguyen. Je constate que tout est encore là : les vélos, nos sacoches, mon portefeuille... Rien n'a bougé. Eef et Stef sont déjà réveillés et commencent à ranger leur matériel. Je laisse le temps à Khanh Nguyen d'émerger et commence à préparer le petit-déjeuner : des flocons d'avoine, des mangues et des bananes coupées en morceaux. Stef prépare du café de son côté.

Et puis c'est l'heure de repartir. Encore quelques kilomètres et la frontière se présente enfin devant nous. Un grand panneau bleu indique le Vietnam et nous prenons immédiatement la pose devant pour immortaliser l'instant. Je place ma caméra, enclenche le retardateur et nous voilà tous les quatre ensemble juste avant de rentrer au Vietnam. L'officier laotien tamponne rapidement nos passeports puis il y a une longue zone intermédiaire à traverser pour arriver au poste-frontière du Vietnam. De larges affiches alertent le voyageur concernant le Coronavirus. Un officier prend notre température et il nous faut indiquer avec précision notre parcours des derniers jours. Un agent de l'Immigration vietnamienne vient parler à Khanh Nguyen : « Oh, mais vous êtes *Non La Project* ! Je vous ai vus hier à la télé. Je suis tellement surpris de vous voir passer par cette frontière, je pensais vraiment que vous entreriez au Vietnam par ailleurs... »

En discutant avec l'agent de l'Immigration, il semblerait que la situation soit maîtrisée au Vietnam. Les quelques cas qui ont contracté le vilain virus ont été mis en quarantaine ainsi que tout leur quartier. Nous recevons néanmoins de nombreux messages de la part de nos amis ou de la famille qui nous mettent en garde ou nous incitent à mettre un masque. La situation devient tout de suite un peu plus pesante, mais je sais que, comme d'habitude, nous ferons avec.

La route est en piteux état pour arriver à Dien Bien Phu. Elle n'est pas entretenue, cabossée, poussiéreuse. Chacun couvre sa bouche pour ne pas inhaler toute cette poussière. Et puis, à mesure que nous perdons de l'altitude, les belles rizières si caractéristiques du Vietnam se dévoilent enfin devant nos yeux. Aménagées par la main de l'homme en terrasses, elles sont d'un beau et vif vert qui accompagne le mouvement du vent. Les chapeaux *Non La* sont désormais partout, presque tous les paysans en portent un. Les deux que nous transportons depuis la France doivent se sentir moins seuls maintenant !

Nous passerons la nuit à Dien Bien Phu. Dien Bien Phu, cela résonne comme un mauvais souvenir pour un Français et comme une grande victoire pour un Vietnamien. Une sale guerre à cheval entre 1953 et 1954 qui sonne le glas de la présence française en Indochine. Nous ne nous en rendons pas toujours compte en tant que vivants, mais tous les territoires que nous traversons sont jonchés de morts, de guerres, de meurtres et de violence. Dans nos sociétés modernes et occidentales, la mort est quelque chose qu'on n'ose regarder en face. Il faut vite faire son deuil, cultiver son éternelle jeunesse. Alors que nous pédalons devant le gigantesque monument aux morts de Dien Bien Phu, je repense aux Maximes de la Rochefoucauld :

« Le soleil ni la mort ne se peuvent regarder fixement. »

Durant quelques jours, nous allons jouer les guides touristiques et culinaires pour Eef et Stef. C'est un vrai bonheur de retrouver la cuisine vietnamienne avec toute sa diversité, sa fraîcheur, mais aussi de savourer un *ca phê sua da*[1]. Nos deux amis belges sont très rapidement impressionnés par les saveurs vietnamiennes et pour un prix plus que raisonnable. Au Vietnam, on paye en dong. Sur tous les billets figure le visage du père de la nation : l'oncle Ho Chi Minh. Un dollar vaut environ 23 000 dongs...

---

1 Café vietnamien avec du lait concentré et de la glace

J'ai l'impression d'être de retour en Iran avec son taux de change démentiel entre le rial et le dollar. Un bol de Pho[1] ici coûte environ 30 000 dongs soit... un peu plus d'un dollar. Et c'est un repas complet ! Le Vietnam est donc un paradis culinaire pour tout cycliste qui se respecte.

Nous reprenons la route à travers les montagnes du Nord-Ouest du Vietnam. Dans cette région, il y a une majorité de membres de la minorité des Thai. Les femmes de cette minorité sont facilement reconnaissables : lorsqu'elles sont mariées, elles portent un imposant chignon qui trône bien au-dessus de leur tête. Pas vraiment pratique quand il s'agit de mettre un casque de moto... Les Thai possèdent généralement de grandes maisons faites de bois et de bambou. Dans la région de Dien Bien Phu, ils cultivent beaucoup le riz. Toute la journée, nous croisons de grands groupes bien occupés à entretenir leurs rizières. J'aperçois souvent ces hauts chignons qui émergent parmi les pousses de riz.

Les températures avoisinent les vingt degrés Celsius ce qui est parfait pour affronter tous les cols que nous avons à conquérir. Khanh Nguyen a des jambes de feu pour affronter n'importe quelle difficulté. Elle grimpe désormais avec plaisir le moindre col. Quelle métamorphose comparé au tout début du voyage et nos premiers reliefs en France... Eef et Stef sont de parfaits camarades de route et toujours prêts à discuter de tout et de rien durant ces longues journées à toujours avancer. Il est facile de s'arrêter quand nous le souhaitons pour déjeuner, acheter des fruits, du pain... Il faut dire qu'au Vietnam, il y a des gens absolument partout, même dans les montagnes. Cela tranche net avec le Laos où nous croisions peu de monde durant la journée. Il va nous être plus difficile de camper dans la nature. Et puis nous connaissons déjà certains mauvais côtés du Vietnam : la majeure partie de la population est honnête et adorable, mais il existe toujours une petite minorité de voleurs qui sont remarquablement doués pour vous voler vos biens et en particulier durant la nuit. J'ai trop entendu d'histoires de cyclistes qui se sont fait voler leurs affaires voire même leur vélo durant la nuit alors qu'ils dormaient tranquillement sous leur tente au Vietnam. Avec

---

1 Soupe de nouilles vietnamienne avec du bœuf

Les rizieres viètnamiennes, Dien Bien Phu, Vietnam

Passage du col de Pha Din, Vietnam

Khanh Nguyen, nous avons donc pris la décision de ne pas camper sauf si nous n'avons pas le choix...

La route continue de grimper, mais la bonne humeur de notre éphémère petit quatuor et les paysages somptueux gomment presque complètement notre fatigue. Après une longue journée, nous arrivons dans la ville de Tuan Giao. C'est ici que nos chemins vont se séparer avec nos deux amis belges. Ils vont continuer vers le nord pour Sapa alors que nous allons filer vers l'est pour Hanoi. Nous trouvons deux chambres dans un hôtel bien communiste du centre de la ville. Un dernier *ca phê sua da* tous les quatre le matin et il est temps de nous dire au revoir. Nous nous prenons dans les bras et je leur dis qu'ils sont les bienvenus lorsqu'ils arriveront à Saigon. Ils prévoient d'y être quelques semaines après notre arrivée.

Les deux Belges vers le nord, les deux Franco-vietnamiens vers l'est. Nous reformons, encore une fois, notre duo vers l'inconnu. Eef et Stef sont nos derniers compagnons de route de tout le voyage. À peine les avons-nous quittés que nous entamons le dernier grand col au-dessus de 1 500 mètres de l'aventure. C'est le fameux Col de Pha Din et ses 1 648 mètres d'altitude. La route est absolument déserte. Le vent et les nuages s'accumulent. Heureusement, la pluie n'est pas au rendez-vous. Je me surprends même à avoir froid à cette altitude. C'est bien la première fois depuis l'Inde du Nord-Est... Les locaux ne sont pas très aimables avec nous. Un type à moto se moque même de Khanh Nguyen en lui criant en vietnamien « Tu es trop lente, vas plus vite. Allez ! »... Facile à dire depuis sa moto et avec son ventre à bière !

Après une bonne heure à grimper nous atteignons le haut du col et nous nous retrouvons parmi les nuages. Le vent souffle toujours aussi fort. La descente commence enfin : le froid et l'humidité me font grelotter. Pour ce soir, nous nous arrêtons dans une sorte de motel à 10 dollars la nuit. Nous sommes les seuls clients. La chambre est humide mais relativement propre. Pour le dîner, il est possible d'avaler un grand bol de Pho Ga[1]. La soupe chaude me redonne des forces et du moral ; je vois que Khanh Nguyen

1 Soupe de Nouille avec du poulet

378

aussi. Avant de me coucher, je consulte nos messages : il y a beaucoup de sollicitations de journalistes pour des interviews, des plateaux télé... J'en discute avec Khanh Nguyen et nous décidons de ne faire qu'une émission télé à Hanoi et un petit événement dans un café dans la capitale avec ceux qui nous suivent régulièrement sur *Facebook* et *Instagram*. Nous choisissons l'émission de télé « *Talk Vietnam* » qui a le mérite d'être un format long de quarante-cinq minutes et en anglais. L'équipe télé nous attendra pour notre entrée dans Hanoi. Nous éteignons nos téléphones et nous nous blottissons fort l'un contre l'autre afin d'affronter la nuit et sa fraîcheur.

Les villes et les villages défilent : Son La, Moc Chau puis Mai Chau. Nous sommes surpris par le très faible nombre de visiteurs ou de touristes dans ces endroits si prisés d'habitude. Le Coronavirus fait les gros titres en ce moment et beaucoup de voyageurs annulent ou reportent leur voyage. Nous pouvons donc profiter presque pour nous seuls des plantations de thé à perte de vue de Moc Chau et des rizières verdoyantes de Mai Chau. Plusieurs fois, des passants qui nous ont reconnus s'arrêtent pour nous saluer et prendre une photo avec nous. La route continue : Muong Khen puis Hoa Binh. Nous ne sommes plus bien loin de Hanoi.

Pour le petit-déjeuner : c'est Banh Mi[1] ou Xôi[2] et toujours accompagnés d'un café vietnamien ! Il nous est très facile de trouver des fruits sur la route : ananas, bananes, pomelos, oranges... Nous achetons un beau pomelo avant de commencer à rentrer dans Hanoi, la capitale du Vietnam. Avec ses huit millions d'habitants, il nous faut éviter l'heure de pointe afin de ne pas nous retrouver bloqués des heures dans ses bouchons. Nous faisons donc notre entrée dans la banlieue de Hanoi un peu après dix-heures du matin. Le trafic est raisonnable mais nous devons faire toujours attention à ces gros camions pour qui nous sommes des petits êtres invisibles, des parasites. Je

1 Sandwich vietnamien
2 Riz gluant saupoudré d'oignons frits et de poulet

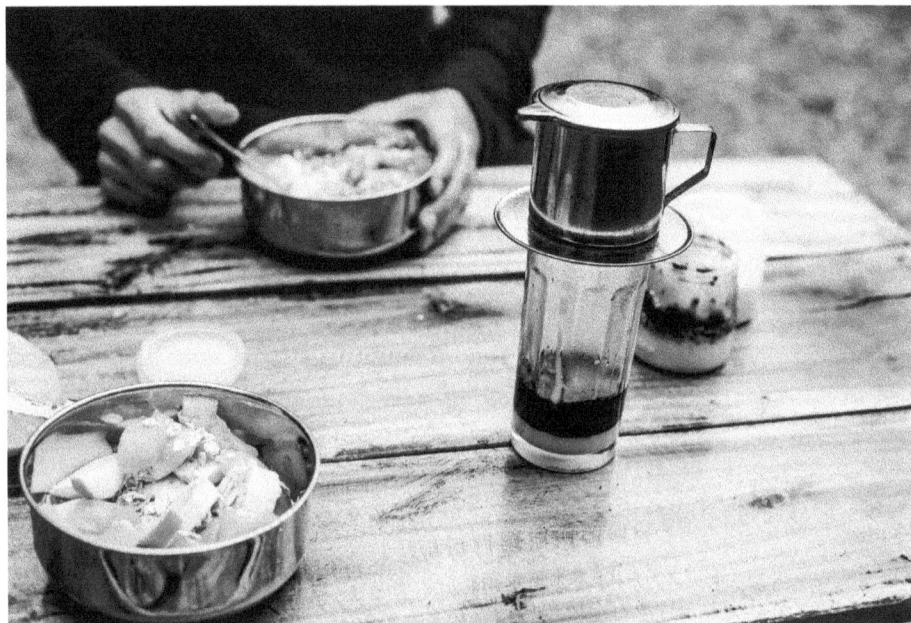

Petit déjeuner de luxe, Moc Chau, Vietnam

Khanh Nguyen et les rizières vietnamiennes, Moc Chau, Vietnam

fais toujours en sorte de m'en éloigner au maximum.

Nous rejoignons finalement Hanoi et suivons sa grande avenue, Nguyen Trai. Les motos sont présentes par milliers, mais nous avons gardé nos réflexes de conducteurs d'avant le voyage. J'adore ce jeu qui consiste à se faufiler parmi les voitures et les scooters, de choisir la trajectoire la plus efficace. Je me faufile comme un petit poisson qui se doit d'éviter les gros. À proximité du centre de Hanoi, je reçois un appel de la directrice du show « *Talk Vietnam* ». Elle s'appelle Trang et parle un peu le français : « Nous vous attendons devant l'Opéra de Hanoi. Nous ferons quelques plans de vous dans Hanoi et aussi une courte interview avant notre émission en plateau dans trois jours ». Le quartier de Hanoi conserve encore de très beaux bâtiments français dont l'Opéra. Trang et toute son équipe nous accueillent chaleureusement.

On nous demande de mettre nos fameux *Non La* sur la tête et de pédaler autour de l'Opéra de Hanoi. Puis, un caméraman nous suit sur quelques kilomètres jusqu'au lac de Tay Ho. Je vois que Khanh Nguyen est fatiguée et accepte mal de faire des kilomètres en plus pour l'émission. Je m'en veux de ne pas avoir clarifié en amont quel serait le programme avec Trang. J'essaye tant que je peux de faire passer la pilule à Khanh Nguyen en lui assurant que c'est bientôt fini et que cela nous fera de beaux souvenirs ! Elle fait un peu moins la tête...

L'équipe de télé multiplie les plans avec nous, nous pose plein de questions sur Tank et Monster, sur notre aventure. Cela prend bien deux heures et se termine avant que Khanh Nguyen ne craque totalement. Trang nous donne rendez-vous dans trois jours sur leur plateau. Il n'y aura pas de public cette fois-ci, Coronavirus oblige.

Nous passons alors quelques jours à Hanoi le temps de faire réviser Tank et Monster pour la dernière partie du voyage. Pas grand-chose à signaler... Ils sont aptes à finir l'aventure. Quelle endurance ! Nous sommes hébergés le temps de notre séjour par Kien, un jeune ingénieur qui nous suit depuis longtemps sur *Facebook*. Il dispose d'un appartement dans le centre de Hanoi dans lequel il nous accueille volontiers. Nous avons vraiment beaucoup de chance d'avoir été accueillis dans presque toutes les grandes villes que nous avons traversées durant cette année sur les routes. Des gens adorables comme Kien ont été inspirés par notre aventure solidaire à deux et veulent apporter leur pierre à l'édifice. C'est une belle leçon pour Khanh Nguyen et moi : suivre sa grande passion et aider les autres crée une sorte de cercle vertueux où beaucoup de personnes, même de parfaits inconnus, sont prêts à vous soutenir à leur échelle et sans limites. Nous en avons été les grands témoins dans tous les pays que nous avons traversés.

Avant d'aller nous coucher ce soir, je regarde les informations : tous les cas de Coronavirus ont été identifiés et isolés. Il n'y a plus de contagion durant ces derniers jours. C'est bon signe pour la suite du voyage.

⌒⌒

C'est enfin le jour du tournage de l'émission *Talk Vietnam*. Nous avons rendez-vous à neuf heures au siège de VTV, la grande chaîne nationale vietnamienne. Les gardiens nous laissent rentrer avec Tank et Monster qui seront avec nous sur le plateau de *Talk Vietnam*. Khanh Nguyen a le droit à sa séance maquillage... pas moi. Je n'en ai pas besoin apparemment ! L'émission est enregistrée ce qui nous évite le stress du direct. La présentatrice prend le temps de comprendre nos trajectoires et qu'elle mouche nous a piqué de partir si longtemps et si loin. Cela me fait un peu bizarre de dresser une sorte de bilan alors que nous ne sommes pas encore vraiment arrivés : « L'erreur serait de croire que nous avons déjà terminé... il nous reste une longue route jusqu'à Saigon. Tout peut encore arriver ».

Les quatre-vingt-dix minutes d'interview qui seront montées en quarante-cinq minutes d'émission passent rapidement. J'ai la sensation que l'émission sera de qualité : nous avons eu le temps de partager notre état d'esprit et ces moments qui comptent tant pour nous. Nous avons parlé longuement de Reza, de Zahra et des Qashqai en Iran. Ces souvenirs sont encore si vivaces en nous qu'il est facile de les déplier et de les exprimer à autrui en choisissant les mots qu'il faut. Et puis la présentatrice nous remercie ainsi que tous les spectateurs à venir. Nous remercions à notre tour chaleureusement Trang et toute l'équipe de nous consacrer toute une émission et pour la qualité de leurs questions. L'émission sera diffusée après notre arrivée à Saigon.

Il nous faut désormais traverser de nouveau Hanoi avec Tank et Monster pour rejoindre un café local où nous avons prévu une présentation devant une trentaine de personnes. Ces personnes, pour la plupart, nous suivent depuis très longtemps sur les réseaux sociaux. Nous sommes limités en nombre, toujours à cause du Coronavirus. Les rencontrer est un moment fort pour nous. Le virtuel se matérialise enfin en réel : nous ne sommes plus des pseudos ou des images les uns pour les autres. Durant une heure, nous leur présentons des images et des vidéos des moments forts du voyage. Je passe aussi du temps sur cette terrible expérience en Iran avec le militaire, sa kalachnikov et le pervers avec son harcèlement sexuel. Alors que je raconte cette histoire, je vois certains visages sur lesquels je peux lire un certain effroi. Je m'empresse de nuancer et de dire que cela ne représente en rien le voyage... que ce voyage a été jusqu'à maintenant sous le signe de la bienveillance et d'une relative sécurité. Il y a des rires lorsque nous racontons la nuit d'orage sous la tente en Bulgarie ou lorsque le petit âne, Bourriquet, nous a suivis sur des kilomètres dans les montagnes iraniennes. Le courant passe bien entre nous tous !

Certains viennent nous voir à la fin en nous disant qu'ils veulent aussi un jour partir sur les routes : à moto, à vélo ou en stop. C'est un sentiment très fort lorsque quelqu'un vient vers vous pour vous dire que vous l'inspirez, que vous lui donnez de la force pour suivre ses propres rêves. Vingt-deux heures passées et il est temps pour chacun de rentrer chez soi. Le départ pour nous est prévu demain matin à six heures direction plein sud. Nous prévoyons de longer la côte jusqu'à Saigon. En théorie, nous aurons au menu peu de reliefs, les plages et la mer.

Enregistrement de l'émission Talk Vietnam, Hanoi, Vietnam

Rencontre avec nos "fans", Hanoi, Vietnam

Nous quittons Hanoi tôt le dimanche matin en direction de Ninh Binh. J'aime Hanoi avec ses grandes allées bordées de grands arbres. Il y a quelque chose de particulier et de singulier qui se dégage de cette ville avec tous ses marchands ambulants qui transportent leurs fleurs, leurs légumes et leurs fruits. Partir le dimanche se révèle un bon choix : il y a très peu de circulation. Après quelques heures, plutôt que de suivre la route principale, nous suivons des routes secondaires qui suivent le tracé des canaux. Ce sont les canards les rois ici. Ils sont partout et par dizaines de milliers. Les buffles aussi sont bien présents.

Nous avons définitivement notre petite notoriété au Vietnam. À chaque fois que nous nous arrêtons pour nous ravitailler en fruits et en eau, les vendeurs nous reconnaissent : « On vous a vus hier à la télé ! » Sur la route, à plusieurs reprises durant la journée, des motos roulent à côté de nous puis le conducteur s'adresse à Khanh Nguyen : « Vous êtes les *Non La* ! C'est incroyable...de la France au Vietnam à vélo ! Comment c'est possible ? ». Je sais que cette éphémère notoriété ne durera qu'un temps alors j'en profite tant qu'elle est là sans trop m'y attacher.

Tout se passe pour le mieux jusqu'à la ville de Cua Lo, située à 280 kilomètres au Sud de Hanoi. Le temps est maussade et la mer grise, comme si elle entrait en résonance avec les bas nuages. À Cua Lo, c'est Danh et sa famille qui nous accueillent. Danh nous suit sur *Facebook* et son rêve, c'est de parcourir un jour le monde à vélo. Alors, quand il a su que nous passerions par Cua Lo, il nous a invités chez lui pour une ou deux nuits. Quelques kilomètres avant d'entrer à Cua Lo, je roule environ deux cents mètres devant Khanh Nguyen. Un type vraiment bizarre sur une moto arrive en face. Il ne roule pas vraiment droit et semble ne pas trop savoir où il veut aller. Il m'aperçoit et une fois qu'il m'a dépassé fait demi-tour et me fonce dessus. Je commence à m'inquiéter pour mon sort : va-t-il tenter de m'agresser ou de me voler quelque chose ? J'aperçois Khanh Nguyen au loin qui, elle, n'est pas en danger. J'accélère frénétiquement et tente de mettre un peu de distance entre le motard et moi. Il me fait des grands signes pour que je m'arrête et vocifère des choses incompréhensibles. Le motard, à l'aide de sa moto, me serre alors contre le côté droit de la route si bien qu'il me bloque contre la rambarde métallique. Aucune échappatoire possible : je le regarde et me rends compte qu'il est complètement bourré. Il tient à peine sur sa moto. Je m'assure qu'il n'a aucune arme dans les mains et descends de Tank pour l'utiliser comme barrière entre le motard ivre et moi. Il a dû trop forcer sur l'alcool de riz au déjeuner... Je fais des grands signes à Khanh Nguyen pour qu'elle lui dise en vietnamien de me laisser tranquille. Une fois arrivée, le type reprend un certain calme... me serre promptement la main puis repart plein gaz dans l'autre direction. Mon pouls fait encore les montagnes russes alors que l'ivrogne est déjà bien loin. J'espère juste pour lui qu'il rentrera chez lui sain et sauf. Je reprends mes esprits tout en tentant d'expliquer à Khanh Nguyen ce qui vient de se passer. Après quelques minutes, nous reprenons la route vers Cua Lo et la maison de Danh.

Danh habite chez ses parents. Toute la famille est de confession catholique, ce qui est commun dans la région de Nghê An où se trouve Cua Lo. Leur maison se situe à proximité d'une église et de sa statue de la Vierge Marie. Je téléphone à Danh pour lui dire que nous sommes bien arrivés devant chez lui. La porte s'ouvre et Danh vient à notre rencontre. Il est de nature timide et discrète. Je constate qu'il a une déformation au niveau de ses os ce qu'il fait qu'il ne se tient pas vraiment droit. Il est assez maigre et a de longs cheveux attachés avec un catogan[1]. Il a vingt-sept ans. Danh parle tout bas, comme s'il ne voulait surtout pas déranger, et il faut bien tendre l'oreille pour l'entendre. J'essaye de le mettre en confiance, me montre chaleureux et lui fais quelques blagues. Dans la maison, se trouvent ses parents ainsi que son grand-frère qui est cuisinier dans un restaurant au bord de la mer. À cause du Coronavirus, il n'y a plus de touristes en ce moment alors tout le monde est à la maison en attendant. Nous passons une journée avec Danh et sa famille. Danh est de condition et de consistance fragiles, mais il m'impressionne par sa détermination et

1 Nœud, ruban, élastique qui attache les cheveux sur la nuque.

sa volonté d'explorer le monde. Il a déjà à son compteur plusieurs voyages à vélo en Asie du Sud-Est. La famille de Danh est très conservatrice. Il ne lui a jamais avoué sa grande passion pour le vélo... Ils ne savent pas qu'il a traversé toute l'Asie du Sud-Est et ne saurons sûrement pas qu'un jour, il traversera le monde.

Alors, pendant toute une journée, nous essayons de partager avec Danh toute notre expérience, nos conseils quant à la route à prendre, aux visas... Il hoche la tête, souvent. Il semble vouloir partir avec un budget très faible. Je lui conseille d'avoir un minimum vital pour se payer une assurance santé et accident en cas de pépin loin de chez lui. Il me fait un peu peur à vouloir partir la fleur au fusil compte-tenu de sa condition physique. D'une certaine façon, Danh force chez moi le respect. Tant d'éléments jouent contre lui mais il essaye de les terrasser, ces éléments, par sa volonté de fer, son rêve.

La route reprend pour Tank. Monster, Khanh Nguyen et moi. Nous souhaitons à Danh de pouvoir vivre pleinement son rêve et lui disons bien que nous sommes avec lui pour toute sa préparation vers son rêve malgré certains vents contraires.

Le climat, aujourd'hui, est assez lourd, les nuages sont bas et le ciel est toujours aussi menaçant. Durant toute la journée, je sens que cela ne tourne pas vraiment rond. Plusieurs personnes évitent de croiser mon chemin de manière évidente ou se mettent les deux mains devant la bouche lorsqu'ils m'aperçoivent. Alors que nous prenons une pause bien méritée pour le déjeuner, les clients d'une table située juste à côté de la nôtre changent soudainement de place pour s'installer plus loin... Je lance sur le ton de la rigolade à Khanh Nguyen :

— Ils pensent que j'ai le Coronavirus ou c'est mon odeur de transpiration ?

— Arrête d'être parano... Ce n'est rien contre toi, je pense. Ils ont peut-être quelque chose de confidentiel à se dire.

— Alors pourquoi aller dans un restaurant pour se le dire ?

Les kilomètres défilent : nous pédalons quatre-vingt-quatre kilomètres aujourd'hui pour arriver à la ville balnéaire de Thiên Câm située dans la province de Ha Tinh. L'endroit n'a pas grand intérêt, mais dispose de plusieurs hôtels pour la nuit. Khanh Nguyen suggère de demander à trois d'entre eux pour avoir un bon prix. À chaque fois, j'attends devant l'hôtel avec les vélos alors que Khanh Nguyen va demander seule quel est le prix pour une nuit. Le propriétaire de l'hôtel ne peut donc pas voir qui a la chance de l'accompagner pour ce soir. Le premier hôtel propose 300 000 dongs[1], le second 200 000 et le troisième 150 000 dongs.. Nous nous décidons de revenir au second et ses 200 000 dongs pour réserver une nuit pour ce soir. Cette fois, le propriétaire m'aperçoit et dit à Khanh Nguyen plein d'assurance : « Je suis désolé, je n'ai plus de chambre... La dernière vient d'être réservée. » Cela semble plutôt louche, car son hôtel est complètement vide de vie. Nous quittons l'hôtel en rouspétant et nous nous dirigeons vers le premier à 300 000 dongs la nuit. Même son de cloche de la patronne : plus de chambre disponible. Il nous reste le troisième à 150 000 qui ne nous plaît vraiment pas mais qui est le dernier choix disponible. Le propriétaire cette fois s'avance vers Khanh Nguyen pour lui donner l'excuse la plus bidon au monde : « Nous avons un mariage ce week-end et aucune chambre n'est malheureusement disponible. Je suis vraiment désolé. »

Le message est clair. Nous ne sommes pas les bienvenus à Thiên Câm. L'information de notre présence en ville a vite circulé. Peu importe que nous expliquions que nous sommes rentrés au Vietnam il y a plus de trois semaines et que nous avons donc dépassé les quinze jours de période d'incubation du Covid-19... personne ne veut rien entendre. La psychose a contaminé tout le pays depuis quelques jours depuis que des voyageurs sont rentrés au Vietnam avec le Coronavirus. Les journaux télévisés alertent en permanence la population et notamment sur les milliers de cas et de morts en Europe. L'équation devient désormais claire :

1 Environ onze euros

"un Européen = le coronavirus". En moins de quarante-huit heures nous passons donc du statut de petites célébrités locales qui passent à la télé au statut moins enviable de pestiférés. La chute est rude et plutôt brutale.

Nous prenons la décision de nous rendre au poste de police le plus proche pour faire part de notre situation. Un jeune policier qui a la vingtaine nous demande nos passeports, vérifie notre date d'entrée sur le territoire. Khanh Nguyen lui explique simplement la situation : nous n'avons nulle part où dormir. Nous lui demandons donc si nous pouvons installer notre tente pour ce soir dans la cour attenante au bâtiment de police. Il nous rit littéralement au nez : « Mais vous n'y pensez pas une seconde ! Je vais vous trouver un hôtel sans problème. Suivez-moi ! » Il enfourche sa Honda et nous le suivons sur quelques mètres pour arriver… à l'hôtel dont le propriétaire n'avait finalement plus de chambres à cause du prétendu mariage de ce week-end. Il ne doit pas vraiment comprendre ce qu'il se passe, le propriétaire, en nous voyant revenir avec le policier. Le policier lui parle quelques secondes et puis le propriétaire concède : « Ha… j'ai peut-être finalement une chambre de libre. Laissez-moi vérifier. » Je suis soulagé et je vois que Khanh Nguyen aussi, mais notre joie est de très courte durée. Le jeune policier vient de recevoir un appel, discute quelques instants puis raccroche. Il s'avance vers nous le visage fermé et nous lance :

— Je viens de recevoir un appel de mes supérieurs. Vous ne pouvez pas rester dans notre ville ce soir…

— Mais, il fait déjà nuit ! Et la ville la plus proche est à plus de trente kilomètres. Vous ne pouvez pas nous aider ? lui réponds-je la voix teintée de colère.

— Non, désolé. Nous ne pouvons rien faire pour vous. »

C'est bien la première fois de tout le voyage qu'un policier refuse catégoriquement de nous aider. Pas le choix : il va falloir camper pour ce soir. Avant d'arriver à Thiên Câm, je me rappelle avoir vu une sorte de terrain sableux avec quelques arbres pour nous cacher. C'est notre seule chance. Je fais signe à Khanh Nguyen d'y aller maintenant et vite. Le temps presse et il va bientôt faire nuit noire. Nous traversons la ville à toute vitesse. Sur notre passage, des enfants crient et nous jettent des « Corona !

Corona ! » Drôle d'ambiance.

En quelques minutes, nous sortons de la ville et nous nous arrêtons à proximité de la zone que j'avais repérée. Il y a encore quelques voitures et des motos qui circulent. Il faut attendre le moment où personne ne peut nous voir pour pouvoir nous engouffrer parmi les buissons et la nuit. Plus de halo de lumière qui vient vers nous : c'est bon ! Je fais signe à Khanh Nguyen et nous nous précipitons vers les buissons. Personne ne semble nous avoir vus. Nous nous cachons tous les deux derrière un arbre et attendons quelques minutes le temps de récupérer notre souffle. Quelle situation impensable encore ce matin... Revenir au Vietnam devait être synonyme de retour à la maison. J'ai l'impression que nous sommes deux fugitifs en cavale : *Bonnie and Clyde* à bicyclette.

Nous installons la tente et tout notre matériel dans le plus grand silence possible. J'attends une bonne heure en-dehors de la tente histoire de bien m'assurer que personne ne rôde autour de notre petit chez-nous. Cédant à la fatigue, je rentre et m'allonge à côté de Khanh Nguyen. Elle décide de ne surtout pas prévenir ses parents concernant ce qu'il nous arrive pour ne pas les inquiéter... Ils ne pourraient même pas fermer l'œil de la nuit s'ils savaient que nous dormions sous la tente au Vietnam. Pour nous, la nuit promet finalement d'être assez tranquille et je m'endors sans peine.

Au petit matin, il est temps de repartir. La nuit fut étonnement paisible. Une fois installées nos sacoches sur Tank et Monster, nous repartons. À peine quelques coups de pédales et j'ai une sensation bizarre : j'ai crevé à l'arrière. La journée commence bien ! Il me faut cinq minutes pour retirer la roue, changer la chambre à air, remettre la roue et regonfler le tout.

J'ai l'impression de pédaler avec une grosse boule au ventre. Comme si tout autour de moi m'était hostile. J'en perds même l'envie, le plaisir de pédaler. Khanh Nguyen, elle, a un peu plus le moral. Désormais, dès

Nuit improvisée sous la tente, Thiên Câm, Vietnam

De l'Atlantique au Pacifique, Ha Tinh, Vietnam

qu'il s'agit d'acheter quelque chose : des fruits, des biscuits, de l'eau... c'est elle qui y va seule. Je reste à bonne distance histoire de ne pas effrayer les locaux. Ce qui est complètement absurde, puisque si j'ai le Coronavirus alors les chances que Khanh Nguyen, ma femme, l'ait aussi sont plus que réelles. Désormais, je porte en permanence un masque en tissu pour tenter de diminuer la peur chez autrui.

Une vieille dame en pyjama marche sur le trottoir et arrive en face de moi. Ce n'est que lorsqu'elle est à seulement un mètre de mon vélo qu'elle réalise que je suis un étranger. Elle se précipite pour bien mettre ses deux mains sur sa bouche et fait un ridicule détour pour m'éviter. Pour seule réponse, je l'imite et place mes deux mains sur la mienne en remuant la tête de gauche à droite.

Je continue de pédaler toute la journée avec cette grosse boule au ventre qui devient de plus en plus lourde à porter. Le soir même, l'enfer recommence. Nous continuons à faire le tour des hôtels qui nous refusent un à un. Plusieurs fois, on nous intime à travers la fenêtre de nous en aller. Nous trouvons finalement un hôtel qui nous accepte, mais dont le gérant me demande de ne surtout pas sortir de la chambre avant demain matin pour ne pas effrayer les autres clients... Nous nous plions à ses demandes et avons au moins un toit pour ce soir. C'est toujours cela de pris.

Aujourd'hui, nous avons franchi la barre des 15 000 kilomètres mais le cœur n'est pas vraiment à la fête Il nous reste un peu plus de 1 000 kilomètres à faire pour enfin arriver à Saigon. Seul réconfort du jour, les dons qui augmentent. Nous en sommes à 15 080 dollars récoltés. Ce qui veut dire que les dons repassent enfin devant les kilomètres ! Enfin une éclaircie qui transperce la pénombre.

J'éteins mon téléphone, ferme les yeux. Je me demande si cela vaut vraiment la peine de continuer. Si ce n'est pas mieux de s'arrêter là plutôt que de subir la situation sur encore plus de mille kilomètres. Je n'ose même pas en parler ouvertement à Khanh Nguyen... peut-être demain. Et si le voyage s'arrêtait là ?

Chapitre 25

Centre & Sud du Vietnam :
la fin, quelle fin?

Compteur Kilométrique : 15 013 à 15 950 km

Il fait déjà trop chaud en ce mois de mars dans la province de Ha Tinh et je me demande à quelle sauce nous allons être mangés aujourd'hui : sauce chili ou nuoc mam[1] ? Ce matin, Khanh Nguyen a appelé plusieurs hôtels pour ce soir pour savoir s'ils pourraient accepter un Français rentré sur le territoire vietnamien depuis plus de trois semaines. Nous ne recevons que des retours négatifs. Quel est le sens de continuer ? Pourquoi s'obstiner à pédaler ? Nous recevons plusieurs messages de la famille de Khanh Nguyen qui nous demande de nous arrêter, que c'est déjà très bien d'être arrivés au Vietnam, que nous n'avons plus rien à prouver.

Il devient de moins en moins acceptable de traverser le Vietnam à l'heure actuelle. On somme aux gens de rester chez eux, de limiter leurs déplacements. Et si nous attrapions le Coronavirus et que nous contaminions à notre tour toutes les personnes que nous rencontrions sur

---

1 Sauce vietnamienne à base de poisson

la route... Ce serait un scandale pas possible. Je nous vois déjà dans tous les journaux télévisés. La honte nationale. La famille de Khanh Nguyen ne s'en remettrait pas. Je sens les forces du désespoir en moi qui prennent le dessus sur le reste et je décide enfin de bien vider mon sac devant Khanh Nguyen :

— Viens, on s'arrête.

— Quoi ? Comment ?

— Tu m'as bien entendu. Nous n'avons plus aucun intérêt de continuer. Continuer ne peut nous apporter que du négatif : les Vietnamiens nous reprocheraient de nous entêter et si nous attrapions le Coronavirus, ce serait la catastrophe des catastrophes...

— Tu es bien sûr de ce que tu dis, de ce que tu veux ?

— On pourrait laisser Tank et Monster dans cet hôtel, prendre le bus pour Saigon et revenir une fois que tout sera passé.

— Mais le risque est le même ! Prendre le bus, c'est la meilleure façon d'attraper le virus. Et puis on est plus si loin du but. En dix jours maximum, si on pédale plus de cent kilomètres par jour, on arrivera à Saigon.

— Pense-bien à toutes les conséquences que cela pourrait avoir...

— Je veux continuer. Nous n'allons pas nous arrêter là après tout ce chemin. Nous avons vécu des choses beaucoup plus difficiles et nous avons continué... S'arrêter ici serait un échec. Je ne veux pas rester sur ce goût d'inachevé.

Je pensais, à tort, que Khanh Nguyen aurait aussi voulu s'arrêter, et même plus que moi. Je n'en reviens pas que ce soit elle qui tente de me convaincre de continuer. Comme un grand seau d'eau froide, notre échange me redonne de la force, il remet à leur place mes forces du désespoir. Je la regarde bien droit dans les yeux : « Ok, on a commencé ensemble, on termine ensemble. »

⌒〜⌒

Pour les dix prochains jours, il nous faut activer le mode *commando*, le mode survie. Nous envoyons tout d'abord un message sur nos pages

Facebook et *Instagram* demandant de l'aide à tous ceux qui nous suivent. Nous indiquons notre route pour les prochains jours et demandons qui pourrait être en mesure de nous accueillir : Dong Hoi, Dong Ha, Huê, Hoi An, Tam Ky, Quang Ngay, Quy Nhon, Tuy Hoa, Nha Trang...

Nous recevons en quelques heures des dizaines de réponses de la part d'amis et même d'inconnus. Parmi eux, des gérants d'hôtels qui se proposent de nous accueillir gratuitement. Ils comprennent notre situation, compatissent et ne tombent pas dans la folie aveugle et ambiante du Coronavirus. Nos petits cœurs se réchauffent avec tant de solidarité à notre égard. Nous pouvons le faire. Pendant presque dix jours, nous pédalons sans arrêt : on continue de nous éviter, de mettre sa main devant sa bouche quand on s'aperçoit que nous sommes des voyageurs... Mais, presque chaque soir nous savons que quelqu'un nous attend chez lui. Et cela, ça change tout. Pédaler chaque jour s'accompagne d'un but, d'une mission et d'une énergie à canaliser. Je voudrais tous les remercier chaleureusement, nos bienfaiteurs. Ils se reconnaîtront.

À part une nuit sous la tente dans la jungle au Nord de Quy Nhon, nous avons toujours un point de chute. Une fois, c'est un ami de la grande sœur de Khanh Nguyen, une autre un couple qui nous suit depuis longtemps sur *Facebook*. Ils savent qui nous sommes, comprennent ce que nous endurons. Certains nous conseillent d'arrêter, d'autres de continuer. Nous savons que nous jouons une course contre-la-montre avant que tout le Vietnam ne soit complètement confiné. Ce que je crains le plus c'est de tomber sur un policier local un peu trop zélé qui décide de nous arrêter et de nous mettre, à titre préventif, en quarantaine forcée.

Alors que nous sommes au Nord de l'ancienne ville impériale de Huê, c'est ce qui se passe. Nous roulons vers notre destination du jour alors qu'un policier avec son uniforme vert nous croise sur sa moto. Je le vois tiquer et s'arrêter net. Il fait ensuite demi-tour et se met à nous suivre. Je pense en mon for intérieur « C'est foutu, il va nous mettre en quarantaine... » Il continue à nous suivre sur quelques centaines de mètres, à notre vitesse. Je commence à préparer mon discours et ma liste d'arguments.

Et puis, du coin de l'œil, je vois qu'il s'arrête, consulte son portable. Une minute se passe et il est loin à l'horizon. Il va revenir, c'est sûr. Nous arrivons à un hôtel tenu par des sœurs catholiques pour ce soir. Je suis sûr que la police va débarquer, à la façon birmane. Mais rien ne se passe. Fausse alerte. Nous pouvons passer une nuit tranquille et continuer le lendemain.

Il fait chaud et très humide durant ces derniers jours. Il nous faut partir très tôt, boire beaucoup et prendre de longues pauses. Le long de la côte Pacifique, il y a quelques cols à franchir, dont le mythique col des nuages : le col de Hai Vân. Avec toutes nos montagnes et nos cols avalés durant un an, il ne représente pas un gros défi. Nous n'avons pas vraiment le temps de profiter des paysages, mais ils sont là : la mer, les dunes et parfois les rizières.

En une semaine nous pédalons plus de neuf cents kilomètres sans repos pour arriver au Nord de Nha Trang, une des grandes villes du Centre du Vietnam. Nous touchons presque au but ! Il reste quelques centaines de kilomètres pour arriver à Saigon. Encore une fois, le gérant d'un hôtel s'est proposé de nous accueillir. Seule condition préalable : s'enregistrer auprès de la police et nous faire prendre notre température. Le gérant, Tuân, nous écrit : « A quinze kilomètres de Nha Trang, appelez-moi. Je contacterai la police. » C'est ce que nous faisons. Nous attendons patiemment l'arrivée de la police sur un parking, à l'ombre de grands manguiers. L'attente se fait longue. Soudain, une ambulance débarque et s'arrête en face du parking. Ses occupants, en blouse blanche, ne semblent pas nous avoir vus. Ils sortent de l'ambulance avec leurs masques et poussent un brancard. Khanh Nguyen me chuchote : « Thibault, c'est vraiment pour nous ? »

Ce qui est tout à fait étrange, c'est que les infirmiers ne se dirigent pas vers nous. Ils entrent dans l'une des maisons en face du parking. Je n'ose pas aller les voir et Tuân ne répond pas au téléphone. Ce n'est que dix minutes plus tard qu'ils ressortent de la maison en poussant une petite vieille sur le brancard ! Ils n'étaient donc pas là pour nous... Tuân nous rappelle et nous explique qu'un policier nous attendra dans le hall de son hôtel. Il nous demandait simplement de l'appeler avant d'arriver à son hôtel pour

Le mythique col des Nuages (Hai Vân), Thua Thiên Huê,
Vietnam

lui laisser le temps de prévenir le policier en question... Nous nous étions mal compris et nous sommes soulagés que tous ces infirmiers ne soient pas venus pour nous.

Il nous faut moins d'une heure pour rejoindre Nha Trang et ses grands immeubles qui se dressent le long de la plage. Nous arrivons à l'hôtel de Tuân où nous attend un policier et une infirmière. C'est le moment de vérité : il faut que notre température soit en-dessous de "37.5". L'infirmière commence par Khanh Nguyen : "37.3". C'est bon pour elle. À mon tour : "37.1". Sauvés ! Je n'ai jamais été aussi heureux qu'une infirmière m'annonce ma température. Il nous faut ensuite remplir quelques papiers concernant notre état de santé et nos déplacements. Et puis le policier et l'infirmière repartent. Nous remercions autant que nous le pouvons Tuân de nous accueillir dans ces conditions et de prendre ce risque pour nous. Il nous dit juste qu'il faut que nous nous reposions bien pour la suite.

Comment faire pour arriver à Saigon ? Les cas de Coronavirus se multiplient et c'est bientôt tout le Vietnam qui va se retrouver confiné. Il y a de nouveaux cas dans deux provinces que nous devons traverser : Ninh Thuan et Binh Thuan. Tout déplacement d'un étranger y est tout à fait interdit. La tâche semble impossible. Je retourne le problème dans tous les sens. Comme des fugitifs en sursis, j'ai la désagréable sensation que notre heure va venir. Que faire ?

Khanh Nguyen est assise sur le lit dans notre chambre avec sa vue magnifique sur Nha Trang et la mer. Nous nous regardons tous les deux, bien en face de l'autre. Et sans nous dire un mot nous comprenons ce que nous devons faire. Il est temps de s'arrêter. Fini les bêtises. Il y a trop de vents contraires. Il est l'heure de ne plus confondre panache et obstination aveugle. Je l'enlace, toujours en silence. Après un long et beau moment, je lui murmure « On aura tout donné, il est temps d'être raisonnables

Les grandes retrouvailles, Nha Trang, Vietnam

maintenant. Je t'aime. » Quelques larmes de je ne sais quelle couleur ou tonalité coulent sur ses joues. Le Projet *Non La* s'arrête ici.

Quelques minutes plus tard, nous recevons un appel des parents de Khanh Nguyen. Ils sont aussi au courant minute par minute de l'évolution du Coronavirus et sans même nous consulter ils ont loué une voiture depuis leur village situé à Ba Ria, à trois-cent-cinquante kilomètres de Nha Trang. Ils viennent nous chercher demain matin. Tank et Monster auront leur place à l'arrière dans le coffre. Pour eux aussi, la coupe est pleine.

Alors pour la dernière fois après presque un an sur les routes, je replie un à un mes vêtements dans mes sacoches. Chaque chose à sa place et si j'en change ne serait-ce qu'une seule d'emplacement, l'ordre du monde en serait bouleversé. Je vide mes deux gourdes pour les remplir d'eau fraîche, range ma caméra et mon téléphone dans la sacoche accrochée à mon guidon. Je vérifie la pression des pneus de Tank puis de Monster, les regonfle au cas où. Nous disons au revoir à Tuân qui nous a tendu la main au meilleur moment possible.

Nous avons prévu de rejoindre les parents de Khanh Nguyen à la sortie de Nha Trang. Nous nous mettons en route et longeons la mer. Que ces moments vont me manquer : les premiers coups de pédales du jour porteurs de tellement de promesses et la fraîcheur innocente des premières lumières.

Après quelques kilomètres, nous arrivons au point de rendez-vous. Les parents de Khanh Nguyen ne sont pas encore là. Nous parlons peu, tentons de nous donner une contenance *en attendant Godot*. Quelques minutes passent et une voiture apparaît au loin : ce sont eux ! Après un an et presque seize mille kilomètres, nous voilà enfin réunis. On s'enlace, on pleure, on rit. Ils se moquent de nos jambes et de nos traces de bronzage. On est ensemble.

EPILOGUE

Revenons à notre situation d'énonciation évoquée durant l'introduction de ce livre. Je suis toujours dans la région de Ba Ria, à l'ombre de la maison dans laquelle nous nous sommes isolés avec les parents de Khanh Nguyen. Deux semaines d'isolement volontaire – pour ne pas présenter de risque pour les grands-parents de Khanh Nguyen – se sont vues prolongées de deux semaines de confinement national. Mais mon livre n'est pas tout à fait fini... Il nous faut rejoindre Saigon pour véritablement le terminer.

Les restrictions de déplacement ont finalement été levées. Après plus d'un mois à ne pas bouger, nous pouvons enfin retrouver notre liberté sur les routes.. Il nous reste vingt-cinq kilomètres à faire pour atteindre les 16 000 kilomètres tant promis et remplir notre contrat. Seuls soixante-quinze kilomètres tout plats nous séparent de Saigon. Comme deux oiseaux trop longtemps prisonniers d'une cage aux barreaux trop resserrés, retrouver la joie, la liberté de pédaler nous fait partir dans tous les sens. Le masque, bien installé sur le visage, il nous suffit de quelques heures pour rejoindre Saigon. Il y a un an, nous avions quitté la ville où tout a commencé entre nous deux pour entamer ce voyage fou et tellement sensé à la fois. Un an après, nous voilà de retour. C'est presque irréel. Saigon est en constante mutation, de nouveaux quartiers, leurs hautes tours et leurs routes champignonnent de partout. Nous ne sommes rien parmi ces géants d'aciers, de béton et de verre. Qui a le plus changé en une année : Saigon ou nous-mêmes ?

Aujourd'hui, nous avons rendez-vous au Consulat de France de Saigon où une réception sera faite en notre honneur. Au Consulat, les membres de l'association *Poussières de Vie*, la Presse ainsi que le Consul Général sont là. Un grand panneau a été prévu en notre honneur avec les noms de tous les donateurs. Je ressens une forte émotion à voir tous ces noms rassemblés et qui sont apparus au fur et à mesure du voyage. Combien avons-nous finalement pu récolter après 16 000 kilomètres ? 17 395 dollars.

L'objectif est plus que rempli grâce à tous nos donateurs et bienfaiteurs qui viennent du Vietnam, de France, des États-Unis, d'Australie, d'Iran, d'Autriche et j'en passe ! Nous l'avons fait ! Je dois vous avouer que j'ai eu parfois des grands moments de doute quant à notre capacité à réunir cette somme, notamment lorsque les kilomètres parcourus s'accumulaient beaucoup plus rapidement que les dons. Mais l'espoir a progressivement refait surface grâce à l'exposition médiatique que nous avons eue à mesure que nous nous rapprochions du but.

Il est temps pour moi de tenter de mettre un éphémère point final au récit de cette aventure. À travers toutes ces pages et mes mots, j'espère que j'ai pu vous transmettre un peu de la substantifique moelle de ce long voyage d'une vie.

Deviens ce que tu es est peut-être l'injonction qui, à elle seule, peut résumer toutes mes lignes. Cette injonction ,on la retrouve chez Pindare puis chez Nietzsche. Il est paradoxal ce *Deviens ce que tu es* : comment devenir ce que l'on serait déjà ? Nous avons des forces en nous qui ne demandent qu'à s'exprimer. Pour moi, c'étaient les forces du voyage, de l'aventure et de cet attrait de l'inconnu. Pour vous, c'est peut-être et c'est même sûrement autre chose. Il y a des forces en nous qui nous veulent et qui nous mènent. Croire que nous sommes maîtres de nous-mêmes, de notre destin et de nos actes, est peut-être l'illusion la plus tenace et la plus dommageable chez l'Homme. Plus vous tenterez d'ignorer ces forces en vous et plus vous poursuivrez des chimères, des fantômes qui vous mèneront loin de vous. Plus vous ferez l'épreuve des forces qui sont en vous et plus vous tenterez de les épouser, plus vous deviendrez ce que vous êtes.

C'est ce qui s'est passé durant un an sur les routes du monde. Je *suis devenu ce que je suis*. J'avais les meilleures raisons du monde de ne pas faire ce voyage : une bonne situation matérielle et financière, une carrière à suivre et une famille à fonder rapidement avec Khanh Nguyen. Mais j'ai écouté la belle petite musique qui était en moi et j'ai fait une confiance aveugle à mes instincts les plus profonds. Il en est ressorti une joie tout à fait jubilatoire à pédaler tous les jours, à camper au beau milieu de la nature et à rencontrer toutes ces grandes âmes qui ont jonché notre parcours de la France au Vietnam. *Deviens ce que tu es* c'est quelque chose de dynamique, c'est de la dynamite. J'ai remis en doute et fait imploser beaucoup de mes certitudes pour découvrir de magnifiques petites vérités. Il y aura un avant et un après ce voyage. Je sais qu'il me faudra bien tout le reste de ma vie pour véritablement comprendre comment ce voyage à vélo a bouleversé tout mon écosystème physique et psychique.

Mais le vrai héros de cette aventure ce n'est certainement pas moi : c'est bien Khanh Nguyen alias Léa alias Leyla. C'est elle la vraie héroïne. C'est elle, qui sans aucune certitude, sans aucune expérience à vélo, sans aucun bagage d'aventurière, a accepté de partir avec moi et sans réserve de chez moi à chez elle à vélo. C'est la toute-puissance de l'amour qui s'est exprimée en elle, un grand oui nietzschéen. Elle a été admirable d'endurance, de détermination et de beauté durant ces milliers de kilomètres. Elle a relevé un énorme défi physique, mais avant tout une gigantesque épreuve sur le plan moral et psychique. Plusieurs fois, elle aurait pu s'arrêter comme en Azerbaïdjan, en Iran, en Inde, au Myanmar ou même au Vietnam, mais à chaque fois elle a trouvé en elle les intarissables ressources pour continuer. C'est même elle sur la deuxième partie du voyage qui a été la plus solide, la plus sereine, pour me rassurer et me redonner confiance dans les moments difficiles. Souvenez-vous de cette nuit de bivouac au Myanmar avec ces halos de lumières tout autour de nous, mais aussi des grandes difficultés que nous avons rencontrés au Vietnam. Je voudrais lui témoigner à travers ces lignes toute mon admiration et mon amour infini pour elle. Ce voyage a été beau car il a été une expérience de vie à deux.

Et puis c'est peut-être ça aussi la dernière petite vérité que j'ai à partager avec vous. Nous ne sommes rien sans ceux que nous aimons et sans les autres. Deviens ce que tu es avec et grâce aux autres. Nous sommes le fruit d'un long héritage. Pour moi, ce sont mes parents et mes grands-parents qui ont été les bases solides sur lesquelles j'ai pu entamer l'interminable cheminement vers le *Deviens ce que tu es*. Ma mère, Artémis, mon père, Hermès et la constellation tissée par mes ancêtres et mes grands-parents m'ont indiqué la voie. Il restait à moi d'avoir la force et le courage de la suivre ou non. Nous sommes aussi le fruit de nos rencontres et nous ne sommes finalement pas grand-chose sans les autres. Rien n'émane absolument de soi. Comment aurions-nous pu faire ces seize mille kilomètres sans l'aide des centaines de personnes qui nous ont accueillis les bras grands ouverts tout le long du voyage ? J'ai soudain des flashs de bonheur et je repense aux divins Maria et Vojtech qui nous avaient accueillis chez eux en République Tchèque, à Amin, Assieh et Hussein à Astara en Iran, à Reza et Zahra à Aspas, toujours en Iran et aux milliers de câlins reçus par tous ces élèves en uniformes du Nord-Est de l'Inde. Je revis les moments passés en Géorgie avec l'incroyable Fanny avec qui nous avons passé des journées tissées de lumière et de bonheur à expérimenter la liberté, la vraie. Je repense enfin à toutes ces journées passées avec mon frère, Amaury, de Delhi à Pokhara au Népal. Ces moments de vie me donnent le vertige et sont un intarissable puits de joie et de bonheur. J'en viens même à accepter l'idée de la mort, à m'accoutumer tout à fait à elle. J'ai expérimenté ce que la vie fait de plus beau. Je peux désormais la quitter quand elle le souhaitera, quand elle estimera que c'est le bon moment.

Enfin, cette aventure était véritablement riche de sens car elle était solidaire. Elle n'était pas entièrement centrée sur nous, mais aussi sur ceux qui ont besoin d'aide, de ce petit coup de pouce qui peut, parfois, changer une vie. Avoir pu mettre en place cette cagnotte pour les enfants des rues de Saigon auxquels vient en aide *Poussières de Vie* nous a investis d'une sorte de mission. Nous ne pouvions pas abandonner pour eux et pour tous les donateurs qui ont cru en nous. C'est eux aussi que je souhaitais particulièrement remercier. Ils ne savent pas à quel point leur don, petit ou conséquent, est porteur de sens et à quel point ils nous ont donné cette incroyable force pour continuer encore et encore vers le Vietnam.

À vous chers lecteurs d'entamer cette magnifique aventure du *Deviens ce que tu e*s. Si vous avez ouvert ce livre et si vous l'avez terminé, c'est que, sans le savoir, vous avez sûrement en vous toutes les ressources et les forces pour le faire.

Non La Project :
Vélos et Liste du matériel

Vélo de Thibault ("Tank"):

- 1 x Vélo Patria Terra 2014 (d'occasion), cadre en acier, prolongateurs avec trois positions différentes
- 1 x Ensemble Shimano SLX (3x9 vitesses)
- 2 x Jantes Sputnik 26"
- 2 x Pneus 26" x 2.00 Schwalbe Marathon Plus
- 2 x Garde-boue
- 1 x Selle Brooks B17 – Cuir noir – Version pour Homme
- 1 x Porte-bagages avant Tubbus
- 1 x Porte-bagages arrière Tubbus
- 2 x Sacoches avant Ortlieb Sport Roller Classic - 25L – Grises
- 2 x Sacoches arrière Ortlieb Sport Roller Classic - 40L – Grises
- 1 x Sac Ortlieb Rack Back - 31L – Gris
- 1 x Sacoche Guidon Ortlieb Handlebar Pannier – 7L – Grise
- 1 x Sonnette
- 1 x Lumière avant
- 1 x Dynamo sur la roue avant - Shimano
- 1 x Lumière arrière (batterie)
- 3 x Porte-gourde + gourdes

Vélo de Khanh Nguyen "Monster") :

- 1 x Giant 1997 (d'occasion), cadre en acier, prolongateurs sur-mesure avec quatre positions différentes
- 1 x Ensemble Shimano Deore (3x9 vitesses)
- 2 x Jantes Sputnik 26
- 2 x Pneus 26" x 2.00 Schwalbe Balloon
- 2 x Garde-boue
- 1 x Selle Brooks B17 - Cuir noir – Version pour femme
- 1 x Porte-bagages avant Tubbus
- 1 x Porte-bagages arrière Tubbus
- 2 x Sacoches avant Ortlieb Sport Roller City - 25L – Noires

- 2 x Sacoches arrière Ortlieb Sport Roller Classic - 40L – Noires
- 1 x Sac Ortlieb Rack Back - 31L – Noir
- 1 x Sacoche avant, 3L, Decathlon
- 1 x Sonnette
- 1 x Lumière avant (batterie)
- 1 x Lumière arrière (batterie)
- 1 x Cadenas intégré sur le cadre (afin de bloquer la roue arrière)
- 3 x Porte-gourde + gourdes

Matériel de camping

- 1 x Tente - 2 personnes - Hubba Hubba NX (couleur Grise)
- 1 x Tapis de sol pour la tente - Quechua
- 2 x Sous-Draps en Soie - Cocoon
- 2 x Sacs de couchage - Sea to Summit Micro Series II
- 2 x Sacs de compression - Sea to Summit
- 2 x Matelas -Therm-a-Rest ProLite
- 2 x Oreillers - Exped
- 1 x Lampe – Quechua
- 2 x Lampes frontales – Quechua
- 2 x Serviettes compacts, Quechua
- 2 x Bouteilles pour le savon et le shampoing
- 2 x Brosses à dent
- 1 x Tube de dentifrice
- 1 x Rasoir électrique
- 1 x Bouteille de détergent
- 1 x Bac à lessive pliable – Sea to Summit – 10L
- 1 x Sac pour les vêtements sales
- 14 x Pinces à linge
- 1 x Fil pour étendre le linge

Matériel de cuisine

- 1 x Réchaud - MSR Dragonfly
- 1 x Bouteille de combustible (essence) - 590ml - MSR
- 1 x Planche à découper
- 1 x Casserole – Quechua
- 2 x Mugs, assiettes, fourchettes et cuillers
- 1 x Couteau Suisse

- 1 x Filtre à eau – Sawyer
- 2 x Poches à eau – 10L
- 6 x Petits récipients pour les condiments
- 1 x Sac pour les fruits & légumes

- **<u>Vêtements (pour une personne):</u>**
- 1 x Buff
- 1 x Casque – Décathlon
- 1 x Bonnet
- 1 x Écharpe
- 1 x T-shirt manches longues - Icebreaker 200 Oasis
- 2 x T-shirts manches courtes
- 1 x Chemise
- 1 x Pull
- 1 x Manteau d'Hiver
- 1 x Manteau de pluie – Quechua
- 1 x Legging – Icebreaker 200 Oasis
- 1 x Jean
- 1 x Short
- 2 x Paires de chaussettes - Icebreaker
- 4 x Sous-vêtements
- 3 x Soutien-gorge (pour Khanh Nguyen!)
- 1 x Paire de gants
- 1 x Paires de gants pour l'hiver – Quechua
- 3 x Paires de chaussures (une pour pédaler / une pour marcher / une paire de tongues)
- 2 x Protège-chaussures (imperméables) - Vaude
- 1 x Paire de lunettes de soleil

<u>Matériel de réparation :</u>

- 3 x Chambres à air
- 6 x Rayons de rechange
- 1 x Démonte rayons
- 8 x Patins de frein
- 1 x Kit de réparation (crevaison)
- 1 x Pompe
- 1 x Multi-outils
- 2 x Quick link (pour la chaîne)
- 1 x Lubrifiant

- 1 x Ruban adhésif
- 20 x colliers Rilsan
- Boulons, écrous, vis

Matériel électronique :

- 2 x Téléphones portables et leur chargeur
- 1 x Ordinateur – MacBook Air et son chargeur
- 1 x GPS – Garmin Inreach
- 1 x Appareil photo – Canon EOS 6D, two batteries et un chargeur
- 2 x Objectifs (50mm and 70-200mm) – Canon
- 1 x Gorilla pod
- 1 x Intervalomètre
- 1 x Power bank (10,000 mAh)
- 1 x Disque dur – 1 TB

Extra

- 2 x Chapeaux Non La (!)
- 1 x Cadenas en « U »pour vélo
- 2 x Sprays au poivre
- 1 x Crème solaire
- 1 x Rouleau de papier toilette
- Documents (passeports, photocopies, carte d'assurance, etc.)
- Kit médical de premiers secours
- Livres papier

REMERCIEMENTS

Je souhaiterais vivement remercier tous ceux qui nous ont aidés sur notre longue route de la France au Vietnam à travers leurs messages, leurs cadeaux, leurs sourires et/ou pour nous avoir accueillis chez eux. Citer tous vos noms nécessiterait d'écrire un autre livre !

Je souhaiterais remercier également du plus profond de mon cœur tous ceux qui ont participé à la collecte de fonds pour *Poussières de Vie*.

Enfin, j'aimerais exprimer toute ma gratitude à Emmanuel Gutierrez - mon ami - et Amaury Clemenceau - mon frère -pour leur relecture attentive et tous leurs conseils.

NOTE DE L'AUTEUR

Cher lecteur, je souhaiterais profondément vous remercier d'avoir lu ce livre. Oui, un grand merci ! Être lu reste l'objectif principal de chaque auteur.

Si vous avez aimé ce livre et que vous souhaitez m'aider à le faire connaître, vous pouvez laisser un commentaire sur la plate-forme sur laquelle l'avez acheté (Amazon, Fnac, etc.) ou sur d'autres sites tels que Booknode ou Babelio.

N'hésitez pas également à en parler autour de vous : à votre famille ou vos amis. Les recommandations entre lecteurs sont essentielles pour les auteurs indépendants !

Si au cours de votre lecture, vous avez trouvé une coquille ou une erreur d'impression, je vous serais très reconnaissant si vous pouviez m'en faire part à l'adresse suivante :

nonlaproject.adventure@gmail.com

Je vous invite enfin à suivre nos pages Instagram et Facebook :

Instagram : @nonlaproject

Facebook : nonlaproject

Merci encore,

Thibault Clemenceau

Dépôt légal : Octobre 2021

ISBN : 9782957725540

Lightning Source UK Ltd.
Milton Keynes UK
UKHW010936251021
392802UK00001B/199

9 782957 725540